2017
出口消费品质量评价报告

（广东卷）

詹思明　郑方辉　邓旭旗　编著

新 华 出 版 社

图书在版编目（CIP）数据

2017 出口消费品质量评价报告. 广东卷／詹思明，
郑方辉，邓旭旗编著. — 北京：新华出版社，2017.5
ISBN 978 - 7 - 5166 - 3281 - 9

Ⅰ. ①2… Ⅱ. ①詹… ②郑… ③邓… Ⅲ. ①出口商
品 - 消费品 - 质量管理 - 研究报告 - 广东 - 2017 Ⅳ.
①F752

中国版本图书馆 CIP 数据核字（2017）第 133181 号

2017 出口消费品质量评价报告. 广东卷

作　　者：詹思明　郑方辉　邓旭旗

责任编辑：雒　悦	**封面设计：博克思文化**

出版发行：新华出版社

地　　址：北京石景山区京原路 8 号　　　邮　　编：100040

网　　址：http：//www. xinhuapub. com　http：//press. xinhuanet. com

经　　销：新华书店

购书热线：010 - 63077122　　　　中国新闻书店购书电话：010 - 63072012

照　　排：博克思文化

印　　刷：北京市金星印务有限公司

开　　本：787 × 1092mm

印　　张：16　　　　　　　　　　字　　数：328 千字

版　　次：2017 年 6 月第一版　　　印　　次：2017 年 6 月北京第一次印刷

书　　号：ISBN 978 - 7 - 5166 - 3281 - 9

定　　价：50.00 元

图书如有印装问题，请与印刷厂联系调换　　电话：010 - 52860926

课题组

课题组长

詹思明　广东出入境检验检疫局局长、党组书记

项目主持

郑方辉　华南理工大学政府绩效评价中心主任、二级教授、博士生导师,全国政府绩效管理研究会副会长,享受国务院特殊津贴专家

李　艳　广东金融学院副教授,广东省政府绩效管理研究会常务理事

课题组成员

邓旭旗　广东出入境检验检疫局副局长

董　辉　国家质检总局检验司处长

钟帮奇　东莞出入境检验检疫局局长

吴锦昌　广东出入境检验检疫局检验监管处处长

郑建国　广东出入境检验检疫局技术中心主任

杨　帆　广东出入境检验检疫局调查员

董志华　广东出入境检验检疫局检验监管处科长

曾洪鑫　东莞理工学院管理学院副教授

邱佛梅　华南理工大学法学院博士生

胡学东　华南理工大学公共管理学院博士后

以及华南理工大学公共管理学院(政府绩效评价中心)硕士生林婧庭、涂静、李嘉嘉、刘国歌、费睿、谢良洲、黄怡茵、邢伟星等

基础数据来源

□ 中国(广东)出口统计年鉴(2015－2016)

□ 广东检验检疫统计月报(2016)

□ 广东出口企业抽样调查(有效样本 3012 家)

报告提要

出口贸易在我国对外贸易中占据重要地位,商品质量安全是关系到出口贸易转型及产业升级的核心问题。在我国从贸易大国向贸易强国转型的进程中,构建出口消费品质量评价体系,开展实证评价研究具有重要的现实意义。本项研究始于 2009 年,已先后开展了五次评价活动。2017 年(针对 2016 年度)评价通过对广东出口消费品 13 个行业 3012 家出口企业的抽样调查,取得年度质量评价指数,包括微观质量指数与宏观质量指数。

从历年评价结果看,2011 至 2015 年,广东出口消费品微观质量指数均值分布在 0.740～0.806 之间,自 2014 年起,质量指数均值超过 0.8。分区域来看,珠三角地区的微观质量指数连续五年持续上升,出口消费品质量提升效果明显;粤东地区和粤北地区变化趋势类似,质量指数在 2013 年度轻微下滑后于 2014 年起得到明显改善;粤西地区质量指数则是在 2013 年微降后,2014 年度缓慢提升。纵观五年来微观质量评价指标的绩效表现"标准采用"指标得分均在 0.9 以上(1 分制,下同),为最高绩效指标;而"顾客层次"指标得分则一直低于 0.7,为最低绩效指标。而宏观质量指数方面,2011 年起连续五次宏观质量指数依次为 0.733、0.730、0.816、0.831、0.834,宏观质量从 2013 年开始上升至 0.8 以上的优秀水平,进步明显。从行业分布情况来看,各个行业得分分布较均衡,2013 年以前各行业质量指数普遍处于 0.70 上下区间,而 2013 年以来,各行业宏观绩效表现进步明显,大多行业已上升至 0.80。总体而言,广东出口消费品质量指数近五年来平稳增长。

2016 年度评价结果显示,广东出口消费品微观质量指数为 0.809,低于宏观质量指数均值(0.834),表明出口消费品宏观质量总体水平优于微观质量总体水平,但二者指数差距较小(0.025),相当于微观质量指数的 3.09%,总体评价结果趋于一致。其中,微观质量指数在 0.8～0.9 之间,获得"优"评级的企业最多,共有 1700 家,占比 56.44%;获得"良"评级的企业,共 763 家,占比 25.33%;获得"特优"评级的企业有 267 家,占比 8.86%,最高指数值为 0.970;"中"级企业有 187 家(占比 6.21%);"差"级企业有 95 家(占比 3.15%),最低指数值仅为 0.173。由此可见,被调查的 3012 家企业中,超过半数的企业评级均在"优"以上,同时,企业质量指数分布较为集中,高低分明。宏观质量评价结果表明,13 个行业出口消费品行业(中观)质量指数介于 0.815～0.860 之间。其中:居首位的是照明设备行业(0.855),信息技术设备(0.848)次之,鞋类行业(0.818)最低。从行业(中观)质量指数的区间分布来看,有 12 个在 0.82 以上的。总体上,13 个出口消费品行业(中观)质量总体水平存在一定的差异,但差别不大,行业间差异相比 2015 年度有所缩小。

评价发现的微观质量问题主要有:企业质量成本控制不足,产品认证亟须升级;企业社会责任意识依旧薄弱,诚信环保观念有待加强。宏观质量主要问题有:出口行业发展不平衡,行业规模结构欠合理;技术创新水平普遍不高,行业整体竞争力不强;传统行业出口市场占有率偏低,就业规模较小。针对微观质量问题报告提出以下建议:强化检验和监管措施,严厉打击质量不端行为;提升检验服务水平,提高产品质量检验能力;鼓励企业建立顾客服务机制,提升企业顾客满意度;贯彻执行社会责任国家标准,增强企业社会责任意识;加强质量标准和法律法规宣传力度,建立信息交流平台;充分发挥行业协会、中介组织作用,加强行业协会沟通。针对宏观质量问题评价报告提出以下建议:推进法治质检建设,提升依法行政的政府监管形象;建立和完善出口消费品质量监管制度和体系;促进产业结构调整与转型,鼓励企业创新能力提升;推进传统行业转型升级,提升传统行业出口市场占有率;强化出口消费品质量战略,引导企业走质量效益型发展道路。

本年度报告下篇为专题探讨,内容包括年度热点问题调查报告、监督抽查出口商品质量年度报告、质量风险评价报告、认证认可对出口消费品质量的影响、年度质量发展报告等。其中,年度热点问题调查结果表明:71.64% 的企业认为质检体制机制改革十分重要或比较重要;超过八成的企业认为“促进供给侧结构性改革,推动中国经济转型升级”对企业质管及发展有一定的影响;超过九成企业对广东局提出一系列的改革措施有所了解;有 85.71% 的企业认为质检总局在“十三五”规划中提出的质量品牌提升战略对企业有一定的影响;在企业看来,成本增加(80.62%)、人民币升值(58.30%)、国际社会认同度(43.54%)和劳动力短缺(31.73%)等四方面是对未来国内产品出口影响较大的因素;检验检疫等监管部门在便利通关(73.31%)、简化检验手续(71.89%)、降低相关费用(34.52%)、删去不必要法检商品目录(32.89%)等四个方面存在较大的改进空间;39.13% 的企业认为应重点做好未来自主品牌培育;企业对主要出口市场 2016 年出口前景的期望均值为 3.13 分(5 分制)等。同时,本报告附件收录了 2016 年顺德出口家电质量评价简报。

目　录

上篇　评价结果

上篇 评价结果

◎ 评价说明
◎ 微观质量评价结果
◎ 宏观质量评价结果
◎ 质量障碍因素分析
◎ 结论与建议

第一章 评价说明

近年来,全球总需求不振,我国低成本比较优势也发生了转化,同时我国出口竞争优势依然存在。消费品出口贸易在我国全部出口贸易中占重要地位,但出口消费品的质量却不容乐观。在我国从贸易大国向贸易强国转型的进程中,构建出口消费品质量评价体系并开展实证研究,对于评估出口消费品质量现状、发现存在问题、提供改进建议具有重要的现实意义。本项研究始于 2009 年,本年度报告在作者出版的《出口消费品质量评价》一书的理论方法上,利用经过科学论证的出口商品质量评价技术体系,以 2016 年度广东出口消费品 13 个行业为例,通过对 3012 家出口企业的抽样调查,取得年度质量评价指数,包括微观质量指数与宏观质量指数。

一、评价背景与意义

(一)评价背景

1. 2016 年全国进出口贸易情况

据海关统计,2016 年,我国货物贸易进出口总值 24.33 万亿元人民币,比 2015 年(下同)下降 0.9%。其中,出口 13.84 万亿元,下降 2%;进口 10.49 万亿元,增长 0.6%;贸易顺差 3.35 万亿元,收窄 9.1%。加工贸易进出口下降 4.9%。具体情况主要有以下几个方面:

一是进出口逐季回稳,第四季度进、出口均实现正增长。2016 年,我国进出口呈现前低后高、逐季回稳向好态势。其中,第一季度,我国进出口、出口和进口值分别下降 8.2%、7.9% 和 8.6%;第二季度,进出口、出口、进口值分别下降 1.1%、0.8% 和 1.5%;第三季度,进出口和进口值分别增长 0.8% 和 2.3%,出口值下降 0.3%;第四季度,进出口、出口、进口值分别增长 3.8%、0.3% 和 8.7%。

二是一般贸易进出口增长,比重提升。2016 年,我国一般贸易进出口 13.39 万亿元,增长 0.9%,占我国进出口总值的 55%,比 2015 年提升 1 个百分点,贸易方式结构有所优化。

三是对部分一带一路沿线国家出口增长。2016 年,我国对巴基斯坦、俄罗斯、波兰、孟加拉国和印度等国出口分别增长 11%、14.1%、11.8%、9% 和 6.5%。同期,我国对欧盟出口增长 1.2%、对美国出口微增 0.1%、对东盟出口下降 2%,3 者合计占我国出口总值的46.7%。

四是民营企业出口占比继续保持首位。2016年,我国民营企业进出口9.28万亿元,增长2.2%,占我外贸总值的38.1%。其中,出口6.35万亿元,下降0.2%,占出口总值的45.9%,继续保持出口份额居首的地位;进口增长8.1%。但外商投资企业、国有企业进出口分别下降2.2%和5.6%。

五是机电产品、传统劳动密集型产品仍为出口主力。2016年,我国机电产品出口7.98万亿元,下降1.9%,占我国出口总值的57.7%。其中,医疗仪器及器械出口增长6.1%,蓄电池出口增长4%。同期,传统劳动密集型产品合计出口2.88万亿元,下降1.7%,占出口总值的20.8%。其中,纺织品、玩具和塑料制品出口增长,依然保持良好的竞争优势。

六是铁矿石、原油、铜等大宗商品进口量保持增长,主要进口商品价格仍处于低位但跌幅收窄。2016年,我国进口铁矿石10.24亿吨,增长7.5%;原油3.81亿吨,增长13.6%;煤2.56亿吨,增长25.2%;钢材1321万吨,增长3.4%;铜495万吨,增长2.9%;成品油2784万吨,下降6.5%。同期,我国进口价格总体下跌2.1%。其中,铁矿石进口均价同比下跌0.5%,原油下跌18.6%,成品油下跌10.8%,煤下跌0.1%,铜下跌6%,钢材下跌5.5%,跌幅较上半年、前三季度收窄。

2. 2016年广东进出口贸易情况

2016年,广东进出口总值同比微降0.8%,好于全国水平。广东省全年实现货物贸易进出口总值6.3万亿元人民币,比2015年同期微降0.8%,同期全国下降0.9%,占同期全国进出口总值的25.9%;其中,出口下降1.3%,同期全国下降2%;进口与2015年基本持平,同期全国增长0.6%;进出口和出口表现好于全国平均水平。结构进一步优化,一般贸易比重首次超过加工贸易。具体情况主要有以下几个方面:

一是规模逐季攀升,12月进出口创年内峰值。2016年,广东外贸进出口呈现明显的前低后高、逐季攀升态势。从月度情况看,12月份进出口、出口和进口值分别达7169.9亿元、4383.3亿元和2786.6亿元,创下年内峰值。

二是结构进一步优化,由"外资企业 + 加工贸易"向"民营企业 + 一般贸易"转变的趋势明显。2016年,广东一般贸易稳步提升,全年实现进出口2.73万亿元,增长2.2%,占全省的43.4%,占比提升1.3个百分点,首次超过加工贸易(38.8%);同期,广东民营企业发展迅猛,全年进出口2.74万亿元,增长10.4%,占全省的43.5%,占比提高4.5个百分点。

三是外贸新型业态发展迅猛,跨境电子商务规模居全国首位。机电产品和劳动密集型产品仍为外贸主力,"优进优出"步伐加快。2016年,我省家电出口1701.7亿元,增长5.8%。出口的高新技术产品中,计算机集成制造技术和生命科学技术产品出口分别增长10.6%和14.3%。部分外贸传统优势产品韧性较强,玩具、灯具、箱包和家具出口分别增长13%、5.2%、2.4%和2.3%。进口方面,我省进口机电产品1.59万亿元,增长2.8%;进口高新技术产品1.25万亿元,增长4.2%,铁矿砂、煤、液化气等大宗商品进口量增长,主要进口商品价格仍处于低位但跌幅收窄。

四是粤东西北外贸实现逆势增长,广东外贸开放型布局更趋合理。2016年,我省外贸规模超千亿元的8个城市中,东莞、广州、佛山、中山和江门分别进出口1.14万亿元、8566.9亿元、4130.8亿元、2237.7亿元和1261.8亿元,分别增长9.8%、3.1%、1.1%、1.2%和4.1%,深圳、惠州和珠海分别进出口2.63万亿元、3044.8亿元和2634.3亿元,分别下降4.4%、9.8%和11%。粤东、粤西和粤北外贸实现逆势增长,共进出口2979.4亿元,增长0.7%,占比提升0.1个百分点,其中汕尾、云浮均实现7.3%的增长。

五是与"一带一路"沿线国家贸易增长6.5%。2016年,我省对东盟、欧盟、韩国、日本和台湾地区分别进出口7611.6亿元、6850亿元、4063.6亿元、3996.7亿元和3961.7亿元,分别增长8.1%、2.9%、0.7%、3.3%和5.2%。对香港和美国进出口1.23万亿元和7803.1亿元,分别下降6%和2.1%。对"一带一路"沿线国家累计进出口1.3万亿元,增长6.5%,占全省的20.7%,占比提升1.5个百分点。

六是外贸新型业态发展迅猛,跨境电子商务规模居全国首位。2016年,我省跨境电子商务进出口228亿元,增长53.8%,规模居全国首位,其中出口134.9亿元,增长34.7%,进口93.1亿元,增长93.4%;旅游购物出口2746.4亿元,增长87.5%;46家外贸综合服务企业合计进出口2330.2亿元,增长4.5%。

总体而言,广东外贸发展的国际环境和国内条件都在发生深刻复杂的变化,不确定不稳定因素增多,下行压力增大,但外贸回稳向好的基本面并没有改变。

3. 政策背景

经过三十多年改革开放,我国已成为全球第二大经济体及主要进出口贸易大国。但是近年来,我国经济开始步入新常态,劳动力、资本等传统要素的作用不断递减,如何找到经济持续增长的新动力是未来经济发展面临的重大理论与现实问题。目前全球总需求不振,我国低成本比较优势也发生了转化,同时我国出口竞争优势依然存在。消费品出口贸易在我国全部出口贸易中占重要地位,但出口消费品的质量却不容乐观。2016年第一季度CPSC(美国消费品安全委员会)官网通报的62起包括美国自行生产在内的消费品召回事件中,涉及中国产消费品40起,占全部召回事件的64.5%,环比去年同期增长了8.4个百分点,远超中国输美消费品的市场份额,通报的被召回事件的绝对数也位居各个国家之首。2015年,我国消费对经济增长的贡献率达到66.4%,但境外消费超过1.5万亿元,说明我国并非需求不足,而是需求发生了变化,供给的产品质量、服务却跟不上。

由此,十八大以来,中央明确提出:"要把推动发展的立足点转到提高质量和效益上来","以提高发展质量和效益为中心"。习近平总书记针对质量问题特别强调了"三个转变"——推动中国制造向中国创造改变、中国速度向中国质量转变、中国产品向中国品牌转变。李克强总理也多次强调以质量提升"对冲"速度放缓,把经济社会发展推向"质量时代"。全面实施质量强国战略已经在中央层面获得高度重视。

2013年8月,国家质检总局下发了《关于落实国务院促进外贸发展部署要求改进进出口商品检验监管工作的意见》(以下简称《改进意见》),提出切实转变进出口商品检验监管职能和管理的基本思路,从转变职能、推动改革、服务群众、服务基层的角度强调:从重微观的质量检验监管调整为重宏观质量管理、从普遍检验监管调整为重点检验监管、从管检一体逐步调整为管检分离等。《改进意见》作为检管制度改革的纲领性文件,明确了改革的目标方向,集中反映了目前系统内已经基本形成的主流共识,包括宏观管理、合格假定、问题导向、事后监管、管检分离等理念,但如何将相关理念落到实处则必须找到相关切入点并付诸实践,否则只会停留在纸上谈兵层面。

2016年3月,《中华人民共和国国民经济和社会发展第十三个五年规划纲要》(以下简称"十三五"规划)正式发布,加快建设质量强国、制造强国明确写入"十三五"规划,意味着我国将在今后的5年中,大力实施质量强国战略。2016年5月,中共中央、国务院正式印发《国家创新驱动发展战略纲要》,首次发文提出"建设质量强国"、"推动质量强国和中国品牌建设",将质量强国建设上升为"十三五"时期的重要国家战略。2016年4月19日,国务院办公厅印发《贯彻实施质量发展纲要2016年行动计划的通知》,其中质检总局分工负责的工作多达17项。

可见,随着我国经济进入新常态,质量提升成为提高区域竞争力的有效途径,完善的质量评价体系可为政府进行有效的质量监管提供决策依据,进而推动质量提升与发展。

(二)评价意义

出口消费品的质量决定了出口贸易规模和产业水平,事实上,在新的国际经贸环境下,出口消费品质量已成为制约我国外贸产业规模发展和水平提升的关键因素。提高出口消费品质量水平,对于适应新的国际竞争,树立我国消费品优质优价的信誉形象,有效提升外贸产业中的科技贡献率,改变长期以来依靠成本及价格优势参与竞争的局面,冲破各种贸易保护主义封锁和成功应对复杂贸易摩擦,具有重要的战略意义。

完善的质量评价体系对政府监管而言有着前提或者基础性的意义,它是质量监管部门及时度量与准确掌握不同行业出口消费品宏观质量的有效工具,能为有效采取各种质量控制措施、规避贸易风险以及维护国家经济安全提供有益的决策参考,是促进出口消费品质量水平整体提升的良好助力因素。概括起来,出口消费品质量评价研究的意义是:

首先,理论层面上,对出口消费品进行质量细分,提出出口消费品宏观质量、中观质量与微观质量的概念,为政府监管出口消费品质量提供了导向。围绕构建出口消费品质量评价体系的理论需求,以及政府监管的理论依据与重点指向,将出口消费品质量划为宏观、中观与微观三个层面,遵循提出概念→界定内涵→测量体系→评估水平→发现问题→提供对策的路径,梳理与整合理论,指出宏观质量是政府监管的基本指向,为正确处理政府与市场关系,明晰监管部门的职责提供了新的理论视角。

其次,实践层面上,测量出口消费品质量评价指数将成为政府监管出口消费品质量的科学依据。构建科学、权威、规范、系统、动态的出口消费品质量评价体系,形成年度报告,评估质量现状、分析结构特点、发现典型问题、剖析问题成因、提出改善对策,有助于政府监管部门整体上把握出口消费品质量水平现状,预测发展趋势,支持宏观决策,为健全与完善消费品质量的监督机制奠定基础。

再次,现实层面上,构建出口消费品质量评价体系可弥补当前政府主导的检验监管措施的局限与不足,为社会提供了解出口消费品质量水平的窗口与平台。目前检验检疫部门对出口消费品质量的监管方式涉及的微观层面较多,不利于对宏观层面质量信息的准确把握,如果有专业的机构、使用科学的评价方式、定期对出口消费品质量进行评价、得到简单明晰的结果并将结果公之于众,就可以使社会各界广泛了解出口消费品质量的整体水平及变动趋势,能有效提高政府监管出口消费品质量的科学性、公开性与公正性,提高各利益相关方的参与度,共同促进中国制造产品质量水平的提升,促进经济健康发展。

最后,技术层面上,构建出口消费品质量评价体系的技术路径必然丰富质量评价的方法论。目前国内外对出口消费品质量评价研究尚处于起步阶段,技术方法尚不完善,其中重要原因是缺乏实证数据支持。因此,从方法论角度,构建出口消费品质量评价体系有赖于在实践中不断完善方法论。同时,出口消费品质量评价指数可以作为政府质量监管绩效的结果导向。对政府质量监管绩效进行考评,对于改进行政措施,提升质量监管效果,维护正常的出口贸易秩序,推进产业转型升级,具有重大的现实意义。

二、评价体系

(一) 相关概念

1. 消费品与消费品质量

消费品主要是指用于家庭、体育、娱乐及学校的使用的日用品,如家用电器、儿童玩具、家具等。按国际惯例,有其他特定法律法规规定监管的产品,如车辆、食品、药品及医疗器械等不属于其范围。因此,一般而言,消费品是指用来满足人们物质和文化生活需要的那部分社会产品。

广义上,质量分为有形商品质量和劳动服务质量两种,本书主要针对前者。本书将沿用上年度消费品质量理念,将消费品质量理解为"满足一定用途的各种性能的综合及其满足使用者需求的程度"。包括三方面内涵:一是质量的基本内容是指消费品各种性能的综合;二是消费品所具有的性能必须符合一定的用途;三是质量的服务对象为消费品使用者,消费品质量必须反映消费者的满足程度,即商品的适用性。进一步,消费品质量可视为固有质量、感知质量和损失质量三个方面的综合反映和体现。固有质量是指消费品生产完成后,其"一组特性"与相关的法律法规、标准以及设计目的之间的符合程度,是判断消费品质量的客观依据,也是质量监管的切入点,构成消费品质量的核心内容。感知质量是产品质量的适用性特征,反映消费者对于产品质量的主观感受,即"顾客满意度"。损失质量为产品质量的外部性特征,反映消费品生产后给社会经济带来的损失。

2. 微观质量与宏观质量

本书与上一年度一样,将质量分为微观质量和宏观质量。其中,宏观质量用于衡量一个国家、地区或行业商品质量的总体情况,包括产业结构、行业结构对经济社会的影响、行业生存环境、行业发展潜力和前景等内容,旨在设定社会所能容忍的最低质量要求底线,相对于追求更高质量的企业而言,宏观质量标准是微观质量的最基本的保证。宏观质量针对国家或区域或行业,着眼于产业的结构水平、整体质量水平、行业综合竞争力及其对国家或社会的影响,目的在于实现政府对消费品质量整体水平的有效监管,尤其是质量底线商品安全性监管,因为保证消费品安全市场难以事先作为,因而为政府责任。而微观质量针对生产领域,关注消费品是否达到预期生产目的,是否符合行业技术标准及国家相关标准要求,获得市场准入许可并销售成功,具体而言,微观质量追求满足标准程度、产品合格率、顾客满意度及社会责任感,在充分竞争市场中,微观质量主要由消费者甄别,市场监管。

(二)技术路径

技术路径服务于评价目标和内容,旨在构建科学合理的技术体系。从逻辑上看,技术路径包括技术路线与主要节点,核心环节是确立评价的目标和内容、构造评价技术体系、组织实施评价工作,如图1-1所示。

1. 确立评价目标和内容

出口消费品质量评价的目的在于评估质量水平、发现质量问题、预测质量发展趋势、提出改善建议。在微观层面,质量评价起到质量发展导向作用,推动出口企业技术转型升级,促进质量进步。评价内容涵盖出口消费品在整个生命周期的固有质量、感知质量和损失质量,反映出口制造商守法和诚信状况,揭示消费品对国外消费者需求满足能力和"使用要求"的符合性水平。在中观层面,质量评价反映出口行业的整体质量水平,预测行业未来质量走势,比较不同行业的质量状况,进而促进行业整体技术水平的提升,树立良好的行业品牌国际形象。在宏观层面,质量评价反映一个区域乃至国家的出口消费品整体质量状况,评价有助于分析各种可能影响区域总体质量的因素,揭示问题和隐患,为政府宏观决策提供科学而客观的依据。

2. 构造评价技术体系

首先,指标体系的科学性及合理性在很大程度上影响着评价活动的质量与水平。本项研究将按照自上而下的原则,采用从宏观层面到微观层面逐层分解的方式,将上一级的指标分解为更细的下一级指标,构成层次化的指标体系结构。其次,设定评价指标权重。遵循系统优化、主观与客观相结合、民主与集中相结合、灵活性与开放性相结合等原则,本项研究通过专家咨询法获取具体的指标重要性评价信息,然后采用层次分析法对各具体指标进行权重计算和分配,进而构建自上而下逐层分解的统一于 100 分制的权重分配体系。最后,确定指标评分标准。根据不同评价数据类型确定各指标的评分方法和标准,然后进行无量纲化处理,给出具体的折算公式,将指标得分数值归一化到 $[0,1]$ 之间。

3. 评价实施

评价实施是技术体系得以组织实施的过程,是利用既定的指标体系、权重系数、评分标准实施评价的活动,也是评价目标的实现过程。评价组织实施的基础工作是合理预估评价活动所需资源,制定评价实施计划,根据实际情况,及时调整实施计划。其中,数据收集是评价实施的关键环节,一般有三种渠道:一是文献资料检索;二是出口企业问卷调查;三是专家咨询。

(三)指标结构与体系

出口消费品质量评价是一个复杂的系统。遵循目标性、层次性、导向性、可行性原则,我们将评价指标体系构建为三个层次(领域层、导向层、实现层)和三个维度(微观、中观、宏观)的矩阵结构(如图 1-4)。微观质量评价以企业和产品为对象,设置满足标准、产品合格、顾客满意、社会责任四项一级指标(领域层或评价维度)。满足标准、产品合格指向消费品的固有质量特征,反映出口消费品的质量特性对进口国(地区)的相关法律、法规、标准等之间的符合程度。顾客满意主要体现感知质量特征,反映海外消费者对消费品的认可程度。社会责任反映消费品的损失质量特征,以及消费品质量给社会经济环境带来的损益。中观质量评价以行业为对象,设置行业结构水平、质量水平、市场竞争力、社会贡献力四项一级指标。行业结构水平反映行业整体构成情况,行业质量水平体现行业固有质量总体水平,行业市场竞争力指行业海外市场的占有率、自主品牌、产品技术创新能力等,行业社会贡献力指向行业对所承担社会责任的履行程度。宏观质量评价以一个地区或国家为对象,即为区域(国家)的综合质量水平。

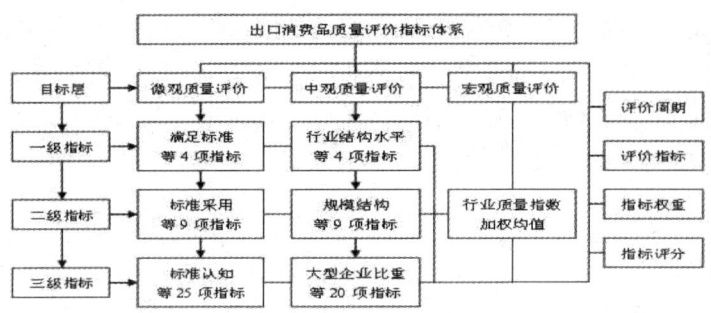

图 1-1 出口消费品质量评价的指标结构

经过专家咨询遴选及论证,在2014—2015年度评价指标的基础上进行调整完善,确定本年度正式采用评价指标体系(指标及权重)如表1-1。

表 1-1 出口消费品质量评价指标体系(权重:%)

目标层	一级指标		二级指标		三级指标	
	名称	权重	名称	权重	(代码)名称	权重
微观质量评价	满足标准	27.3	标准采用	12.5	X_1企业标准认知	4.6
					X_2质量控制标准	4.5
					X_3产品检验标准	4.4
			标准执行	12.8	X_4产品质量检测方式	4.8
					X_5产品认证情况	4.5
					X_6质量控制成本	4.5
	产品合格	29.2	原材料质量	7.2	X_7原材料安全项目检测方式	3.6
					X_8原材料质量管理手段	3.6
			半成品质量	10.4	X_9半成品检验方式	3.4
					X_{10}半成品抽查合格率	3.6
					X_{11}半成品返工比例	3.4
			成品质量	11.6	X_{12}成品抽查比例	2.7
					X_{12}成品检验频次	3.6
					X_{14}成品抽查合格率	2.7
					X_{15}成品返工比例	2.6
	顾客满意	21.6	顾客层次	8.3	X_{16}出口发达市场比例	4.2
					X_{17}顾客群体特征	4.1
			顾客服务	12.3	X_{18}顾客服务机制	4.3
					X_{19}出口产品召回案例数	4.5
					X_{20}出口产品召回应对态度	4.5
	社会责任	21.9	资源环境	12.8	X_{21}能耗水平	4.3
					X_{22}包装循环利用	4.0
					X_{23}环保评级	4.5
			社会职责	9.1	X_{24}海外消费者投诉起诉情况	4.6
					X_{25}员工流失率	4.5

续表

目标层	一级指标		二级指标		三级指标	
	名称	权重	名称	权重	(代码)名称	权重
中观质量评价	行业结构水平	15.20	规模结构	7.90	y_1大型企业比重	4.15
					y_2平均注册资本	3.75
			人才结构	7.30	y_3本科以上人员比重	4.15
					y_4熟练工人流失率	3.15
	行业质量水平	32.05	领袖企业	11.70	y_5大型企业出口集中度	5.35
					y_6大型企业成品合格率	3.35
					y_7大型企业市场占有率	3.00
			配套能力	5.95	y_8关键原材料配套能力	3.00
					y_9主要零部件配套能力	2.95
			质量控制	14.40	y_{10}质量管理体系认证	8.55
					y_{11}质量事故投诉	5.85
	行业市场竞争力	25.60	现实竞争力	12.25	y_{12}出口市场占有率	8.75
					y_{12}出口自主品牌比例	4.50
			潜在竞争力	12.35	y_{14}企业专利量	4.35
					y_{15}技术创新水平	8.00
	行业社会贡献力	27.15	经济贡献	10.60	y_{16}平均利税率	5.25
					y_{17}就业规模	5.35
			社会责任	16.55	y_{18}关联效应	4.3
					y_{19}环保评级	4.5
					y_{20}行业协会	3.25
					y_{21}政策制度影响	4.5

(四) 指数模型

一是微观质量评价。以 $H_1 \sim H_4$ 表示一级指标(指标评分:$h_1 \sim h_4$),$M_1 \sim M_9$ 表示二级指标(指标得分:$m_1 \sim m_9$),$X_1 \sim X_{25}$ 表示三级指标(指标评分:$x_1 \sim x_{25}$,权重系数:$\phi_1 \sim \phi_{25}$),那么:

$$m_j = \sum_{k=1}^{Q(m_j)} \phi_{j,k} x_{j,k}$$

$$(1-1)$$

式中 $j = 1,2,3,\cdots 9$;$x_{j,k}$ 是由二级指标 m_j 分解的一个三级指标,$x_{j,k} \in \{x_1 \sim x_{25}\}$;$Q(m_j)$ 是由二级指标 m_j 分解的三级指标的数量,且有:$\sum Q(m_j) = 25$;$\phi_{j,k}$ 是三级指标 $x_{j,k}$ 对二级指标 m_j 的权重系数,$\phi_{j,k} \in \{\phi_1 \sim \phi_{25}\}$。由此,微观质量评价指数计算公式是:

$$h_u = \sum_{v=1}^{Q(h_u)} m_{u,v}$$

$$(1-2)$$

式中：$u=1,2,3,4$；$m_{u,v}$ 是由一级指标 h_u 分解的一个二级指标，$m_u \in \{m_1 \sim m_9\}$；$Q(h_u)$ 是一级指标 h_u 分解的二级指标数量，且有：$\sum Q(h_u)=9$；

二是中观质量评价。以 $K_1 \sim K_4$ 表示一级指标（指标评分为 $k_1 \sim k_4$），$N_1 \sim N_9$ 表示二级指标（指标评分为 $n_1 \sim n_9$），$Y_1 \sim Y_{20}$ 表示三级指标（指标评分为 $y_1 \sim y_{20}$；权重系数为 $\lambda_1 \sim \lambda_{20}$），那么：

$$n_j = \sum_{k=1}^{Q(n_j)} \lambda_{j,k} y_{j,k} \tag{1-3}$$

式中：$j=1,2,3,\cdots,9$；$y_{j,k}$ 是由二级指标 n_j 分解的一个三级指标，$y_{j,k} \in \{y_1 \sim y_{20}\}$；$Q(n_j)$ 是由二级指标 n_j 分解的三级指标数量，且有：$\sum Q(n_j)=20$；$\lambda_{j,k}$ 是三级指标 $y_{j,k}$ 对二级指标 n_j 的权重系数，$\lambda_{j,k} \in \{\lambda_1 \sim \lambda_{20}\}$。中观（行业）质量评价指数计算公式是：

$$k_u = \sum_{v=1}^{Q(k_u)} n_{u,v} \tag{1-4}$$

式中：$u=1,2,3,4$；$n_{u,v}$ 是由一级指标 k_u 分解的一个二级指标，$n_{u,v} \in \{n_1 \sim n_9\}$；$Q(k_u)$ 是一级指标 k_u 分解的二级指标数量，且有：$\sum Q(k_u)=9$；

三是宏观质量评价。宏观质量评价指数反映 T 个行业的质量总体水平。以 Z 表示行业质量评分，H 表示宏观质量指数（评分），T 表示行业数量。首先分别计算 T 个行业质量评分，然后以 T 个行业的行业质量评分的加权平均值作为宏观质量指数（评分），计算公式如下：

$$H = \frac{1}{T}\sum_{l=1}^{T} Z^l = \frac{1}{T}\sum_{l=1}^{T}\sum_{i=1}^{4} k_i^l \tag{1-5}$$

式中：$l=1,2,\cdots,T$，代表不同行业；Z^l 为行业 l 的质量评价总分；$K_i^l (i=1,2,3,4)$ 为行业 l 的4项一级指标评分。

三、出口企业抽样调查

出口企业问卷调查是获取大部分三级指标评分的主要数据，亦是了解年度出口市场热点问市的主要手段。作为质量评价的主要数据源，出口企业问卷调查对于整个评价工作的最终效果有着至关重要的作用。

（一）调查范围与对象

年度调查覆盖家用电器、照明设备、音视频设备、仿真饰品、信息技术设备、玩具、纺织品服装、家具、与食品接触品、箱包、鞋类、加工食品、其他等13个出口行业，基本覆盖广东主要出口消费品种类。有效样本3013家，并按照行业性质、区域、规模、监控状态设计配额条件，同时，有针对性地加强对重点企业、代表性企业调查，以及不同区域出口企业类型的抽样。调查对象设定为 13 个行业,访问对象企业中的主管领导、分管领导或其他熟悉企业情况的管理人员。

(二)调查问卷结构及内容

出口企业调查主要目的在于获取行业与微观质量评价三级指标的评分数据,调查问卷应能体现三级指标的评分标准。一般而言,评分标准由三级指标、评价要素、满分、计分办法四部分构成,为了获得指标评分数据,将三级指标分解为一个或多个评价要素,每个评价要素对应一个问卷题目,之后对每个评价要素对应的问卷题目设计便于计分的备选项,在此基础上,针对备选答案设计满分标准和计分标准。

问卷由样本来源和正式问卷两大部分组成,其中样本来源中涉及受访企业的行业分类、区域分属、企业规模和监控状况 4 个配额变量,其中正式问卷大致对应企业基本状况、产品和出口贸易状况、质量控制体系及标准、原材料及成本控制、质检流程与质量跟踪、质量问题处理态度与方式、顾客满意与社会责任、对职能部门服务与政策评价等 8 个维度。问卷共设计 59 道问题,其中包含量表测量类问题 8 道,剩余为事实陈述类问题(单选与多选)。问卷结构和问题设置大体与评价体系中的三级指标对应。问卷结构及主要内容如下表。

表 1 - 2 2016 年度出口企业调查问卷结构及主要内容

序	调查主题	问题数目	主要问题内容
第一部分	企业基本情况	10	注册资本、注册时间、出口时间、销售收入、企业性质、所属 CIQ 监管类别、员工人数、主要出口市场构成及占有率、主要出口产品目标市场占有率、主要生产设备情况、目以为在行内规模、工艺技术档次与地位、生产设备先进程度、商品质量总体水平、在行业内影响力
第二部分	微观质量管理	19	标准了解程度、产品执行标准及其满意度、出口执行检验标准及其满意度、半成品及成品质量检测方式及有效性、产品认证情况及其满意度、质量控制成本所占比例及其合理性评分、原材料验收安全项目检测及效果评分、原材料质量管理手段及效果评分、半成品及成品抽查合格率理想状况、成品返工比例、成品检测频次及满意度、产品的品质档次、顾客服务实施情况及满意度、产品召回应对及质量奖、产品质量事件应对及表现评分、包装的循环及环保、能源及原材料消耗等方面的相对水平、应收账款情况、配合政策制度

序	调查主题	问题数目	主要问题内容
第三部分	行业质量评价	19	企业生产类型、员工流失率、企业新增专利授权量及其满意度、企业产品设计方式、由客户提供配方、工艺或图纸的产品占出口产品比重、新产品研发上资金投入占比及合理性、关键原材料和主要零部件的配套能力、技术创新水平、平均利税率、相关企业合作发展情况、行业协会作用及评价、出口消费品总体质量水平评价、对其他行业的作用、企业诚信、本行业对就业市场贡献、本行业大型企业比重、平均就业规模、学历水平、本行业平均注册资本、本行业熟练工人流失率、大型企业出口集中度、企业成品合格率、企业市场占有率、关键材料配套能力、主要零部件配套能力、质量管理体系认证、质量事故投诉、出口市场占有率、出口自主品牌比例、企业专利量、技术创新水平、平均利税率、就业规模、关联效应、环保评级、行业协会、相关宏观政策对企业的影响、响应政府宏观政策
第四部分	年度热点问题	11	对深化质检体制机制改革创新了解程度、深化质检体制机制改革创新评价、消费品质量安全风险快速预警系统和质量追溯体系影响、对广东局改革措施了解程度、质量品牌提升战略影响、影响未来出口因素、对检验检疫等监管部门的期望、企业应重点做好的工作、相关部门/机构对于促进企业提高产品质量的重要性、对所接触的检验检疫部门的服务绩效评价、未来出口前景的看法等。
	合计	59	其中 14 个问题又包含 28 个子问题。

（三）调查企业样本结构

本年度共取得有效问卷 3012 份，描述性统计结果如下：

一是调查企业的行业分布。本年度调查涉及家用电器、照明设备、音视频设备、仿真饰品、信息技术设备、玩具、纺织品服装、家具、与食品接触品、箱包、鞋类和加工食品和其他共 13 个出口行业。受访企业最多的是其他行业（11.6%），其次为玩具、家具、加工食品、家用电器、纺织品服装行业，具体行业的分布情况如图 1 - 2（a）所示。与上一年度样本量对比，样本结构大致相同。其中，照明设备、纺织品服装、仿真饰品、信息技术设备等行业样本比例下降较多，其他行业、加工食品等行业样本比例有所上升，如图 1 - 2（b）所示。

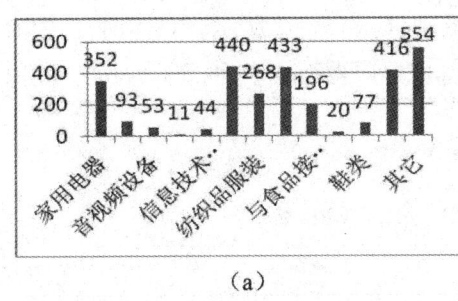
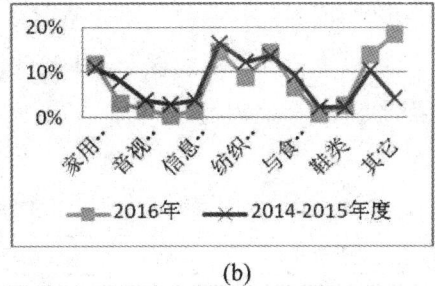

（a）　　　　　　　　　　　　　　（b）

图1-2　企业样本行业结构分布与年度对比

二是调查企业的地区分布。如图1-3(a)所示,在被调查的3012家出口企业中,珠三角地区企业占66.4%,粤东占21.2%,粤西占9.2%,粤北占3.1%。与上一年度相比,粤西的企业样本占比略有减少,珠三角企业样本占比略有增加,其他地区样本量和上一年度对比基本持平,见图1-6(b)。

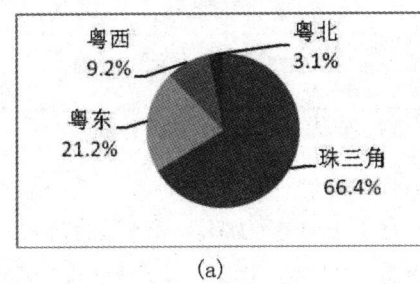
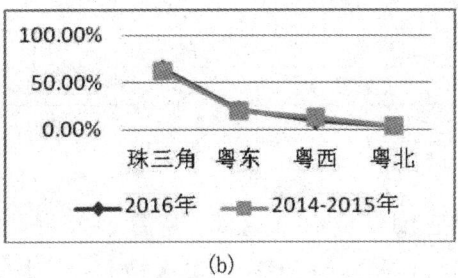

（a）　　　　　　　　　　　　　　（b）

图1 3　企业样本地区分布与年度对比

三是企业性质。如图1-4(a)所示,企业性质以私营和外商独资为主,前者为56.1%,后者为30.3%,其他最少(2.7%)。与上一年度比较,国有企业和私营企业比例略有上升,外商独资企业比例略有下降,其他性质的企业比例基本维持不变,详见图1-4(b)。

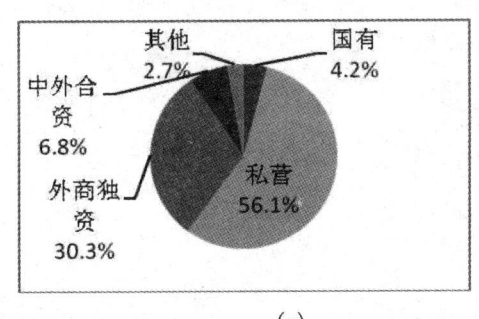
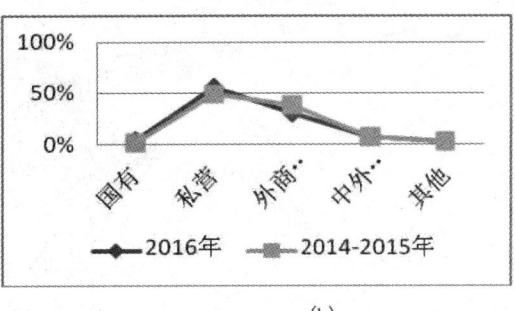

（a）　　　　　　　　　　　　　　（b）

图1-4　企业性质与年度对比

进一步统计,不同行业的企业性质存在差别,如表1－3所示。总体而言,国有企业占比最小,私营企业和外商独资企业占较大,如家用电器行业中66.5%为私营企业,信息技术设备行业中75%为外商独资。

表1－3 不同行业的企业性质(%)

行业企业性质	国有	私营	外商独资	中外合资	其他
家用电器	1.1	66.5	17.3	11.9	2.0
照明设备	1.1	60.2	30.1	7.5	1.1
音视频设备	3.8	64.2	22.6	1.9	5.7
仿真饰品	0.0	54.5	45.5	0.0	0.0
信息技术设备	2.3	13.6	75.0	6.8	0.0
玩具	16.6	46.8	30.2	4.3	1.6
纺织品服装	1.9	40.7	50.0	5.6	1.1
家具	1.8	62.6	27.3	4.2	2.1
与食品接触产品	0.0	61.7	29.1	7.7	1.5
箱包	10.0	35.0	40.0	15.0	0.0
鞋类	0.0	41.6	50.6	2.6	3.9
加工食品	1.9	67.8	19.2	7.7	2.4
其他	3.2	50.2	32.3	7.9	5.6

四是出口企业员工规模。从图1－5可见,企业员工规模为51－300人的占比最大,占总样本半数以上(53%)。其次是1－50人的企业,占比为20.3%。10000人以上企业占比为0.9%,员工规模与上一年度相比变化不大。

表1－4中,分行业来看,51－300人的企业在各行业中均占比最大,其次是301－1000人的规模,占比最小的为10000人以上的员工规模。从行业分布来看,51－300人规模的企业中占比最大的是玩具,为73.2%。301－1000人规模企业中占比最大的是家用电器和箱包行业。10000人以上行业中占比最大的为信息技术设备行业,为4.5%。

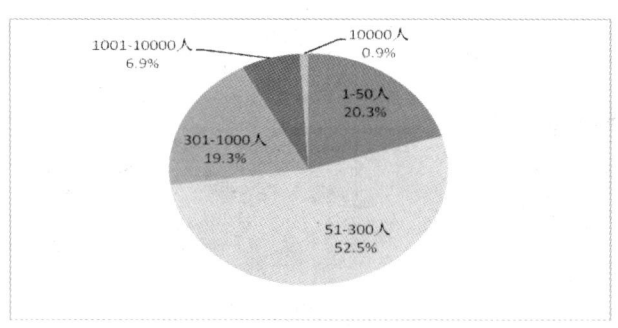

图1－5 企业员工规模

表1-4 不同企业的员工规模结构(%)

	1-50人	51-300人	301-1000人	1001-10000人	10000人以上
家用电器	14.8	39.8	32.4	11.9	0.6
照明设备	12.9	55.9	25.8	5.4	0.0
音视频设备	15.1	49.1	24.5	11.3	0.0
仿真饰品	27.3	45.5	18.2	9.1	0.0
信息技术设备	11.4	20.5	22.7	40.9	4.5
玩具	8.2	73.2	13.4	4.5	0.2
纺织品服装	9.0	57.8	23.9	8.2	0.7
家具	21.2	58.4	15.2	3.2	0.9
与食品接触产品	18.4	52.0	25.5	3.6	0.5
箱包	25.0	40.0	30.0	5.0	0.0
鞋类	15.6	49.4	24.7	9.1	1.3
加工食品	34.9	53.1	10.1	1.9	0.0
其他	30.1	40.1	17.9	9.0	2.7

五是企业出口年限。如图1-6所示,企业出口年限以1年以内、2-4年、5-10年、11-20年、20年以上分段,被访企业出口年限在11-20年的占比最大,为36.0%,其次是5-10年有34.9%,其余出口年限占比分别为:2-4年的企业占13.2%,20年以上企业占8.7%,1年以下企业占6.3%。本年度与上一年度相比,11-20年企业占比上升,其他基本维持不变。

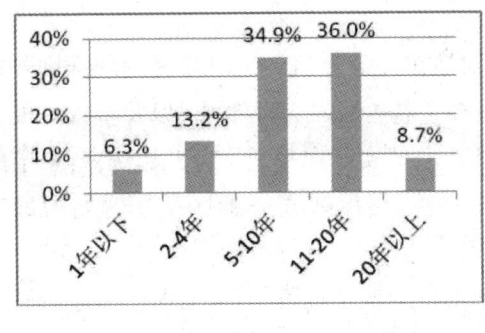
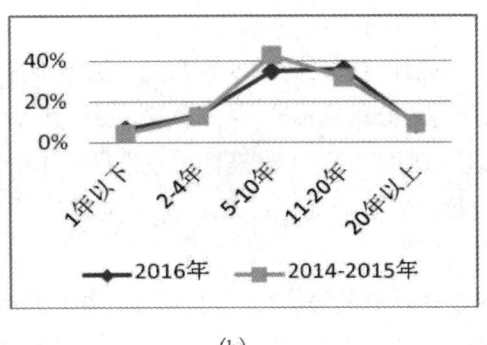

(a)   (b)

图1-6 企业出口年限与年度对比

六是出口企业注册资金。如图1-7所示,将出口企业注册资金划分为:50(含50)万元以下(统一换算为人民币),50-100(含100)万,100-300(含300)万,300-500(含500)万,500-1000(含1000)万及1000万以上等5个等级。统计结果显示,注册资金在

1000 万以上的比例最高,为 37.2%,其次是 100 - 300 万,占 20.0%,其余各个区间比例与上一年度差别不大。与上一年度相比,企业注册资金在 1000 万以上的样本占比有所下降,注册资金在 50 - 100 万的样本比例有所增加,其余样本分布情况变化不大。

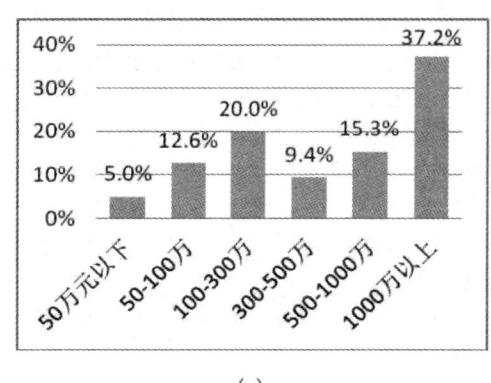
(a)

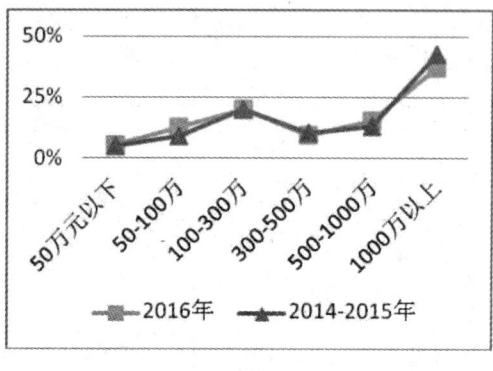
(b)

图 1 - 7　企业注册资金与年度对比

四、指标评分标准

(一)评分原则

指标评分标准是对各项指标进行水平判断的具体规定,是评价计分或等级评定的准则。从评价功能和特点出发,考虑到本项评价为"水平评定"属性,标准设计遵循以下原则。

一是评定标准的适度性原则。适度性原则是在评价分值评定时要遵循的准则。首先,指标评分最低标准(基本合格)要达到评价要素符合性的基本要求,以及多数对象所能达到的水平;第二,较高标准应根据全体被评对象的实际水平适当分开档次,有一定的区分度;第三,最高标准要具有一定程度的先进性,要反映某一地区某一时期的最高水平。

二是计分的等值性原则。不同指标的分数单位应该是等值的,从而保证指标系统内各指标的评价得分具有可加性。为此,必须合理地设计指标子系统直至各项具体评价指标的权重系数,在实际评价中经常使指标的"满分"兼表权重。

三是评分标准的明晰性原则。指标评分标准尽可能明确而具体,一方面便于评价者操作,提高评价的一致性信度,另一方面有利于发挥评价的导向功能,使被评对象明确工作的具体目标。

另外,由于评价指标体系中各指标量纲不统一,不具有可对比性,应建立统一的衡量标度。出口消费品质量评价指标是由两种不同类型的指标组成的,即定量指标和定性指标,对于定性指标,上文给出了权重设计的评分标准。对于定量指标,为尽可能反映实际情况,排除由于各项指标的单位不同以及其数量级间的悬殊差别所带来的影响,必须对指标进行无量纲化处理

(二)指标评分标准设定

本项研究质量评价涉及的评分标准主要针对三级指标来设计,即评分标准的应用对象为三级指标,需要合理将三级指标分解为评价要素,并设计满分标准和计分办法。

在指标评价要素的确定方面,需要根据指标本身内涵和评分数据的不同来源,来进行指标细分,进而选定指标水平评定的要点。本书中,指标评分数据主要来源有两种方式:由统计数据转换而来、通过问卷调查而来,不同数据来源的指标评价要素的设计有所区别。对于由统计数据转换而来的指标,其评分是从现有统计资料中直接查阅或转换获得,因此评价要素要求能够与统计数据对应,例如:行业质量事故投诉指标,可设置评价要素为投诉率,投诉率越高,得分越低。对于通过问卷调查而来的指标,其评价要素最终需要转换为具体的问卷问题,因此评价要素的设置需要综合考虑被访问对象的知识背景。

在指标满分设计方面,需要针对不同指标层级来设置不同的满分。在三级指标评分阶段,我们设置满分为100分;在一级指标和二级指标的评分阶段,设置满分为1分,首先需要对三级指标进行归一化处理,将100分制转换为1分制,然后将1分制的三级指标评分进行逐级加权得到二级和一级指标得分。

在计分标准设计方面,要遵循适用性原则、等值性原则、明晰性原则,根据评价要素的特征和数据来源的不同,设计具有明确等级的计分标准。对于由统计数据转换而来的指标,需要根据统计数据的数量情况,划分为不同的计分等级。对于评分通过问卷调查而来的指标,在指标所对应的具体问题中设计若干等级作为选项,并对每个选项或等级依据其对质量的正向影响程度赋予不同的分值,并以相关统计结果作为其代表值。

1. 微观质量评价三级指标评分

表1-5为25项微观指标评分标准,表中评价要素与出口企业抽样调查问卷相对应。

表1-5 微观指标评分标准

标识	指标	对应于问卷问题与序号	问题备选项及说明	评分标准	
				指标评分	最终评分
X_1	标准认知	客户标准 企业标准 行业标准 国家标准 输入国或地区标准	主观题。问卷第11题。备选项是了解程度评分,5分制	对涉及产品的各种相关标准指标和内容（客户标准,企业标准,行业标准,国家标准,输入国或地区标准,各选项占比分别为:20%、10%、20%、20%、30%）按5种程度评分,其选①得20分,选②得40分,选③得60分,选④得80分,选⑤得100分,总分为各项得分之和。	指标评分＊60＋专家评分%40% 。
X_2	质量控制标准	企业产品质量安全控制执行标准。问卷第12主客观相结合题	①客户标准 ②输入国技术法规及标准 ③国家标准 ④行业标准 ⑤企业标准 ⑥合同协议 ⑦客户口头要求⑧无执行标准	选⑦、⑧,总分得0分,否则按以下方式计算:选②、④,每个得20分;选①、④每个得分15分;选⑤、⑥,每个得10分;对全部选中项的得分求和,然后加40分,为最终总得分。	指标评分
X_3	产品检验标准	企业出口产品执行检验标准。问卷第13题主客观相结合题	①输入国技术法规及标准 ②国家标准 ③客户标准 ④其他	选①得40分;选②得30分;选③得20分;选④得10分;不选得0分;对全部选中项的得分求和,然后加30分,为最终总得分。	指标评分
X_4	产品质量检测方式	企业成品质量检测方式。问卷第14题主客观相结合题	①QC企业自检 ②客户检验 ③第三方权威机构检验 ④检验检疫部门检验 ⑤无	选⑤或不选总分得0分,否则按以下方式计算:若选③、④,每个得30分;选①、②得15分;对全部选中项的得分求和,然后加40分,为最终得分。	指标评分
X_5	产品认证情况	企业产品认证情况。问卷第15题主客观相结合题	①输入国认证 ②国际认证 ③国家强制性认证 ④其他认证 ⑤无认证	若选①或②得50分,选③得40分,选④得30分,选⑤无认证得0分。最终得分为两项的得分和。	指标评分
X_6	质量控制成本	企业质量控制成本约占总成本比例。问卷第16题主客观相结合题	填写比例。	少于5%得40分,5~10%得70分,10~15%得100分,15~20%得70分,大于20%得40分	指标评分
X_7	原材料安全项目检测方式	企业原材料验收安全项目检测。问卷第17题主客观相结合题	①每次按进货批进行 ②随机按批次抽样进行 ③定期抽样进行 ④不进行检测但要求提供检测报告 ⑤不进行检测也不要求提供检测报告	选①得90分,②得70分,③得60分,④得30分,⑤得0分,⑥得40分。	指标评分
X_8	原材料质量管理手段	企业对原材料采取质量管理手段。问卷第18题主客观相结合题	①与供应商签订质量保证书 ②定期对供应商进行质量评估 ③固定优质供应商并定期抽样检测 ④原材料按程序验收	不选总分为0,否则按以下方式计算:选③、④,每个得30分;若选①、②,每个得20分;对全部选中项的得分求和,然后加40分,为指标得分。	指标评分
X_9	半成品检验方式	企业半成品检验方式。问卷第19题,主客观相结合题	①QC巡检 ②生产线定岗检 ③QC抽检 ④下工序检 ⑤自检 ⑥无	选①、③得50分,选②、④得30分,选⑤得20分,选⑥得0分,对选中项的得分求和,为指标得分。	指标评分

续表

标识	指标	对应于问卷问题与序号	问题备选项及说明	评分标准	
				指标评分	最终评分
X_{10}	半成品抽查比例	企业半成品抽查比例。问卷第20(1)题	客观题 填写比例	抽查比例大于90%的为100分,其余得分为实际抽查比例/90%＊100	指标评分＊70%＋30
X_{11}	半成品抽查合格率	企业半成品合格率控制比例。问卷第20(2)题	客观题 填写比例	根据实际情况,以98%为理想合格率,按照公式:合格率/98%＊100进行计算	指标评分＊70%＋30
X_{12}	成品抽查比例	企业成品检验抽查比例。问卷第20(3)题	客观题 填写比例	抽查比例大于90%的为100分,其余得分为实际抽查比例/90%＊100	指标评分＊70%＋30
X_{13}	成品检验频次	企业成品检验频次。问卷第21题 主客观相结合题	①按生产批 ② 按出口批 ③ 定期抽样	①按生产批检得90分,②按出口批检验得60分,③定期抽样得40分。	26－1 指标评分＊60%＋ 26－2 自评得分＊40%
X_{14}	成品抽查合格率	企业成品抽查合格率。问卷第20(4)题	客观题 填写比例	根据实际情况,以98%为理想合格率,按照公式:合格率/98%＊100进行计算	指标评分＊70%＋30
X_{15}	成品返工比例	企业产品成品不合格率控制比例。问卷第28题	填写比例客观题	填写数值	成品不合格控制比例为0～5%得100分,5～10%得70分,11～20%得40分,20%以上得0分。
X_{16}	出口发达市场比例	问卷第5题,填写比例	出口美国产品比例 出口欧洲产品比例 出口日本产品比例 出口俄国产品比例 出口东南亚比例 出口南美产品比例 出口中东产品比例 出口香港产品比。 出口台湾地区产品比例 其他地区比例	①出口市场多样化得分:每个出口市场得10分,出口市场数＊10即为该项得分; ②出口发达国家市场比例分:销往欧美日等发达国家产品占总出口量百分比累加＊100,即为比例分。	出口市场多样化得分＊40%＋出口发达市场比例分＊60%
X_{17}	顾客特征	出口产品在出口目标市场的质量档次。问卷第22题客观题	①高档②中高档③中档④中低档⑤低档	①90分,②为80分,③为70分,④为50分,⑤为30分。	指标评分
X_{18}	顾客服务	企业顾客服务实施情况。问卷第23题 主客观相结合题	①在海外建立了顾客服务机构和制度②只在国内建立了售后服务部门和制度③针对进口国语言构建了售后服务网站④能够收到海外经销商的反馈意见⑤能够直接收到海外消费者的反馈意见 ⑥只做代工生产,不与消费者直接接触	(1)选①、③、⑤,每个得20分;选②、④,每个得10分;选⑥得3分。(2)对全部选中项的得分求和,再加上40分,为指标得分。	指标评分

续表

标识	指标	对应于问卷问题与序号	问题备选项及说明	评分标准	
				指标评分	最终评分
X_{19}	出口产品召回	年度企业出口召回宗数。问卷第24题	客观题 填写数值	(1)出口召回宗数满分100分,5宗以内,每宗扣5分,6－10宗70分,11－15宗60分,16－20宗50分,50分以下按比例递减; (2)产品事故处理宗数满分100分,1－5宗80分,6－10宗70分,11－15宗60分,15－20宗50分,50分以下按比例递减; (3)经济合同纠纷数满分100分,发生一宗扣5分。	出口召回*40%＋事故处理*30%＋合同纠纷*30
		年度产品事故处理宗数。问卷第24题	客观题 填写数值		
		年度企业经济合同纠纷数。 问卷第24题	客观题 填写数值		
X_{20}	出口产品召回应对态度	当出口商品出现质量问题或召回事件时,企业应对。 问卷第25题 主客观相结合题	①启动已有危机应急机制 ②临时组建应对小组 ③求助检验检疫部门 ④积极与客户沟通,找出原因及时补救 ⑤顺其自然	选⑤,总分为0,否则按以下方式计算:若选①、③,每个得30分;选②、④,每个得20分;选⑥,得5分;对全部选中项的得分求和,然后加40分,为最终总得分。	指标评分
X_{21}	能耗水平	能源消耗情况。 问卷第27－1题	主观题 备选项为水平得分,5分制	选①得100分,选②得80分,选③得60分,选④得40分,选⑤得20分	(33－1)题能源消耗*50%＋(33－2题)原材料消耗情况*50%
		原材料消耗情况。 问卷第27－2题			
X_{22}	包装循环利用	企业包装可循环利用及环保性情况。 问卷第26题 客观题	①包装材料大部分可循环利用 ②包装材料小部分可循环利用 ③包装材料可再利用,但不能循环利用 ④包装废弃后易分解 ⑤包装只能废弃,且废弃后不易分解 ⑥不清楚包装材料情况	占总分值50%。 (1)根据①、②、③确定循环利用分,计其一最高分: ①最高80分②60分③40分 (2)根据④、⑤、⑥确定环保加分: ④＋20分 ⑤－20分 ⑥0分 (3)总分为:循环利用分＋环保加分,分数不小于0分。	32题指标评分*50%＋(28－4题指标评分＋28－5题指标评分)*50%
		材料元件及包装的可循环利用情况。 问卷第27－4题 问卷第27－5题	主观题 备选项为水平得分,5分制	占总分值50%。 选⑤得50分,④得40分,③得30分,②得20分,①得10分;问卷27－4题得分＋问卷27－5题得分为其总分。	
X_{23}	环保评级	在同行中环境保护的相对水平。 问卷第38题	百分制自评	离散方法计算自评得分,然后统计各个行业均值。	指标评分
X_{24}	受海外消费者投诉或起诉情况	企业是否存在海外消费者投诉或起诉情况 问卷第29(1)题	客观题 ①是 ②否	占总分值50%。①得50分,②得100分	指标评分
		现阶段出口企业应对投诉或诉讼能力问卷第29(4)题	客观题 ①很强 ②较强 ③一般 ④较弱 ⑤很弱	占总分值50%。选①得100分,选②得80分,选③得60分,选④得40分,选⑤得20分	指标评分

标识	指标	对应于问卷问题与序号	问题备选项及说明	评分标准	
				指标评分	最终评分
X_{25}	员工流失率	近两年员工流失率均值。问卷第31-1题	客观评分题,备选项为百分率	(1)20%以下为90分,21%-40%为80分,41%-60%为70分,61%-80%为60分,60以下得分按比例递减;(2)得分为指标评分*70%+30	37-1题指标评分*40%+37-2题指标评分*30%+37-3题指标评分*30%
		2015年就职1年以上员工流失率。问卷第31-2题	客观评分题,备选项为百分率	(1)10%以下为90分,11%-30%为80分,31%-50%为70分,51%-70%为60分,60以下得分按比例递减;(2)得分为指标评分*70%+30	
		本行业年均人员流失率。问卷第31-3题	客观评分题,备选项为百分率	(1)10%以下为90分,11%-30%为80分,31%-50%为70分,51%-70%为60分,60以下按比例递减;(2)得分为指标评分*70+30	

2. 行业质量评价三级指标评分标准

表1-6为21项中观质量指标的评分标准。中观质量评价的对象是行业,结合广东出口消费品质量评价实证研究的需求,我们将各中观三级指标分解为具有可操作性的评价要素,在此基础上详细设计了21个三级指标的对应的问卷题目,并针对性制定了较合理的评分标准,满分设计为100分,表中评价要素与出口企业抽样调查问卷(题目)相对应。

表1-6　中观质量评价指标评分标准

标识	指标	对应于问卷问题与序号	问题备选项及说明	评分标准 指标评分
Y_1	大型企业比重	企业总员工人数。问卷第8题客观题	① 1-50人 ② 51-300人 ③ 301-1000人 ④ 1001-10000人 ⑤ 10000人以上	对企业规模判断标准,参照国家统计局2011年颁布的《统计上大中小微型企业划分办法》中工业的划分标准,同时满足从业人员1000以上,营业收入40000万元以上两个条件为大型企业,根据(大型企业数量/各行业调查数量)的结果计算离散(最大值、最小值)得分,以此作为客观得分占比70%;统计各个行业的平均得分;自评分根据离散程度计算得分,统计各个行业的平均得分即主观分,占比30%。
		企业总产值。问卷第4题	客观题填写数值	
Y_2	平均注册资本	企业注册资本。问卷第1题	客观题填写数值	100万以下得50分,300万以下得60分,500万以下70分,1000万以下80分,10000万以下90分,大于等于10000万100分。统计各个行业的平均得分,即客观得分。主观分计算方法同上,占比40%。

标识	指标	对应于问卷问题与序号	问题备选项及说明	评分标准
				指标评分
Y_3	本科以上人员比重	问卷第38题	主观题百分制自评	离散方法计算自评得分,然后统计各个行业均值。
Y_4	熟练工人流失率	企业就职1年以上的员工流失人数占总流失员工的比例。问卷第38题	客观题填写数值	5%以下得100分,10%以下得90分,15%以下得80分,20%以下得70分,30%以下得60分,40%以下得50分,大于等于40%得40分。统计各个行业的得分均值,即为客观分(60%);主观分同上(40%)。
Y_5	大型企业出口集中度	2015年企业出口额。问卷第4题	客观题填写数值	统计各个行业的出口总额和大型企业出口总额,根据(行业内大型企业出口总额/行业出口总额)的结果计算离散得分作为客观分(70%);主观分同上(30%)。
Y_6	大型企业成品合格率	企业成品抽查合格率。问卷第20(3)题	客观题填写数值	客观分=实际合格率,统计各个行业的平均得分,即为行业客观分(80%);主观分同上(20%)。
Y_7	大型企业市场占有率	2016年企业主要出口产品在主要出口市场的占有率。问卷第9题	客观题填写数值	选取行业内超大型和大型的企业作为样本,占比1%以下得50分,1~5%得60分,6~10%得70分,11~20%得80分,21~30%得90分,31%以上得100分;统计各个行业的平均得分,即为行业最终得分。
Y_8	关键原材料配套能力	所在行业关键原材料的配套能力问卷第38-8题	主观题	离散方法计算自评得分,然后统计各个行业均值。
Y_9	主要零部件配套能力	所在行业主要零部件的配套能力。问卷第38-9题	主观题	离散方法计算自评得分,然后统计各个行业均值。
Y_{10}	质量管理体系认证	企业质量管理体系认证情况。问卷第38-10题	主观题百分制自评	离散方法计算自评得分,然后统计各个行业均值。

标识	指标	对应于问卷问题与序号	问题备选项及说明	评分标准
				指标评分
Y_{11}	质量事故投诉及质量奖项	$Y_{11}-1$,出口产品召回宗数。问卷第24题	客观题 填写数值	运用离散方法分别计算 $Y_{11}-1$、$Y_{11}-2$、$Y_{11}-3$、$Y_{11}-4$ 的客观分,分别占比25%。
		$Y_{11}-2$,产品事故处理宗数。问卷第24题	客观题 填写数值	
		$Y_{11}-3$,企业经济合同纠纷数。问卷第24题	客观题 填写数值	
		重要质量奖项宗数。问卷第24题	客观题 填写数值	
Y_{12}	出口市场占有率	2015 年企业主要出口产品在主要出口市场的占有率。问卷第9题	客观题 填写数值	1%以下得50分,1%-5%得60分,6%-10%得70分,11-20%得80分,21-30%得90分,31%以上得100分,统计各个行业平均得分,即为指标客观分(60%);主观分同上(40%)。
Y_{13}	出口自主品牌比例	企业主要生产类型。问卷第30题	客观题①自主品牌②ODM 贴牌③OEM 贴牌④其他	统计各个行业自主品牌比例,根据结果计算离散得分即客观分(70%)。
		企业出口自主品牌比例自评得分 问卷第38-13题	主观题 百分制评分	离散方法计算得分,统计各个行平均得分,即主观分(30%)。
Y_{14}	企业专利量	2015 年企业新增的专利数量。问卷第32题。	①多于10项②5-10项③3-5项④1-3项⑤无	若选①得100分,②得90分,③得80分,④得70分,⑤得60分,统计各个行业的平均得分即客观分(60%)。
Y_{15}	技术创新水平	企业产品设计方式。问卷第33题	①客户提供配方、工艺或图纸为主②仿照国外品牌设计生产为主③自主设计为主	占总分值30%。若选①得50分,②得70分,③得90分;统计各个行业的平均得分,即为 $Y_{15}-1$。
		企业由客户提供配方、工艺或图纸的产品占出口产品比重。问卷第34题	客观题 填写数值	90%以上得40分,80以上-90%得50分,70以上-80%得70分,60以上-70%得80分,50以上-60%得90分,50%以下得100分,统计各个行业平均得分,即为指标客观分。占比50%。
		企业新产品技术研发上投入资金占总产值水平。问卷第35题	①1%以下②1-5%③5-10%④10-20%⑤20%以上	若①得60分,②得70分,③得80分,④得90分,⑤得100分,统计各个行平均得分,即为行业得分。占比20%。
Y_{16}	平均利税率	所在行业平均利税率。问卷第38-16题	主观题	选"不好"得50分,"不太好"60分,"一般"75分,"比较好"85分,"非常好"100分。统计各个行业均值为42-4评价得分;后面对应自评分y16计算方式同上。

标识	指标	对应于问卷问题与序号	问题备选项及说明	评分标准
				指标评分
Y_{17}	就业规模	2015 年企业总员工人数。问卷第 8 题	客观题：①1－50 人 ②51－300 人 ③301－1000 人 ④1001－10000 人 ⑤10000 人以上	若选①得 60 分,②得 70 分,③得 80 分,④得 90 分,⑤得 100 分;统计各个行业的平均得分,即为客观得分,占比 60%;主观自评分同上,占比 40%。
Y_{18}	关联效应	所在行业对其他行业的关联作用。问卷第 38－18 题	主观题	选"不好"得 50 分,"不太好"60 分,"一般"75 分,"比较好"85 分,"非常好"100 分。统计各个行业均值为 42－7 评价得分;后面对应自评分 y18 计算方式同上。
Y_{19}	环保评级	企业能源消耗、原材料消耗、环保及可循环利用的水平。问卷第 27－3 题,问卷 38－19 题	问卷第 27－3 题,占比 50%	选⑤得 100 分,④得 90 分,③得 80 分;②得 70 分;①得 60 分。统计行业均值即为行业分。
			问卷 38－19 题,占比 50% 填写数值	自评分方法同上,50%。
Y_{20}	行业协会	所在行业相关协会对企业的作用。问卷第 36 题	①能帮助企业解决实际问题 ②能为企业提供有用的信息 ③有接触,但无具体事宜 ④很少与行业协会接触 ⑤不知道有相关协会 ⑥其他	若选①得 100 分,②得 90 分,③得 80 分,④得 70 分,⑤得 60 分,⑥得 50 分,统计各个行业均值即行业得分。占比 60%。
Y_{21}	政策制度影响	新修订的《环保法》、《食品安全法》等法律法规对企业的影响情况。问卷第 39 题	主观题①影响很大 ②影响较大 ③影响较少 ④没影响 ⑤不清楚	若选①得 100 分,②得 90 分,③得 80 分,④得 70 分,⑤得 60 分。每题占比 20%。
		"十三五"规划对企业发展的影响。问卷第 40 题		
		"一带一路"、人民币加速国家化等宏观经济政策对企业的影响情况问卷第 41 题		
		2015 年,我国对关税进行部分调整,税率水平进一步降低对企业的影响程度。问卷第 42 题		
		海外消费者权益保护对提高出口消费者市场占有率的影响程度。问卷第 44 题		

（本章执笔:广东金融学院经贸学院李艳 副教授）

第二章 微观质量评价结果

微观质量指向企业及产品的质量,是宏观质量的基础保证。按照实证研究方案,依据既定的评价技术体系及数据信息源,计算得到微观质量评价结果,即:2016 年度广东出口消费品微观质量指数均值为 0.809。由于微观质量评价与宏观质量评价的对象不同,采用的指标体系亦不同。从技术的角度来看,两者质量指数相对独立,但存在内在联系。

一、总体评价结果

(一)标识说明

本年度调查了 3012 家样本企业,其行业及地域分布情况如表 2 - 1 所示。样本企业中,超大型企业占比 1.67%,大型企业占比 10.59%,中型企业占比 24.91%,中小型企业占比 40.63%,小型企业占比 22.21%。

表 2 - 1 受访企业所属行业与所在地域分布(单位:家)

地市	家用电器	照明设备	音视频设备	仿真饰品	信息技术设备	玩具	纺织品服装	家具	食品接触产品	箱包	鞋类	加工食品	其他	总计
广州	16	6	1	5	3	10	31	48	7	2	8	8	75	220
汕头	7					107	21	3	4		1	36	11	190
湛江	17		1				1	10			2	13		44
增城		1				3	22	5			1	7	5	44
花都	8	2	12		2	7	8	10	1	1		3	4	58
从化	1	7	1			2	13	7	7	3	5		3	51
番禺	2	3	1		2	1	14	9	2				22	57
江门	16	18	17		2	14	17	28	18	2	3	38	36	210
新会	3					1		7	4		1	19	8	44
开平	3					1	2		1			14	4	25
阳江	1				1	1			48			19	49	119
佛山	4	3		1		1	2	14	2			7	37	71
高明	5	3			2	1	6	12	5	1		13		50
惠州	24	7	4	1	4	25	9	52	9		5	17	47	203
大亚湾	4		1		3	2		7	2				12	31

地市	家用电器	照明设备	音视频设备	仿真饰品	信息技术设备	玩具	纺织品服装	家具	食品接触产品	箱包	鞋类	加工食品	其他	总计
河源	3	1			1	9	4	1	3		1	5	7	35
中山	61	12			3	6	39	52	10		1	25	14	223
东莞	24	9	8	1	16	150	21	118	20	8	16	15	77	483
肇庆	3				1	11	7	5	3	2	7	16	14	69
潮州		1						2	13		4	81	34	135
饶平									2			11	6	19
茂名	1							1			2	29	2	35
韶关	1					9	1	7	6			1	9	34
清远	1		1			8	5	4	2		5	6	7	39
揭阳	1	2	1			53	16		8	1	14	14	6	116
汕尾	1	1		1		4	12					11	16	46
梅州			2			2		2				1	11	18
南海	8	8	2	2	2	8	2	24	10		1	11	14	92
顺德	134	9	1										2	146
云浮						1	4		9			3	5	22
南沙	3					2	7	4				2	24	42
其他	2	4											35	41
	354	97	53	11	44	439	265	432	196	20	77	415	609	3012

为方便起见，我们先对有关标识进行说明。本项研究采用的微观质量评价指标体系中，共有 4 项一级指标，9 项二级指标，25 项三级指标。研究以 H_1—H_4 标识一级指标，以 h_1—h_4 标识指标得分，以 T_1—T_4 标识各指标对应权重；二级指标以 M_1—M_9 标识，指标得分以 m_1—m_9 标识，各指标权重以 C 标识，分别为 C_1—C_9；三级指标以 X_1—X_{25} 标识，指标得分以 x_1—x_{25} 标识，各指标权重以 ϕ 标识，分别为 ϕ_1~ϕ_5。

参考专家咨询调查统计结果，一级指标权重 T_1—T_4 分别为 27.3%、29.2%、26.1%、17.4%；二级指标权重 C_1—C_9 依次为 13.5%、13.8%、7.2%、10.4%、11.6%、8.3%、17.8%、12.8%、4.6%；三级指标较多，权重 ϕ_1—ϕ_{25} 参考本书第一章内容。

（二）总体评价结果

按既定的评价指标体系逐层计算，得到广东出口消费品微观质量总体得分（100 分制，样本结果），并转换为微观质量总体指数（1 分制）。结果表明，2016 年广东出口消费品微观质量指数为 0.809。低于宏观质量指数均值（0.834），表明出口消费品宏观质量总体水平优于微观质量总体水平，但二者指数差距较小（0.025），相当于微观质量指数的 3.09%，宏观质量与微观质量的总体评价结果趋于一致。

3012 家出口消费品企业的微观质量指数介于 0.173 ~ 0.970 之间,具体分布情况见表 2-2。

表 2-2 企业微观质量指数分布

区间	企业数量(家)	所占比例(%)	质量指数均值	标准差	极小值	极大值	评级
指数≧0.9	267	8.86	0.919	0.015	0.900	0.970	特优
0.8≦指数<0.9	1700	56.44	0.847	0.028	0.800	0.900	优
0.7≦指数<0.8	763	25.33	0.760	0.027	0.700	0.800	良
0.6≦指数<0.7	187	6.21	0.658	0.027	0.601	0.700	中
指数<0.6	95	3.15	0.500	0.113	0.173	0.599	差
合计	3012						

将表 2-2 数据转换为柱状图,可以更直观地辨别企业微观质量指数的分布情况,如图 2-1 所示。

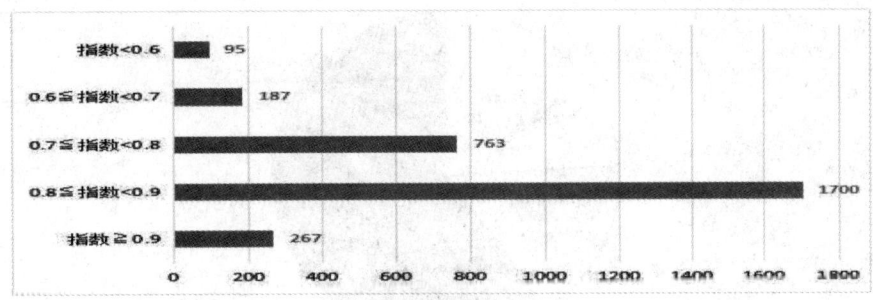

图 2-1 企业微观质量指数分布(单位:家)

统计结果显示,质量指数在 0.8-0.9 之间,获得"优"的评级的企业最多,共有 1700 家,占比 56.44%;其次是获得"良"评级的企业,共 763 家,占比 25.33%;接着是获得"特优"评级的企业有 267 家,占比 8.86%,最高指数值为 0.970;"中"级企业有 187 家(占比 6.21%);"差"级企业有 95 家(占比 3.15%),最低指数值仅为 0.173。由此可见,被调查的 3012 家企业中,超过半数的企业都在评级都在"优"以上,质量指数分布集中,高低分明。

(三)指标得分率分布

得分率是指标的实际得分与该指标的满分之比率,它是衡量具体指标绩效高低的重要依据,反映出口消费品质量在特定方面与理想状态的差距。根据评价结果,可将 25 项三级指标得分率分为三种情况:

一是高绩效指标(得分率为80%以上的指标)。得分率在80% -95%之间的指标有15项,占比56%。包括:企业标准认知(92.14%)、质量控制标准(94.30%)、产品检验标准(91.03%)、产品质量检测方式(91.25%)、原材料安全项目检测方式(85.89%)、原材料质量管理手段(93.17%)、半成品检验方式(83.97%)、半成品抽查合格率(87.34%)、成品检验频次(86.53%)、成品抽查合格率(88.13%)、顾客特征(82.54%)、出口成品召回(81.14%)、出口产品召回态度(89.02%)、环保评级(90.62%)、员工流失率(87.12%)。

二是中绩效指标(得分率为70% -80%的指标)。共有4项指标,占比28%。包括:成品返工比例(79.07%)、顾客服务(77.48%)、包装循环利用(70.78%)、受海外消费者投诉或起情况(79.89%)。

三是低绩效指标(得分率为70%以下的指标)。共有6项指标,占比16%。包括:产品认证情况(69.60%)、质量控制成本(68.95%)、半成品抽查比例(68.77%)、成品抽查比例(69.41%)、出口发达市场比例(49.50%)、能耗水平(60.92%)。

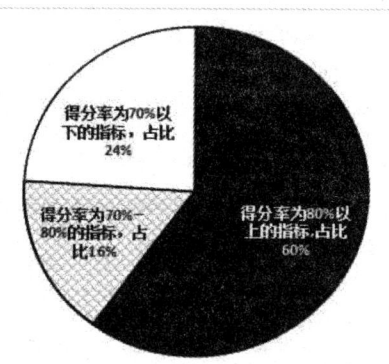

图2-2　指标得分率分布情况(%)

总体来看,得分率在70% -95%之间的指标占比86%,所有指标中能耗水平、半成品抽查比例指标得分率较低,"出口发达市场比例"指标是25项指标中仅有的一个"不及格"指标,其改善和提升空间较大。需说明的是,这里的得分率仅将3012家出口企业作为一个整体,不同的行业、地域、规模的企业指标得分率不尽相同,有待进一步分析。

二、按企业背景分类评价结果

进一步,我们根据有关企业背景的5个变量对微观质量评价指数进行归类分析,这5个变量分别是:行业、地区、规模、监管水平、出口历史。归类分析实际上是同类企业质量指数值的数学分析。从逻辑上看,企业质量指数不可简单累加或平均。

(一) 微观质量指数的行业比较

将家用电器等 13 个行业按照微观质量指数的平均值进行排名,由高到低依次为照明设备(0.832)、信息技术设备(0.83)、玩具(0.829)、家用电器(0.822)、仿真饰品(0.821)、箱包(0.821)、家具(0.815)、与食品接触产品(0.809)、加工食品(0.809)、音视频设备(0.805)、纺织品服装(0.796)、鞋类(0.794)、其他(0.782)。

总体上,13 个行业质量的总体水平差距较小,其中照明设备企业的微观质量指数均值最高(0.832),其他类别的企业平均值较低(0.782),两者仅差 0.05,占比 6.39%。如表 2-3,箱包行业 20 家企业的质量指数标准差系数较小(0.047),说明行业内不同企业质量水平较为均衡;其他 609 家企业的质量指数标准差系数较大(0.116),说明行业内不同企业的质量水平参差程度较大。

表 2-3　按行业分类微观质量评价结果

行业类别	企业数量(家)	均值	标准差系数	极小值	极大值
家用电器	352	0.822	0.067	0.346	0.965
照明设备	93	0.832	0.056	0.678	0.939
音视频设备	53	0.805	0.073	0.534	0.928
仿真饰品	11	0.821	0.062	0.728	0.884
信息技术设备	44	0.830	0.056	0.626	0.929
玩具	440	0.829	0.068	0.446	0.970
纺织品服装	268	0.796	0.090	0.377	0.954
家具	433	0.815	0.092	0.189	0.957
与食品接触产品	196	0.809	0.096	0.175	0.936
箱包	20	0.821	0.047	0.643	0.889
鞋类	77	0.794	0.093	0.516	0.925
加工食品	416	0.809	0.073	0.499	0.942
其他	609	0.782	0.116	0.173	0.969

微观质量评价的四项一级指标分别是:满足标准程度 H_1 (权重 T_1:27.3%)、产品合格率 H_2 (权重 T_2:29.2%)、顾客满意度 H_3 (权重 T_3:26.1%)和社会责任 H_4 (权重 T_3:17.4%)。四项一级指标作为衡量企业出口消费品质量的四个重要维度,各个行业一级指标得分的极大值、极小值和均值,能够总体反映该行业在满足行业标准、产品合格、顾客满意和社会责任等方面的现状。13 个行业一级指标得分情况见表 2-4。

表2-4　13个行业的一级指标得分

行业	满足标准			产品合格			顾客满意			社会责任		
	极大值	极小值	均值	极大值	极小值	均值	极大值	极小值	均值	极大值	极小值	均值
家用电器	27.31	16.04	23.88	29.1	5.87	24.21	25.36	6.82	20.47	16.82	1.52	13.59
照明设备	27.31	16.04	23.34	29.10	16.69	24.89	25.95	12.36	21.05	15.88	11.08	13.91
音视频设备	27.31	14.96	23.11	29.10	16.27	23.64	24.77	10.93	19.82	16.35	10.97	13.90
仿真饰品	26.29	20.06	23.33	27.04	19.38	24.01	23.50	14.35	20.53	16.38	12.71	14.23
信息技术设备	26.46	14.00	23.55	29.20	19.89	25.77	24.46	13.35	19.78	16.19	11.27	13.86
玩具	27.31	13.27	23.52	29.10	5.87	24.79	25.87	4.36	20.84	17.36	2.85	13.78
纺织品服装	27.31	8.38	21.98	29.10	14.72	24.49	25.11	4.16	19.85	16.90	1.52	13.32
家具	27.31	5.78	23.09	29.20	5.87	24.38	25.31	5.69	20.27	17.40	1.52	13.76
与食品接触产品	27.31	5.78	22.97	29.20	5.87	24.16	24.60	4.36	20.26	15.69	1.52	13.55
箱包	27.31	18.33	23.60	29.10	17.73	23.71	23.79	14.39	20.40	16.35	12.49	14.37
鞋类	27.09	14.66	21.88	29.10	10.75	23.79	24.44	4.16	20.05	17.13	3.29	13.69
加工食品	27.31	11.58	23.31	29.20	11.81	24.57	25.52	10.69	19.55	16.86	3.56	13.51
其他	27.31	12.24	23.00	29.20	5.87	23.17	25.93	5.52	19.46	17.40	1.52	13.30

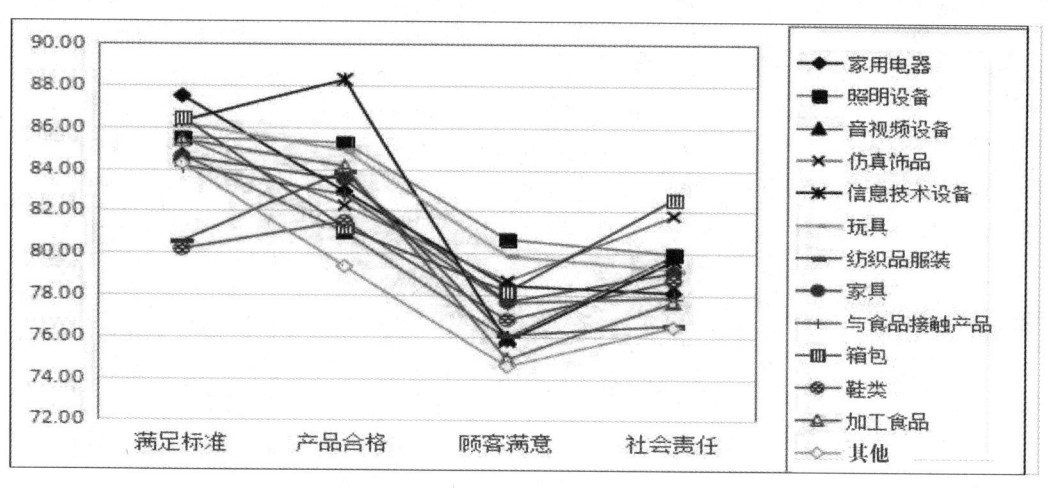

图2-3　不同行业的一级指标得分率曲线

根据行业内所有企业一级指标得分均值,得到13个行业四项一级指标得分率的折线图,如图2-3。结合表2-4分析,各个行业内企业的"满足标准"指标得分率较高,13个行业均值为84.69%;其次是"产品合格率"指标,均值为83.14%。这一结果表明,随着国外对我国出口消费品质量的检验日趋严格,广东出口企业加强了质量意识,提高了质量控制能力。相对而言,"顾客满意"和"社会责任"两项指标得分率较低,13个行业均值前者为77.31%;后者为79.04%,较上一年度均有所提升。理论上,出口消费品质量水平提高,不仅是产品固有质量提高,亦同感知质量(顾客满意)和损失质量(社会责任)有密切的关系,只有积极承担社会责任的企业才有可能持久实现顾客满意,只有通过实现顾客满意才能获得顾客忠诚,最终占领市场。

(二)质量指数的区域比较

为比较不同地区之间出口消费品微观质量的总体水平,我们按样本来源地对受访的3012家企业进行归类分析,如表2-5所示。受访出口企业来自广东20个地市,我们将部分行政区单列出来进行对比,数量比例依次为:东莞市为16.04%、中山市为7.40%、广州市为7.30%、江门市为6.97%、惠州市为6.74%、汕头市为6.31%、顺德区为4.85%、潮州市为4.48%、阳江市为3.95%、揭阳市为3.85%、南海区为3.05%、佛山市为2.36%、肇庆市为2.29%、花都区为1.93%、番禺区为1.89%、从化区为1.69%、高明区为1.66%、汕尾市为1.53%、湛江市为1.46%、增城区为1.46%、新会区为1.46%、南沙区为1.39%、清远市为1.29%、其他地区为1.36%、河源市为1.16%、茂名市为1.16%、韶关市为1.13%、大亚湾为1.03%、开平为0.83%、云浮市0.73%、饶平为0.63%、梅州市为0.60%。(深圳市没有列入抽样计划)。

如表2-5所示,不同地区的企业出口消费品微观质量指数平均值在0.807上下浮动,没有特别明显的差异,说明不同地区的企业微观质量差距不大。具体来看,微观质量指数最高的是大亚湾(0.865),其次为茂名市(0.854)、惠州(0.848)。排在最后两位的分别是饶平(0.766)和其他区域(0.702)。从极大值与极小值的角度看,各地区内部企业之间的质量水平参差不齐。其他区域的标准差系数最大,其内部企业之间的质量差异相对最大;从化区的标准差系数最小,其内部企业之间的质量差异相对较小。

表2-5 不同区域的微观质量指数

地区	企业数量(家)	极小值	极大值	均值	标准差
广州	220	0.936	0.346	0.782	0.107
汕头	190	0.928	0.535	0.826	0.060
湛江	44	0.929	0.517	0.816	0.100
增城	44	0.970	0.377	0.771	0.123
花都	58	0.942	0.494	0.799	0.106
从化	51	0.937	0.689	0.827	0.045
番禺	57	0.945	0.657	0.825	0.065
江门	210	0.942	0.576	0.825	0.067
新会	44	0.957	0.594	0.793	0.089
开平	25	0.924	0.452	0.820	0.090
阳江	119	0.908	0.175	0.770	0.094
佛山	71	0.965	0.297	0.770	0.145
高明	50	0.954	0.334	0.825	0.098

地区	企业数量（家）	极小值	极大值	均值	标准差
惠州	203	0.966	0.551	0.848	0.066
大亚湾	31	0.969	0.668	0.865	0.078
河源	35	0.936	0.374	0.824	0.104
中山	223	0.922	0.603	0.816	0.066
东莞	483	0.938	0.189	0.813	0.083
肇庆	69	0.923	0.557	0.826	0.065
潮州	135	0.917	0.513	0.775	0.081
饶平	19	0.888	0.513	0.766	0.094
茂名	35	0.925	0.752	0.854	0.056
韶关	34	0.964	0.614	0.806	0.081
清远	39	0.943	0.586	0.816	0.087
揭阳	116	0.934	0.537	0.779	0.075
汕尾	46	0.912	0.622	0.813	0.062
梅州	18	0.931	0.710	0.838	0.048
南海	92	0.937	0.500	0.814	0.085
顺德	146	0.927	0.668	0.814	0.047
云浮	22	0.930	0.503	0.804	0.121
南沙	42	0.913	0.503	0.808	0.104
其他	41	0.936	0.173	0.702	0.211

（三）不同规模企业的质量指数比较

不同规模的企业微观质量指数见表2-6,超大型企业均值最高,为0.835,大型企业、中型企业、中小型企业和小型企业的指数均值分别为0.831、0.815、0.812、0.788。总体来看,企业规模基本上与微观质量指数成正相关关系,规模大的企业微观质量指数均值亦较高。

表2-6 不同规模的微观质量指数

企业规模	企业数量（家）	极小值	极大值	均值	标准差
超大型	50	0.407	0.918	0.835	0.082
大型	318	0.439	0.969	0.831	0.080
中型	748	0.175	0.957	0.815	0.077
中小型	1220	0.175	0.970	0.812	0.087
小型	667	0.346	0.943	0.788	0.091

不同规模的企业微观质量评价二级指标平均得分率如图2-4。总体来看,不同规模

企业的得分率在不同指标中层次不同,顾客层次的指标平均得分率相较其他指标略低,标准采用指标则普遍较高于其他指标。标准执行的五类企业的得分率相差较大,且在大体上呈递减趋势,企业规模与得分率成正比,说明标准执行情况受企业规模影响较大。另外,半成品质量和顾客服务的柱形图大体上呈阶梯状下降趋势,说明这两个指标中企业规模与得分率成正相关关系。同一指标在不同规模的企业质量评价中的指标得分率相差较大,标准差系数最大可达9.4,说明企业在提高产品质量方面普遍存在短板,还有极大的提高空间。

从各种规模企业的二级指标得分率总体情况来看,标准采用、社会职责、原材料质量等得分较高,以顾客层次指标得分率相对最低,说明广东出口消费品需要进一步提高质量水平,增强进军国外高端消费品市场的能力。

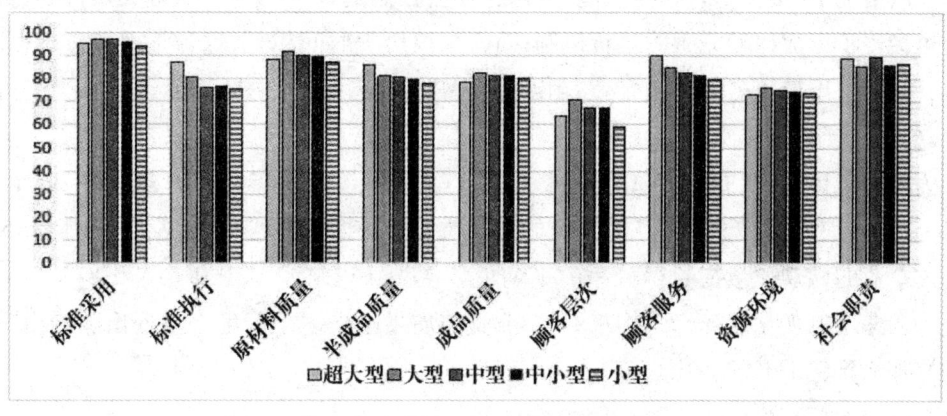

图2　4　不同规模企业二级指标得分率(%)

(四)不同监管状况的企业质量指数比较

目前我国出口消费品领域的竞争还主要停留在价格和规模上,出口加工企业科技水平普遍不高,质量要素尚未转变成为决定竞争的关键变量。加强对出口消费品质量的监管,对抑制"市场失灵"和提高我国出口消费品整体质量有着重要作用。本章将监管类型按CIQ监管类别进行分类,分为一类、二类、三类、四类和非监管企业。

调查的3012家出口企业中(如表2-7),按监管状态进行分类,一类企业的均值最高(0.830),二类企业的均值其次(0.820),非监管企业的质量指数最低(0.778),三类企业(0.801)和四类企业(0.798)的质量指数相差不大,各类企业的总体差距较小。其中,各类企业的标准差系数均较小,且相差不大,表明各类企业之间监管水平较为稳定和均匀,其中一类企业和三类企业的标准差系数较小。

表2-7 不同监管的企业微观质量指数

监控状况	企业数量（家）	极小值	极大值	均值	标准差系数
一类企业	395	0.492	0.969	0.830	0.077
二类企业	1335	0.175	0.970	0.820	0.083
三类企业	525	0.457	0.936	0.801	0.078
四类企业	47	0.517	0.908	0.778	0.082
非监管企业	401	0.393	0.937	0.798	0.083

（五）不同出口历史的企业质量指数比较

一般情况下，由于出口学习效应，出口企业会在制造技术上逐步变得成熟，在质量管理上也会逐步形成比较完善的运行机制；而且出口历史时间越长，这种学习效应越显著。因此，理论上，出口历史久远的企业，由于不断积累经验，企业的质量管理体系会变得相对完善，出口产品整体质量会处于一个相对较高的水平。

为了便于比较，我们把出口历史划分5个区间：1年、2-4年、5-10年、11-20年、20年以上，并分别统计处于这些区间企业的微观质量指数得分率均值，如表2-8所示，5个区间内企业的微观质量指数得分率的平均值依次为：0.774、0.801、0.810、0.814、0.827，呈现小幅递增的变化规律。总体来看，企业整体质量水平一定程度上呈现出随着出口历史的增加而日趋上升的变化趋势。

表2-8 不同出口历史的企业微观质量指数

出口时间	企业数量（家）	极小值	极大值	均值	标准差
1年	185	0.175	0.970	0.774	0.106
2—4年	402	0.175	0.966	0.801	0.096
5—10年	1052	0.175	0.969	0.810	0.091
11—20年	1085	0.322	0.964	0.814	0.079
20年以上	261	0.492	0.954	0.827	0.077

三、按指标结构分类评价结果

微观质量评价指标体系由三级指标构成。质量指数的计算过程如下：首先，通过问卷调查获得三级指标对应的原始数据值，并对这些数据进行无量纲化和归一化处理，得到三级指标的得分（得分率）；然后，计算二级指标得分，即二级指标对应的三级指标得分的加权值。在此基础上,再计算一级指标得分,即各项二级指标得分的加权值。各项指标得分计算过程见表2-9。

表2-9 指标评分计算过程

三级微观指标	得分率均值	权重	三级指标加权得分	二级指标	二级指标加权得分	一级指标	一级指标加权得分
X_1标准认知	0.921	4.6	4.24	标准采用	12.49	满足标准	23.10
X_2质量控制标准	0.943	4.5	4.24				
X_3产品检验标准	0.910	4.4	4.01				
X_4产品质量检测方式	0.912	4.8	4.38	标准执行	10.61		
X_5产品认证情况	0.696	4.5	3.13				
X_6质量控制成本	0.690	4.5	3.10				
X_7原材料安全检测方式	0.859	3.6	3.09	原材料质量	6.45	产品合格	24.17
X_8原材料质量管理手段	0.932	3.6	3.35				
X_9半成品检验方式	0.840	3.4	2.85	半成品质量	8.30		
X_{10}半成品抽查比例	0.688	3.4	2.48				
X_{11}半成品抽查合格率	0.873	3.6	2.97				
X_{12}成品抽查比例	0.694	2.7	1.87	成品质量	9.42		
X_{13}成品检验频次	0.865	3.6	3.12				
X_{14}成品抽查合格率	0.881	2.7	2.38				
X_{15}成品返工比例	0.791	2.6	2.06				
X_{16}发达市场比例	0.495	4.2	2.08	顾客层次	5.46	顾客满意	20.05
X_{17}顾客特征	0.825	4.1	3.38				
X_{18}顾客服务	0.775	4.3	3.33	顾客服务	14.58		
X_{19}出口产品召回	0.811	4.5	3.65				
X_{20}出口产品召回应对态度	0.890	4.5	4.01				
X_{24}海外消费者投诉起诉	0.799	4.5	3.60				
X_{21}能耗水平	0.609	4.3	2.62	资源环境	9.53	社会责任	13.54
X_{22}包装循环利用	0.708	4.0	2.83				
X_{23}环保评级	0.906	4.5	4.08				
X_{25}员工流失率	0.871	4.6	4.01	社会职责	4.01		

(一)按一级指标分类评价结果

在调查的3012家出口消费品企业中,一级指标得分率在90%以上的有1196家,介于80%-90%之间的企业有906家,70%-80%之间的612家,60%-70%的有200家,另有98家一级指标得分率低于60%。

1. 满足标准程度

满足标准指标满分为27.3(百分制)。包括企业标准认知、质量控制标准、产品检验标准、产品质量检测方式、产品认证情况、质量控制成本等6项三级指标。3012家企业指标得分均值为23.10,得分率为84.62%。

把满足标准程度指标得分划分为5个等级:24.0分以上(优)、23.0~24.0分(良)、22.0~23.0分(中)、20.0~22.0分(差)、20.0分以下(极差),并相应给以评级,评分标准较上年度有所提高。各区间得分企业数量如表2-10所示。其中,有1358家企业得"优"评级,307家企业得"良"评级,367家企业得"中"评级。

表 2-10 满足标准程度指标得分情况

分类区间	企业数量	占比(%)	极小值	极大值	均值	标准差	评级
得分≥24.0	1358	45.09	24.005	27.314	25.788	1.001	优
23.0≤得分<24.0	307	10.19	23.000	23.986	23.557	0.317	良
22.0≤得分<23.0	367	12.18	22.002	22.967	22.538	0.266	中
20.0≤得分<22.0	556	18.46	20.015	21.999	20.917	0.652	差
得分<20	424	14.08	5.781	19.998	17.524	2.360	极差

2. 产品合格率

产品合格率是微观质量的最直接的显性指标,其满分为29.2(百分制),包括原材料安全检测方式、原材料质量管理手段、半成品检验方式、半成品抽查比例、半成品抽查合格率、成品抽查比例、成品检验频次、成品抽查合格率、成品返工比例等9项三级指标。3012家受访企业的该指标平均得分为24.17,得分率为82.78%,说明出口企业的产品合格率方面整体水平较高。

同样,我们把产品合格率指标的得分划分为5个等级:25.0分以上(优)、24.0~25.0分(良)、23.0~24.0分(中)、21.0~23.0分(差)、21.0分以下(极差),并相应给以评级,各区间得分的企业见表2-11。其中,有1487家企业得到"优"评级,347家企业得到"良"评级,305家企业得到"中"评级。值得关注的是,产品合格率评"差"和"极差"的企业占比分别为10.66%和18.33%,约占企业总数的四分之一,某种程度上折射广东出口消费品质量存在的问题的严重性,以及对出口消费品监管力度的迫切性,或者说,提升产品整体合格率改善质量管理的主要方向。

表 2 - 11　产品合格率指标得分分布

分类区间	企业数量(家)	占比(%)	极小值	极大值	均值	标准差	评级
得分≧25.0	1487	49.37	25.004	29.200	26.979	1.316	优
24.0≦得分<25.0	347	11.52	24.002	24.975	24.499	0.309	良
23.0≦得分<24.0	305	10.13	23.003	23.999	23.648	0.314	中
21.0≦得分<23.0	321	10.66	21.011	22.983	22.155	0.527	差
得分<21.0	552	18.33	5.874	20.954	17.866	3.016	极差

3. 顾客满意度

顾客满意是微观质量水平的最终体现,满分为 26.1(百分制),包括发达市场比例、顾客特征、顾客服务、出口产品召回、出口产品召回应对态度、受海外消费者投诉或起情况等 6 项三级指标。3012 家受访企业在该指标平均得分为 20.05,得分率为 87.99%。

为了便于分析,我们把顾客满意度指标的得分划分为 5 个等级:20.0 分以上、19.0 ~ 20.0 分、18.0 ~ 19.0 分、16.0 ~ 18.0 分、16.0 分以下,并相应给以评级为:优、良、中、差、极差,各得分区间的企业数量如表 2 - 12 所示。该项指标优良等级以上的企业超七成。但也有约五分之一的企业该指标评级为差及以下,另有 8.13% 的企业为中。总体上,约三成企业实现顾客满意未及人意,反映出口企业在此方面存在不足。

表 2 - 12　顾客满意度指标得分分布

分类区间	企业数量(家)	占比(%)	极小值	极大值	均值	标准差	评级
得分≧20.0	1786	59.30	20.001	25.953	22.035	1.273	优
19.0≦得分<20.0	369	12.25	19.004	19.999	19.504	0.281	良
18.0≦得分<19.0	245	8.13	18.010	18.998	18.516	0.272	中
16.0≦得分<18.0	268	8.90	16.006	17.998	17.104	0.557	差
得分<16	344	11.42	4.159	15.996	13.697	2.525	极差

4. 社会责任

社会责任指标满分为 17.4(百分制),包括能耗水平、包装循环利用、环保评级、员工流失率 4 项三级指标。3012 家受访企业该指标平均得分为 13.54,得分率为 77.79%,此类一级指标得分率为四类中最低的一个。

把社会责任的指标得分划分为 5 个等级:14.0 分以上、13.0 ~ 14.0 分、12.0 ~ 13.0 分、10.0 ~ 12.0 分、10.0 分以下,并相应给以评级,各得分区间企业数量如表 2 - 13 所示。该项指标获得优等级的近半数,良等级的占比居第二位,为 26.33%,评价为中的企业数量占比 12.05%,评级差和极差的企业占比分别为 8.93% 和 3.49%。

表 2 – 13　社会责任指标得分分布

分类区间	企业数量（家）	占比（%）	极小值	极大值	均值	标准差	评级
得分≥14.0	1482	49.20	14.001	17.400	14.792	0.694	优
13.0≤得分<14.0	793	26.33	13.013	13.996	13.544	0.293	良
12.0≤得分<13.0	363	12.05	12.008	12.980	12.502	0.253	中
10.0≤得分<12.0	269	8.93	10.033	11.959	11.260	0.539	差
得分<10	105	3.49	1.523	9.980	5.149	3.098	极差

（二）按二级指标分类评价结果

微观质量评价体系采用9项二级指标。各项指标的权重不同，指标平均得分值没有可比性。为此，我们使用得分率进行比较分析。图2 – 5显示，虽然二级指标平均得分存在较大的差异，但各自得分率却相差不大，普遍在70%～80%之间。

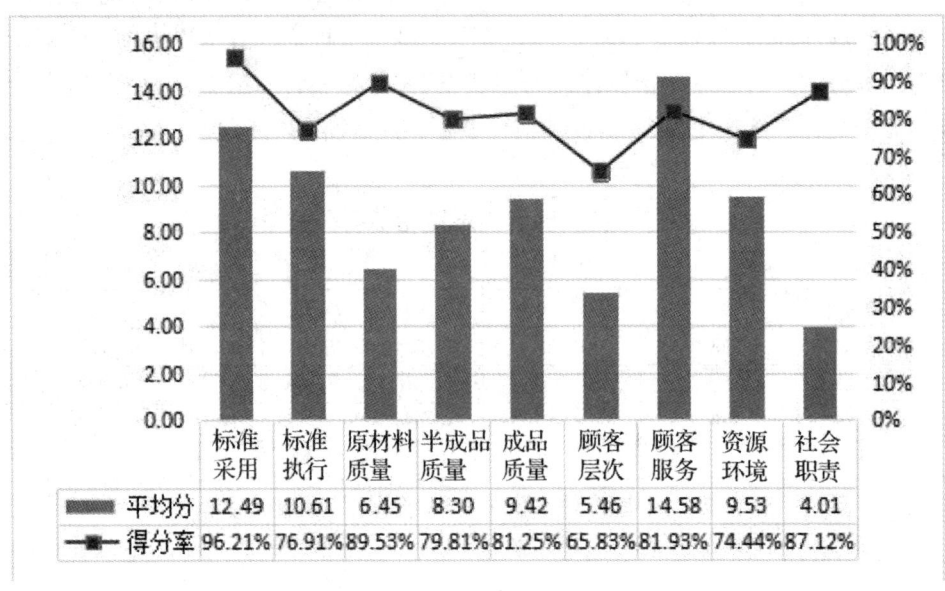

图 2 – 5　二级指标得分率比较

同样，我们将二级指标得分率分为三个区间：得分率80%～100%之间的指标为高分指标，得分率70%～80%之间的为中等得分指标，得分率60%～70%之间为低分指标。9项二级指标中，高分指标有5项，分别是标准采用、原材料质量、成品质量、顾客服务、社会职责；中等得分段指标有3项，分别是标准执行、半成品质量和资源环境；而低分指标只有1项，为顾客层次。具体如表2 – 14所示。

表 2-14 二级指标得分均值

二级指标	平均得分	权重	得分率(%)
M_1标准采用	12.49	13.5	96.21
M_2标准执行	10.61	13.8	76.91
M_3原材料质量	6.45	7.2	89.53
M_4半成品质量	8.30	10.4	79.81
M_5成品质量	9.42	11.6	81.25
M_6顾客层次	5.46	8.3	65.83
M_7顾客服务	14.58	17.8	81.93
M_8资源环境	9.53	12.8	74.44
M_9社会职责	4.01	4.6	87.12

从图 2-5 和表 2-14 可以看出,二级指标顾客层次得分率明显偏低,进一步反映广东出口消费品长期以来偏低端问题。提高产品技术水平和科技含量,加强质量管理手段,提升产品档次是未来的重要工作。

(三)按三级指标分类评价结果

微观质量评价指标体系包括 25 项三级指标,以 $X_1 - X_{25}$ 表示。3012 家企业的 25 项三级指标得分均值如表 2-15 所示,25 项三级指标平均得分为 80.74(百分制)。

表 2-15 三级指标得分均值

三级指标	平均得分	三级指标	平均得分
X_1标准认知	92.14	X_{14}成品抽查合格率	88.13
X_2质量控制标准	94.30	X_{15}成品返工比例	79.07
X_3产品检验标准	91.03	X_{16}发达市场比例	49.50
X_4产品质量检测方式	91.25	X_{17}顾客特征	82.54
X_5产品认证情况	69.60	X_{18}顾客服务	77.48
X_6质量控制成本	68.95	X_{19}出口产品召回	81.14
X_7原材料安全检测方式	85.89	X_{20}出口产品召回应对态度	89.02
X_8原材料质量管理手段	93.17	X_{21}能耗水平	60.92
X_9半成品检验方式	83.97	X_{22}包装循环利用	70.78
X_{10}半成品抽查比例	68.77	X_{23}环保评级	90.62
X_{11}半成品抽查合格率	87.34	X_{24}受海外消费者投诉或起情况	79.89
X_{12}成品抽查比例	69.41	X_{25}员工流失率	87.12
X_{13}成品检验频次	86.53	均值	80.74

为了便于分析,我们将各指标得分划分为三个区间:高分区间(得分 80 以上)、中等得分区间(得分 70 - 80)、低分区间(得分 70 以下),并统计各项指标得分在各个区间的分布情况,如表 2 - 16 所示。

表 2 - 16 三级指标得分分类

三级指标	区间范围	三级指标分类
高分指标	80 分以上	X_1、X_2、X_3、X_4、X_7、X_8、X_9、X_{11}、X_{13}、X_{14}、X_{17}、X_{19}、X_{20}、X_{23}、X_{25}
中等分指标	70 - 80 分	X_{15}、X_{18}、X_{22}、X_{24}
低分指标	70 分以下	X_5、X_6、X_{10}、X_{12}、X_{16}、X_{21}

可以看出,三级指标中,有 4 项指标得分处于中等得分区间。其中,能耗水平(70.78)指标得分低于 75 分。有 15 项指标处在高分区间,这些指标大多都是质量检验相关的显性指标,如:产品检验标准、原材料安全项目检测方式、原材料质量管理手段、半成品检验方式、成品检验频次,这些指标能够直接反映出口企业的质量水平,一些指标涉及强制性检验项目。得分较高的原因:一是消费品进口国加强了对消费品质量的措施,提高了质量水平要求,促使出口企业加强质量管理和生产控制;二是检验检疫部门进一步完善质量监管机制,加强监管力度,驱使出口企业加强质量控制。低分指标主要有 6 项,分别是产品认证情况、质量控制成本、半成品抽查比例、成品抽查比例、发达市场比例、能耗水平。在市场影响指标方面,顾客服务得分、顾客特征得分分别为 77.48 和 82.54,发达市场比例偏低,为 49.50。

四、得分较低的指标(得分率 70% 以下)分析

微观质量评价体系的 25 项三级指标中,得分率低于 70% 的有 6 项指标,可称之为短项指标,分别为:产品认证情况(69.60%)、质量控制成本(得分率 69.76%)、半成品抽查比例(68.77%)、成品抽查比例(69.41%)、发达市场比例(49.50%)、能耗水平(60.92%),相比较上年,只有发达市场比例和能耗水平指标有所改进,而其他四项指标均有不同程度的下降。我们从隶属行业、隶属区域、规模、监管状况以及出口历史等角度来分析这些三级指标的主要特点。

1. 企业隶属行业

不同行业的产品认证情况、质量控制成本、半成品抽查比例、成品抽查比例、发达市场比例、能耗水平等指标得分情况如下图所示。由下图可知,相较于其他三个指标,各行业"发达市场比例"指标得分率较低,且各行业之间质量差异较大,反映广东出口消费品

在发达国家市场竞争力不足,需提升产品质量,发展高新技术及打造国际品牌,以扩大在发达市场的市场比例。此外,产品认证情况、企业质量控制成本、半成品抽查比例、成品抽查比例、能耗水平等5项指标得分率在各个行业中比较均衡,行业之间差别不大。

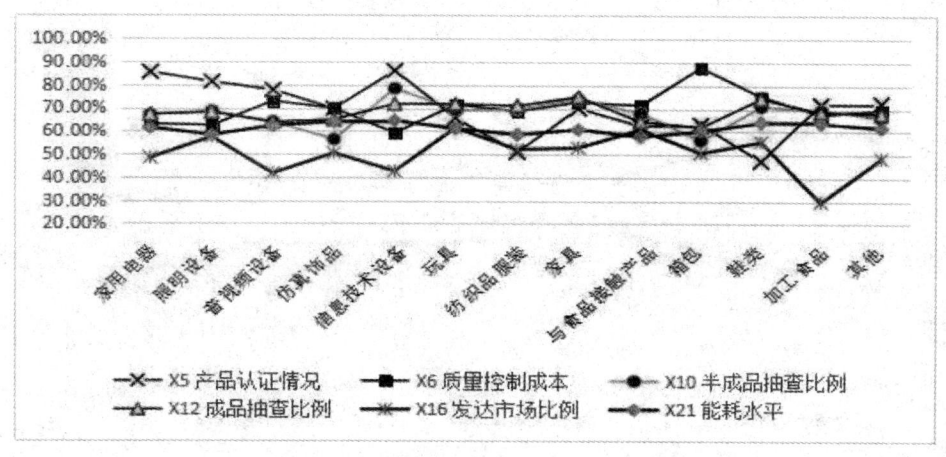

图2-6 得分率低的指标在不同行业分布情况

2.企业隶属区域

进一步,分析以上得分率较低的6项指标企业在不同区域的分布情况,如图2-7。我们将企业所属区域划分为珠三角地区、粤东地区、粤西地区、粤北地区以及其他情况。同一个指标各区域之间相差不大,出口发达市场比例指标在各区域相较其他三项指标得分率都是最低的,不同区域之间对比得分率最高的是粤北,得分率较低的是粤东和其他情况。

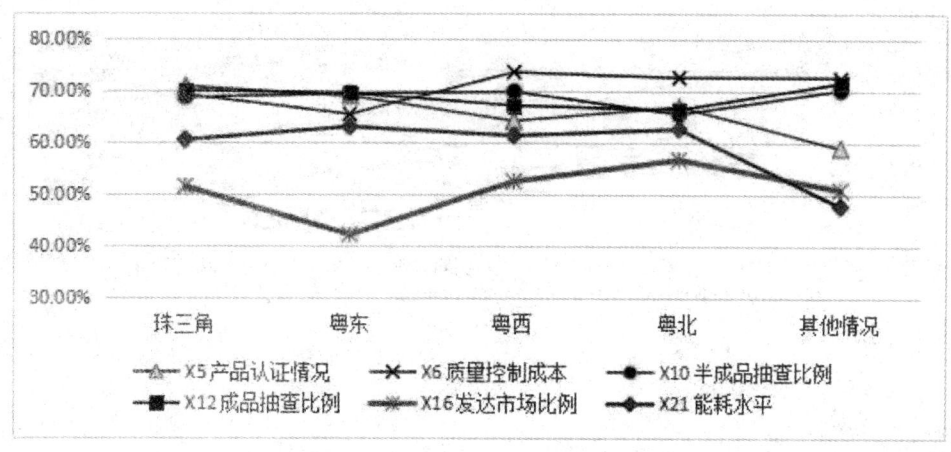

图2-7 不同区域得分率低的指标情况

3. 企业规模

6 项得分率较低的指标在不同规模企业的分布情况如图 2 - 8。指标得分率与企业规模并不呈正相关关系,大型企业的得分率较其他规模的企业的得分率较高。其中,企业规模对发达市场比例指标影响最为明显,其次是包装循环利用指标。

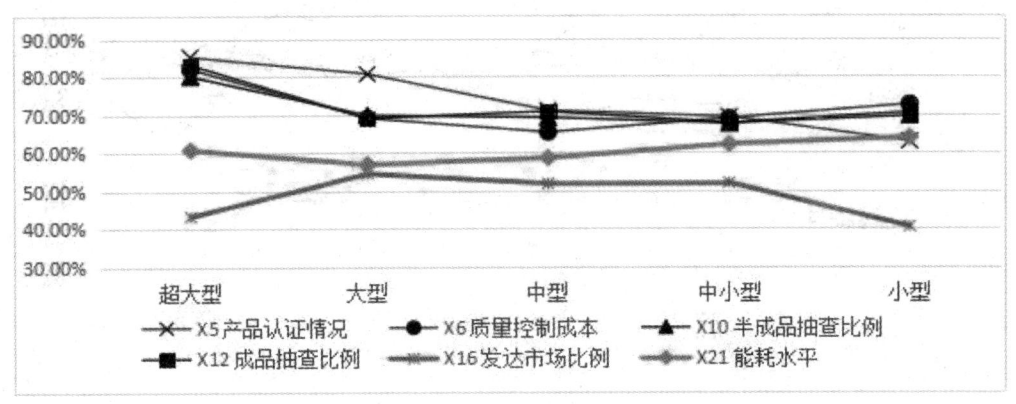

图 2 - 8　不同规模企业得分率低指标情况

4. 企业监管状况

不同监管状态下的企业中,上述 6 项得分率较低的指标得分率如图 2 - 9。总体来看,"质量控制成本"和"半成品抽查比例"指标得分率相差不大;"出口发达市场比例"相较其他 5 项指标得分率偏低,其中四类企业的得分率最低。6 项指标得分率在不同类别企业中相差较大,可见,企业监管情况与 4 项指标得分率关联度较低。

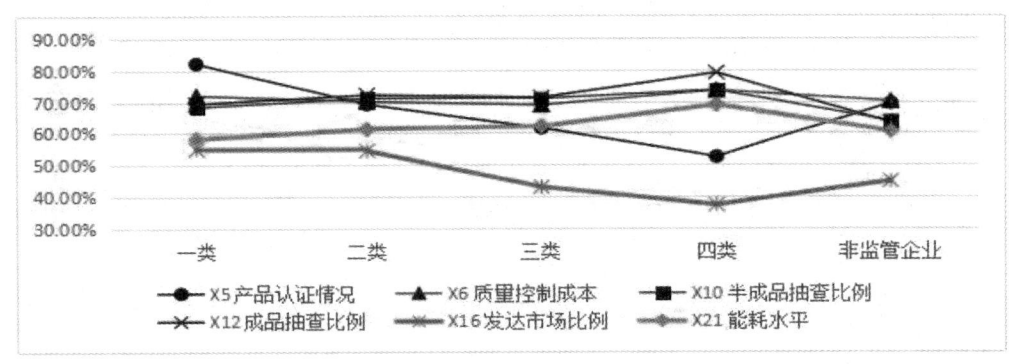

图 2 - 9　不同监管状态企业得分率低指标分布情况

5. 企业出口历史

如图 2 - 10,出口历史在 11 - 20 年及 20 年以上的企业,4 项指标得分比较一致,得分率相差较小。总体来看,企业出口历史越长,发达市场比例指标得分率越高,该项指标得分与企业出口历史呈明显正相关关系。而其余 3 项指标得分率受企业出口历史影响则相对较小,且无明显规律。

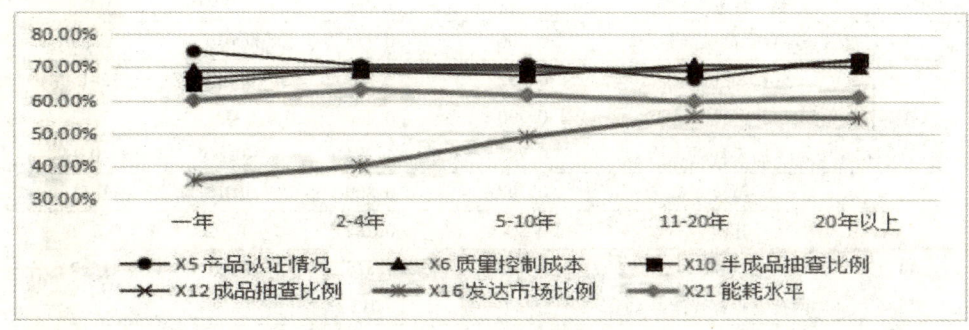

图 2-10　不同出口历史企业得分率低指标情况

五、微观质量指数年度比较

对年度质量评价结果进行对比分析,可发现质量指数变化态势。2016 年度,广东出口消费品微观质量指数为 0.809,2014—2015 年度为 0.804,指数提高了约 0.06%。总体上,年度质量评价结果略有提高,但幅度不大。进一步从行业、规模及指标结构进行比较分析。

(一) 不同行业微观质量指数年度比较

总体上看,2016 年,大部分行业微观质量指数比 2014—2015 年均有提高,但幅度不大;家用电器、加工食品及其他行业较 2014—2015 年有所下降。其中:增幅最大的为音视频设备和家具行业,2014—2015 年指数分别为 0.799 和 0.790,2016 年为 0.830、0.821,提高了 0.031。其他行业较 2016 年的微观质量指数下降幅度最大,2014—2015 年指数为 0.804,2016 年指数为 0.782,下降了 0.022,降幅约为 2.81%。如表 2-17。

表 2-17　不同行业微观质量指数年度比较

序号	行业类别	2014—2015	2016	增加值	增长率(%)
1	家用电器	0.828	0.822	−0.006	−0.72
2	信息技术设备	0.812	0.832	0.02	2.46
3	仿真饰品	0.796	0.805	0.009	1.13
4	玩具	0.816	0.821	0.005	0.61

序号	行业类别	2014—2015	2016	增加值	增长率（%）
5	音视频设备	0.799	0.830	0.031	3.88
6	照明设备	0.816	0.829	0.013	1.59
7	鞋类	0.792	0.796	0.004	0.51
8	与食品接触产品	0.796	0.815	0.019	2.39
9	纺织品服装	0.792	0.809	0.017	2.15
10	家具	0.790	0.821	0.031	3.92
11	加工食品	0.795	0.794	−0.001	−0.13
12	箱包	0.797	0.809	0.012	1.51
13	其他	0.804	0.782	−0.022	−2.74
14	平均值	0.802	0.813	0.011	1.37
15	调查企业有效样本	3111	3012		

（二）不同规模微观质量指数年度比较

两个年度不同规模微观质量指数年度比较,增幅最大的是超大型企业,2014—2015年质量指数为0.783,2016年为0.835,提高了0.052,增长率为6.64%;中型企业增幅最小,为0.37%,如表2-18所示。

表2-18 不同规模企业微观质量指数年度比较

企业规模	2014—2015年	2016年	增加值	增长率（%）
超大型	0.783	0.835	0.052	6.64
大型	0.819	0.831	0.012	1.47
中型	0.812	0.815	0.003	0.37
中小型	0.806	0.812	0.006	0.74
小型	0.784	0.788	0.004	0.51

（三）一级指标得分率年度比较

从一级指标来看,2016年4项指标得分率均在70%以上,其中,"顾客满意"指标得分率最高,为87.99%,同时增幅也是最大的。"满足标准"和"产品合格"指标得分率下降,2014—2015年为85.67%和"83.63",2016年则下降为84.62%和"82.78%"。如表2-19。

表2-19　微观质量指数一级指标得分率年度比较

序号	一级指标	2014—2015 得分率(%)	2016 得分率(%)	增加值(%)
1	满足标准	85.67	84.62	-1.05
2	产品合格	83.63	82.78	-0.85
3	顾客满意	73.48	87.99	14.51
4	社会责任	76.41	77.79	1.38

(四)二级指标得分率年度比较

从二级指标来看,评价结果如表2-20,2016年指标得分率与2014—2015年相比略有提高,增幅较大的指标为"社会职责",得分率增加3.96%;其次是"标准采用",相较上年增加了3.5%。亦有部分指标,如"标准执行"、"半成品质量"和"成品质量"等指标得分率较上年略有降低,"标准执行"的降幅较大,为1.89%。其中,"顾客层次"得分率在70%以下。

表2-20　微观质量指数二级指标得分率年度比较

序号	二级指标	2014—2015 得分率(%)	2016 得分率(%)	增加值(%)
1	标准采用	92.71	96.21	3.5
2	标准执行	78.80	76.91	-1.89
3	原材料质量	88.92	89.53	0.61
4	半成品质量	80.98	79.81	-1.17
5	成品质量	82.74	81.25	1.49
6	顾客层次	63.02	65.83	2.81
7	顾客服务	80.00	81.93	1.93
8	资源环境	71.61	74.44	2.83
9	社会职责	83.16	87.12	3.96

(五)三级指标得分率年度比较

从三级指标来看,2016年度三级指标得分率提升最大的为"产品召回应对态度",得分率增加值为3.7%;其次为"顾客群体特征",得分率增加值为3.16%。共有9个指标均值有所下降,其中均值降低最多的是"产品认证情况"指标,得分率降低了7.36%,降至70%以下。如表2-21。

表2-21　微观质量指数三级指标得分率年度比较

序号	三级指标	2014—2015年度得分率(%)	2016年度得分率(%)	增加值(%)
1	X_1企业标准认知	94.30	92.14	-2.16
2	X_2质量控制标准	92.91	94.30	1.39
3	X_3产品检验标准	90.84	91.03	0.19
4	X_4产品质量检测方式	88.98	91.25	2.27
5	X_5产品认证情况	76.96	69.60	-7.36
6	X_6质量控制成本	69.76	68.95	-0.81
7	X_7原材料安全检测方式	85.62	85.89	0.27
8	X_8原材料质量管理手段	92.23	93.17	0.94
9	X_9半成品检验方式	82.86	83.97	1.11
10	X_{10}半成品抽查比例	70.99	68.77	-2.22
11	X_{11}半成品抽查合格率	89.66	87.34	-2.32
12	X_{12}成品抽查比例	71.75	69.41	-2.34
13	X_{13}成品检验频次	87.94	86.53	-1.41
14	X_{14}成品抽查合格率	90.74	88.13	-2.61
15	X_{15}成品返工比例	78.63	79.07	0.44
16	X_{16}发达市场比例	47.48	49.50	2.02
17	X_{17}顾客群体特征	79.38	82.54	3.16
18	X_{18}顾客服务机制	75.86	77.48	1.62
19	X_{19}产品召回案例数	78.64	81.14	2.5
20	X_{20}产品召回应对态度	85.32	89.02	3.7
21	X_{21}能耗水平	58.41	60.92	2.51
22	X_{22}包装循环利用	67.76	70.78	3.02
23	X_{23}环保评级	87.65	90.62	2.97
24	X_{24}守法合规措施	82.14	79.89	-2.25
25	X_{25}员工流失率	84.15	87.12	2.97

(本章执笔:华南理工大学公共管理学院费睿、黄怡茵 硕士生)

第三章 宏观质量评价结果

理论上,宏观质量评价是国民经济整体质量评价,技术层面由行业质量构成。行业质量评价采用不同于微观质量评价的指标体系,但基于企业是组成行业的基本单位,宏观质量、行业(中观)质量、微观质量存在内在联系。一般而言,独立取得宏观质量指数存在操作上的困难,我们可视从宏观质量是行业质量的总和。实证研究以家用电器、照明设备、音视频设备、仿真饰品、信息技术设备、玩具、纺织品服装、家具、与食品接触品、箱包、鞋类和加工食品及其他 13 个行业为对象。我们以为,上述行业能代表出口消费品整体,逻辑上,行业(中观)质量指数总和构成宏观质量指数。评价结果表明:2016 年度,广东出口消费品宏观质量指数为 0.834,高于微观质量指数(0.809)。

一、行业(中观)质量评价结果

(一)被评价行业的基本情况

本年度 13 个被评价行业中样本企业背景情况统计结果见表 3－1,包括企业规模、平均注册资本、平均出口历史、自主品牌比例等。

表 3－1 13 个行业样本企业基本情况一览表

行业	大型企业比例(%)	平均注册资本(万元)	行业平均就业规模(人)	平均出口历史(年)	自主品牌比例(%)
家用电器	8.81	6640.77	301～1000	10.85	1.42
照明设备	5.38	4275.29	51～300	10.14	16.13
音视频设备	7.55	677980.29	51～300	11.79	3.77
仿真饰品	9.09	1055.18	51～300	12.64	0.00
信息技术设备	36.36	61427.02	301～1000	13.75	4.55
玩具	4.55	2476.58	51～300	10.24	2.50
纺织品服装	7.84	4296.89	51～300	12.78	1.49
家具	3.70	13636.16	51～300	8.97	2.54
与食品接触品	4.08	22245.18	51～300	11.28	2.04
箱包	5.00	2511.57	51～300	13.00	10.00
鞋类	10.39	2429.20	51～300	11.35	1.30
加工食品	0.96	4162.19	51～300	9.71	10.34
其他	9.03	48485.64	51～300	10.05	6.86

由表可知,信息技术设备行业大型企业占比最高,达到36.36%,加工食品行业大型企业比例最小,仅为0.96%。就平均注册资本而言,音视频设备行业最高,平均注册资本达677980.29万元,信息技术设备行业次之;仿真饰品行业最低,仅有1055.18万元,与音视频设备行业差别较大。根据行业就业规模指标评分,总体而言,13个行业就业规模集中在50~1000区间中,具体来看,行业平均就业规模划分为51~300人,有11个行业处于此等规模,信息技术设备和家用电器两个行业规模达301~1000人。经验上,上述三项指标在衡量企业规模方面具有一定的相关性,但调查结果显示,三者分布情况并不一致,原因除了受样本极端值的影响外,也与行业本身性质及生产运营状况有关。

在出口历史方面,多数行业平均出口历史超过十年,家具行业的平均出口历史最短。自主品牌方面,照明设备行业拥有自主品牌比例最高,达到16.13%,加工食品、箱包行业次之,比例都在10%以上,仿真饰品行业比例最低,为0。这一定程度上反映了13个行业在发展水平与成熟度方面存在明显差异。

(二)指标得分转换说明

行业质量评价以13个行业为评价对象,依据不同的数据来源,我们首先获得13个行业质量评价客观指标评分,如表3-2所示。按照设定的评分标准对13个行业客观指标进行评分(评分标准见第一章),即可得到出口消费品行业质量评价体系中三级指标得分。在此,为方便比较及进行计算,我们将各级指标得分统一转换为百分制,总体得分用指数形式表示(满分为1)。表3-2为13个行业出口消费品行业质量评价三级指标最终得分。

表3-2 13个行业(中观)质量三级指标评分(百分制)

行业 三级指标	权重 (%)	家用 电器	照明 设备	音视频 设备	仿真 饰品	信息技 术设备	玩具	纺织品 服装	家具	与食品 接触品	箱包	鞋类	加工 食品	其他
Y_1大型企业比重	4.15	75.84	74.62	74.33	73.21	93.28	72.74	75.56	71.49	73.31	75.48	75.19	69.81	74.48
Y_2平均注册资本	3.75	84.48	86.37	84.04	83.51	93.44	84.26	85.90	82.33	85.49	89.10	85.60	84.80	86.58
Y_3本科以上人员比重	4.15	90.30	93.34	90.50	82.05	88.69	89.45	90.28	88.12	90.69	98.86	85.52	87.93	86.16
Y_4熟练工人流失率	3.15	87.32	90.26	84.85	84.90	85.82	84.55	82.47	86.22	86.04	92.04	85.08	88.54	85.11
Y_5大型企业出口集中度	5.35	70.44	80.91	83.26	70.66	94.40	70.91	70.52	73.61	77.46	84.07	69.92	69.86	
Y_6企业成品合格率	3.35	100.00	100.00	96.31	100.00	100.00	100.00	100.00	99.99	100.00	100.00	100.00	100.00	99.50
Y_7企业市场占有率	3	69.44	68.34	67.90	67.38	72.93	67.40	65.40	71.20	72.37	69.99	63.80	71.95	74.37
Y_8关键原材料配套能力	3	95.36	96.40	93.15	94.33	91.31	96.12	95.02	93.94	95.05	99.17	92.48	93.36	91.42
Y_9主要零部件配套能力	2.95	96.06	96.72	94.06	94.33	91.31	95.93	95.49	93.56	95.06	98.60	92.79	93.22	91.06
Y_{10}质量管理体系认证	8.55	93.51	94.77	90.30	90.67	89.47	89.69	90.94	91.23	92.62	99.60	87.95	91.89	87.11

行业 三级指标	权重 (%)	家用 电器	照明 设备	音视频 设备	仿真 饰品	信息技 术设备	玩具	纺织品 服装	家具	与食品 接触品	箱包	鞋类	加工 食品	其他
Y_{11}质量事故投诉及奖项	5.85	86.58	87.77	95.27	100.00	93.67	86.34	92.89	92.06	83.54	80.65	84.73	83.86	88.72
Y_{12}出口市场占有率	8.75	75.75	76.08	77.03	79.01	78.00	76.75	77.13	76.86	78.33	79.15	74.20	75.41	76.19
Y_{13}出口自主品牌比例	4.5	71.76	94.53	75.16	65.28	74.52	74.61	72.66	73.11	73.06	85.30	71.56	84.92	78.69
Y_{14}企业专利量	4.35	73.47	75.57	76.75	73.19	77.10	74.02	80.25	75.04	74.83	73.21	72.51	74.87	74.86
Y_{15}技术创新水平	8	78.21	84.70	82.28	76.47	77.99	76.30	83.78	79.15	77.57	76.87	79.32	76.42	74.46
Y_{16}平均利税率	5.25	77.39	80.96	86.75	82.52	83.26	79.18	83.65	80.98	79.77	80.53	78.51	80.19	82.04
Y_{17}就业规模	5.35	78.07	78.87	80.11	81.52	80.93	78.85	80.36	79.82	80.28	80.26	78.55	79.19	79.87
Y_{18}关联效应	4.3	79.94	81.81	85.59	84.28	84.58	79.83	81.76	80.73	83.76	79.88	81.76	82.36	
Y_{19}环保评级	4.5	85.92	86.85	88.87	88.60	86.53	85.12	86.99	86.59	85.76	84.20	86.07	85.94	86.54
Y_{20}行业协会	3.25	81.93	85.09	87.22	83.92	86.67	83.32	87.25	84.13	84.06	79.83	82.92	83.53	83.89
Y_{21}政策制度影响	4.5	88.63	90.67	88.56	88.24	89.40	90.06	90.41	90.58	89.74	86.61	87.83	89.09	89.90

(三)行业(中观)质量总体指数

根据行业(中观)质量评价三级指标体系,将表3-2中各指标得分按其对应权重进行逐级加权综合,并转换1分制,得到13个行业出口消费品行业(中观)质量指数,见表3-3。

表3-3　13个行业的行业(中观)质量指数

行业	总体指数	平均值	标准差
家用电器	0.823		
照明设备	0.855		
音视频设备	0.842		
仿真饰品	0.834		
信息技术设备	0.848		
玩具	0.832		
纺织品服装	0.840	0.834	0.012
家具	0.828		
与食品接触品	0.828		
箱包	0.847		
鞋类	0.818		
加工食品	0.824		
其他	0.822		

若用13个行业指数的简单平均值作为全省出口消费品行业(中观)质量的评价结

果,2016 年度广东省出口行业消费品行业(中观)质量指数均值为 0.834,相比 2014—2015 年度有所提升。由表可知,13 个行业出口消费品行业(中观)质量指数介于 0.815 ~ 0.860 之间,评价普遍较高。其中居于首位的是照明设备行业(0.855);信息技术设备(0.848)次之,鞋类行业(0.818)最低。同时,从行业(中观)质量指数的区间分布来看,有 12 个行业在 0.82 以上的,0.82 以下的行业有 1 个,标准差为 0.012,相当于平均值的 1.39%,总体上,13 个行业出口消费品行业(中观)质量总体水平存在一定的差异,但多数行业差别不大,行业间差异相比 2014—2015 年度有所缩小。

二、按指标分类的评价结果

行业(中观)质量评价亦采用三级指标评价体系。为比较各层级指标得分情况及差异,我们将评价结果按指标层级结构进行分类(层)分析。

(一)按三级指标分类

行业(中观)质量评价采用 21 项三级指标,13 个行业三级指标评分结果见表 3 - 2。我们以行业为整理,比较不同行业三级指标的得分情况,如图 3 - 1 所示。

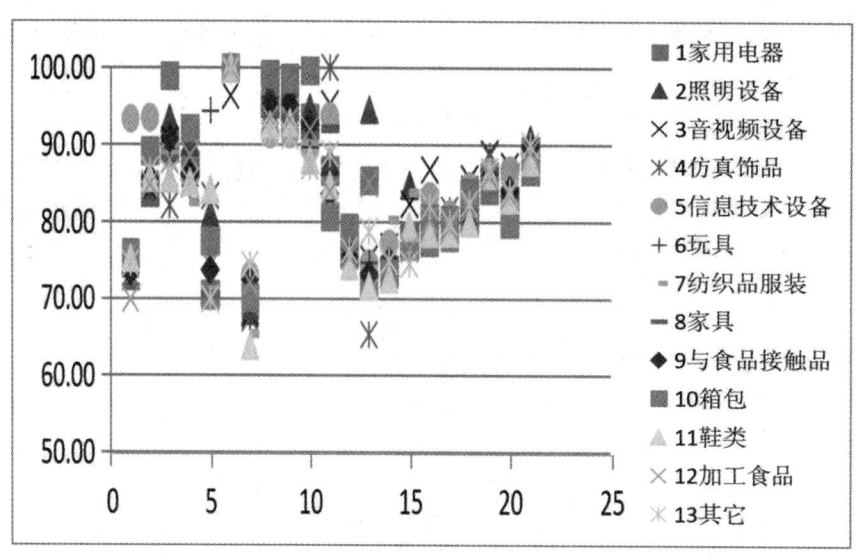

图 3 - 1　中观质量评价三级指标评分比较

直观上看,13 个行业中有 3 项指标得分趋势较集中,分别为:企业成品合格率、就业规模、政策制度影响。其中,13 个行业三级指标得分总体水平最高的指标是"企业成品合格率",其次为"主要零部件配套能力"和"关键原材料配套能力",得分水平较低的指标是"企业专利量"和"企业市场占有率"。

进一步,13 个行业三级指标得分均值及标准差见表 3 – 4。均值最高的三级指标是企业成品合格率(99.68),其次是主要零部件配套能力(94.48)和关键原材料配套能力(94.39)。最低的三项指标分别是企业市场占有率(69.42)、企业专利量(75.05)、大型企业比重(75.33),极差为 30.26。

表 3 – 4　13 个行业三级指标得分均值及标准差

三级指标	平均值	标准差	三级指标	平均值	标准差
Y_1 大型企业比重	75.33	5.67	Y_{12} 出口市场占有率	76.91	1.44
Y_2 企业平均注册资本	85.84	2.83	Y_{13} 出口自主品牌比例	76.55	7.63
Y_3 本科上人员比重	89.37	4.02	Y_{14} 企业专利量	75.05	2.07
Y_4 熟练工人流失率	86.40	2.57	Y_{15} 技术创新水平	78.73	3.09
Y_5 大型企业出口集中度	76.71	7.33	Y_{16} 平均利税率	81.21	2.47
Y_6 企业成品合格率	99.68	1.02	Y_{17} 就业规模	79.74	0.99
Y_7 企业市场占有率	69.42	3.09	Y_{18} 关联效应	82.37	2.00
Y_8 关键原材料配套能力	94.39	2.17	Y_{19} 环保评级	86.46	1.26
Y_9 主要零部件配套能力	94.48	2.14	Y_{20} 行业协会	84.14	2.09
Y_{10} 质量管理体系认证	91.52	3.21	Y_{21} 政策制度影响	89.21	1.20
Y_{11} 质量事故投诉及奖项	88.93	5.52			

在 13 个行业三级指标得分离散程度方面,三级指标中得分最为离散的是"出口自主品牌比例",标准差达到 7.63,反映出该项指标评价结果的受行业影响程度最大。受行业影响程度较大的还有大型企业出口集中度(7.33)、大型企业比重(5.67)等指标,标准差均在 5.00 以上。得分离散性最小的是"就业规模"指标,标准差仅为 0.99;其次,企业成品合格率(1.02)、政策制度影响(1.20)、环保评级(1.26)、出口市场占有率(1.44)均在2.00 以下,这些指标评价结果受行业影响程度相对较小。

(二) 按二级指标分类

行业(中观)质量评价采用 9 项二级指标。13 个行业二级指标评价结果见表 3 – 5。

表3-5 13个行业二级指标得分情况一览表(百分制)

行业＼二级指标	规模结构	人才结构	领袖企业	配套能力	质量控制	现实竞争力	潜在竞争力	经济贡献	社会责任
1 家用电器	79.94	89.01	78.65	95.70	90.70	74.39	76.54	77.73	84.32
2 照明设备	80.20	92.01	83.15	96.56	91.92	82.35	81.49	79.91	86.23
3 音视频设备	78.94	88.06	79.39	93.60	92.32	76.39	80.33	83.39	87.61
4 仿真饰品	78.10	83.28	83.98	94.33	94.46	74.35	75.32	82.02	86.46
5 信息技术设备	93.36	87.45	82.38	91.31	91.17	76.82	77.68	82.08	86.83
6 玩具	78.21	87.33	89.08	96.03	88.33	76.02	75.50	79.01	84.74
7 纺织品服装	80.47	86.91	77.83	95.25	91.74	75.61	82.54	81.99	87.34
8 家具	76.64	87.30	79.13	93.75	91.57	75.59	77.70	80.39	85.94
9 与食品接触品	79.09	88.69	80.85	95.06	88.93	76.54	76.60	80.03	85.20
10 箱包	81.94	95.92	82.00	98.89	91.90	81.24	75.58	80.39	83.88
11 鞋类	80.13	85.33	83.43	92.63	86.64	73.30	76.92	78.53	84.32
12 加工食品	76.93	88.19	79.05	93.28	88.63	78.64	75.87	79.69	85.24
13 其他	80.22	85.70	79.50	91.24	87.76	77.04	74.60	80.95	85.85
平均值	80.32	88.09	81.42	94.43	90.47	76.79	77.44	80.47	85.69
标准差	4.19	3.13	3.07	2.15	2.22	2.61	2.50	1.60	1.19

如表3-5,13个行业二级指标得分均值最高的是"配套能力"指标(94.43),其次是质量控制(90.47)和人才结构(88.09),得分均值最低的三项指标分别是现实竞争力(76.79)、潜在竞争力(77.44)和规模结构(80.32),极差为17.64。

进一步,用图3-2对各指标得分的行业构成情况进行分析,可看出13个行业得分中,经济贡献、社会责任2个指标具有明显的集中趋势。标准差分析显示,二级指标中,得分离散程度最大的是规模结构,13个行业标准差为4.19,可以看出不同行业在规模结构方面有较大差异;受行业影响程度较大的还有人才结构及领袖企业2项指标,13个行业标准差均在1.0以上。指标得分离散性最小的是社会责任,13个行业标准差仅为1.19;其次是经济贡献指标,得分标准差为1.60,这些指标评价结果受行业影响程度相对较小。

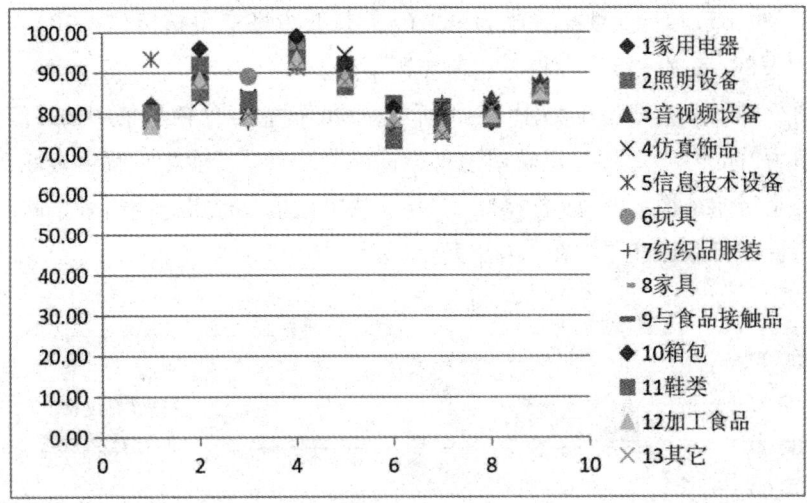

图3-2 13个行业二级指标得分情况

(三) 按一级指标分类

行业(中观)质量评价采用四项一级指标。13 个行业一级指标评价结果见表3-6。

表3-6 13个行业一级指标得分情况(百分制)

一级指标	行业结构水平	行业质量水平	行业市场竞争力	行业社会贡献力
家用电器	84.30	87.23	75.43	81.75
照明设备	85.87	89.58	81.93	83.76
音视频设备	83.32	87.84	78.29	85.97
仿真饰品	80.59	90.61	74.81	84.72
信息技术设备	90.52	87.99	77.23	84.98
玩具	82.59	90.03	75.77	82.50
纺织品服装	83.56	87.31	78.95	85.25
家具	81.76	87.43	76.61	83.77
与食品接触品	83.70	87.12	76.57	83.18
箱包	88.65	89.58	78.51	82.52
鞋类	82.63	86.58	75.05	82.06
加工食品	82.34	86.00	77.31	83.07
其他	82.85	85.39	75.86	83.94
平均值	84.05	87.90	77.10	83.65
标准差	2.79	1.60	1.96	1.30

如表3-6,13 个行业一级指标得分均值最高的是行业质量水平(87.90),其次是行

业结构水平(84.05)和行业社会贡献力(83.65)，行业市场竞争指标(77.10)得分均值最低，极差为10.80，四项一级指标得分均值差距不大。

指标得分的行业构成情况如图 3-3 所示，13 个行业得分较为集中的一级指标是行业社会竞争力，标准差为 1.30，反映出该项指标评价结果受行业影响程度较小；得分离散程度最高的是行业结构水平，标准差为 2.79，反映出该项指标得分受行业影响程度较大。四项一级指标的行业标准差均在 1.00 以上。

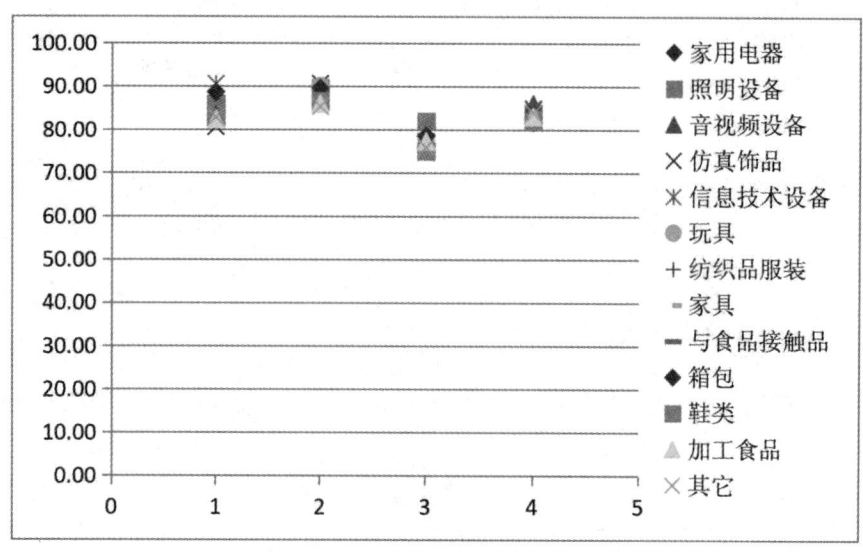

图 3-3 13 个行业一级指标得分

三、按行业评价结果

13 个行业在整体规模、产业结构、出口历史及发展程度等方面存在差异，不同行业出口消费品行业(中观)质量评价结果也存在较大差异。

(一)13 个行业质量评价指标得分

1. 家用电器行业

家用电器行业质量评价三级指标得分如表 3-7。

表3-7 家用电器行业质量评价三级指标得分(百分制)

一级指标	得分	二级指标	得分	三级指标	得分
行业机构水平	84.30	规模结构	79.94	Y_1大型企业比重	75.84
				Y_2企业平均注册资本	84.48
		人才结构	89.01	Y_3本科上人员比重	90.30
				Y_4熟练工人流失率	87.32
行业质量水平	87.23	领袖企业	78.65	Y_5大型企业出口集中度	70.44
				Y_6企业成品合格率	100.00
				Y_7企业市场占有率	69.44
		配套能力	95.70	Y_8关键原材料配套能力	95.36
				Y_9主要零部件配套能力	96.06
		质量控制	90.70	Y_{10}质量管理体系认证	93.51
				Y_{11}质量事故投诉	86.58
行业市场竞争力	75.43	现实竞争力	74.39	Y_{12}出口市场占有率	75.75
				Y_{13}出口自主品牌比例	71.76
		潜在竞争力	76.54	Y_{14}企业专利量	73.47
				Y_{15}技术创新水平	78.21
行业社会贡献力	81.75	经济贡献	77.73	Y_{16}平均利税率	77.39
				Y_{17}就业规模	78.07
		社会责任	84.32	Y_{18}关联效应	79.94
				Y_{19}环保评级	85.92
				Y_{20}行业协会	81.93
				Y_{21}政策制度影响	88.63
平均值	82.18	平均值	83.00	平均值	82.88
标准差	5.02	标准差	7.33	标准差	8.95

家用电器行业21项三级指标百分率得分均值为82.88,得分集中在70～95分区间中,得分最高的三项指标分别为企业成品合格率(100.00)、主要零部件配套能力(96.06)、关键原材料配套能力(95.36),得分最低的三项指标分别是出口市场占有率(69.44)、大型企业出口集中度(70.44)、出口自主品牌比例(71.76)。从二级指标来看,得分较高的指标为配套能力(95.70)、质量控制(90.70)、人才结构(89.01),得分较低的三项指标分别是现实竞争力(74.39)、潜在竞争力(76.54)和经济贡献(77.73)三项指标。总体上,玩具行业的行业质量水平(87.23)和行业结构水平(84.30)两项一级指标得分较高,行业市场竞争力(75.43)和行业社会贡献力(81.75)两项指标得分较低。

2. 照明设备行业

照明设备行业质量评价三级指标得分见表3-8。

表3-8　照明设备行业质量评价指标评分(百分制)

一级指标	得分	二级指标	得分	三级指标	得分
行业结构水平	85.87	规模结构	80.20	Y_1大型企业比重	74.62
				Y_2企业平均注册资本	86.37
		人才结构	92.01	Y_3本科上人员比重	93.34
				Y_4熟练工人流失率	90.26
行业质量水平	89.58	领袖企业	83.15	Y_5大型企业出口集中度	80.91
				Y_6企业成品合格率	100.00
				Y_7企业市场占有率	68.34
		配套能力	96.56	Y_8关键原材料配套能力	96.40
				Y_9主要零部件配套能力	96.72
		质量控制	91.92	Y_{10}质量管理体系认证	94.77
				Y_{11}质量事故投诉	87.77
行业市场竞争力	81.93	现实竞争力	82.35	Y_{12}出口市场占有率	76.08
				Y_{13}出口自主品牌比例	94.53
		潜在竞争力	81.49	Y_{14}企业专利量	75.57
				Y_{15}技术创新水平	84.70
行业社会贡献力	83.76	经济贡献	79.91	Y_{16}平均利税率	80.96
				Y_{17}就业规模	78.87
		社会责任	86.23	Y_{18}关联效应	81.81
				Y_{19}环保评级	86.85
				Y_{20}行业协会	85.09
				Y_{21}政策制度影响	90.67
平均值	85.29	平均值	85.98	平均值	85.93
标准差	3.28	标准差	6.08	标准差	8.48

由表3-8可知,从三级指标来看,照明设备行业得分最集中的区间为75~95之间,平均值为85.93分;21项三级指标得分的标准差为8.48,相当于其平均值的9.87%。从二级指标来看,得分在80~95分区间均匀分布,均值为85.98,9项二级指标得分的标准差为6.08,相当于平均值的约7.07%。4项一级指标得分均在80分以上,其中行业质量水平(89.58)指标得分最高;行业市场竞争力得分最低,为81.93分。4项得分标准差为3.28,相当于平均值的3.85%。

3. 音视频设备行业

音视频设备行业质量评价三级指标结果见表3-9。

表3-9　音视频设备行业质量评价指标评分(百分制)

一级指标	得分	二级指标	得分	三级指标	得分
行业结构水平	83.32	规模结构	78.94	Y_1大型企业比重	74.33
				Y_2企业平均注册资本	84.04
		人才结构	88.06	Y_3本科上人员比重	90.50
				Y_4熟练工人流失率	84.85
行业质量水平	87.84	领袖企业	79.39	Y_5大型企业出口集中度	75.25
				Y_6企业成品合格率	96.31
				Y_7企业市场占有率	67.90
		配套能力	93.60	Y_8关键原材料配套能力	93.15
				Y_9主要零部件配套能力	94.06
		质量控制	92.32	Y_{10}质量管理体系认证	90.30
				Y_{11}质量事故投诉	95.27
行业市场竞争力	78.29	现实竞争力	76.39	Y_{12}出口市场占有率	77.03
				Y_{13}出口自主品牌比例	75.16
		潜在竞争力	80.33	Y_{14}企业专利量	76.75
				Y_{15}技术创新水平	82.28
行业社会贡献力	85.97	经济贡献	83.39	Y_{16}平均利税率	86.75
				Y_{17}就业规模	80.11
		社会责任	87.61	Y_{18}关联效应	85.59
				Y_{19}环保评级	88.87
				Y_{20}行业协会	87.22
				Y_{21}政策制度影响	88.56
平均值	83.85	平均值	84.45	平均值	84.49
标准差	4.14	标准差	6.20	标准差	7.85

由表可知,音视频设备行业三级指标得分多集中在75~95之间,平均得分84.49。21项三级指标得分的标准差为7.85,相当于其平均值的9.29%。得分最高的三级指标为企业成品合格率(96.31),21项三级指标极差为28.41。从二级指标来看,指标得分大都在80~90分之间,平均值为84.45分,9项二级指标得分的标准差为6.20,相当于平均值的7.34%。从一级指标来看,4项得分全部在75以上,其中行业质量水平得分最高,为87.84分;行业市场竞争力得分最低,为78.29分;4项一级指标得分标准差为4.14,相当于平均值83.85的4.94%。

4. 仿真饰品行业

仿真饰品行业质量评价指标得分结果见表3-10。

表3-10　仿真饰品行业质量评价指标评分(百分制)

一级指标	得分	二级指标	得分	三级指标	得分
行业机构水平	80.59	规模结构	78.10	Y_1大型企业比重	73.21
				Y_2企业平均注册资本	83.51
		人才结构	83.28	Y_3本科上人员比重	82.05
				Y_4熟练工人流失率	84.90
行业质量水平	90.61	领袖企业	83.98	Y_5大型企业出口集中度	83.26
				Y_6企业成品合格率	100.00
				Y_7企业市场占有率	67.38
		配套能力	94.33	Y_8关键原材料配套能力	94.33
				Y_9主要零部件配套能力	94.33
		质量控制	94.46	Y_{10}质量管理体系认证	90.67
				Y_{11}质量事故投诉	100.00
行业市场竞争力	74.81	现实竞争力	74.35	Y_{12}出口市场占有率	79.01
				Y_{13}出口自主品牌比例	65.28
		潜在竞争力	75.32	Y_{14}企业专利量	73.19
				Y_{15}技术创新水平	76.47
行业社会贡献力	84.72	经济贡献	82.02	Y_{16}平均利税率	82.52
				Y_{17}就业规模	81.52
		社会责任	86.46	Y_{18}关联效应	84.28
				Y_{19}环保评级	88.60
				Y_{20}行业协会	83.92
				Y_{21}政策制度影响	88.24
平均值	82.68	平均值	83.59	平均值	83.65
标准差	6.67	标准差	7.32	标准差	9.39

由表3-10可知,从三级指标来看,仿真饰品行业指标多集中在70~95分之间,其中90分以上的指标有5项,分别为企业成品合格率、关键原材料配套能力、主要零部件配套能力、质量管理体系认证、质量事故投诉。21项三级指标得分的标准差为9.39,相当于其平均值83.65的约11.22%。从二级指标来看,指标得分多集中在75~95分之间,平均值为83.59;9项二级指标得分的标准差为7.32,相当于平均值的8.76%。从一级指标来看,4项指标得分均在70~90分之间,其中行业质量水平得分较高,为90.61分;行业市场竞争力得分最低,为74.81分。4项指标得分标准差为6.67,为平均值82.68的8.06%。

5. 信息技术设备行业

信息技术设备行业质量评价指标得分见表 3-11。

表 3-11 信息技术设备行业质量评价指标评分（百分制）

一级指标	得分	二级指标	得分	三级指标	得分
行业机构水平	90.52	规模结构	93.36	Y_1 大型企业比重	93.28
				Y_2 企业平均注册资本	93.44
		人才结构	87.45	Y_3 本科上人员比重	88.69
				Y_4 熟练工人流失率	85.82
行业质量水平	87.99	领袖企业	82.38	Y_5 大型企业出口集中度	76.66
				Y_6 企业成品合格率	100.00
				Y_7 企业市场占有率	72.93
		配套能力	91.31	Y_8 关键原材料配套能力	91.31
				Y_9 主要零部件配套能力	91.31
		质量控制	91.17	Y_{10} 质量管理体系认证	89.47
				Y_{11} 质量事故投诉	93.67
行业市场竞争力	77.23	现实竞争力	76.82	Y_{12} 出口市场占有率	78.00
				Y_{13} 出口自主品牌比例	74.52
		潜在竞争力	77.68	Y_{14} 企业专利量	77.10
				Y_{15} 技术创新水平	77.99
行业社会贡献力	84.98	经济贡献	82.08	Y_{16} 平均利税率	83.26
				Y_{17} 就业规模	80.93
		社会责任	86.83	Y_{18} 关联效应	84.58
				Y_{19} 环保评级	86.53
				Y_{20} 行业协会	86.67
				Y_{21} 政策制度影响	89.40
平均值	85.18	平均值	85.45	平均值	85.50
标准差	5.76	标准差	6.03	标准差	7.34

由表 3-11 可知,从三级指标来看,信息技术设备行业指标得分主要集中在 75~90 分之间,平均值为 85.50 分;21 项三级指标得分的标准差为 7.34,相当于其平均值的 8.59%。其中得分高于 90 的指标有 5 项,为大型企业比重、企业平均注册资本、企业成品合格率、关键原材料配套能力、主要零部件配套能力、质量事故投诉。从二级指标来看,得分多在 75~90 分之间,9 项二级指标得分的标准差为 6.03,也相当于平均值 85.45 的 7.06%。从一级指标来看,指标得分也在 75~90 分这个区间里,平均分为 85.18 分,指标得分标准差为 5.76,为平均值的 6.77%。

6. 玩具行业

玩具行业质量评价指标得分结果见表3-12。

表3-12 玩具行业质量评价指标评分(百分制)

一级指标	得分	二级指标	得分	三级指标	得分
行业机构水平	82.59	规模结构	78.21	Y_1大型企业比重	72.74
				Y_2企业平均注册资本	84.26
		人才结构	87.33	Y_3本科上人员比重	89.45
				Y_4熟练工人流失率	84.55
行业质量水平	90.03	领袖企业	89.08	Y_5大型企业出口集中度	94.40
				Y_6企业成品合格率	100.00
				Y_7企业市场占有率	67.40
		配套能力	96.03	Y_8关键原材料配套能力	96.12
				Y_9主要零部件配套能力	95.93
		质量控制	88.33	Y_{10}质量管理体系认证	89.69
				Y_{11}质量事故投诉	86.34
行业市场竞争力	75.77	现实竞争力	76.02	Y_{12}出口市场占有率	76.75
				Y_{13}出口自主品牌比例	74.61
		潜在竞争力	75.50	Y_{14}企业专利量	74.02
				Y_{15}技术创新水平	76.30
行业社会贡献力	82.50	经济贡献	79.01	Y_{16}平均利税率	79.18
				Y_{17}就业规模	78.85
		社会责任	84.74	Y_{18}关联效应	79.83
				Y_{19}环保评级	85.12
				Y_{20}行业协会	83.32
				Y_{21}政策制度影响	90.06
平均值	82.72	平均值	83.81	平均值	83.76
标准差	5.83	标准差	7.03	标准差	8.74

由上表可知,从三级指标来看,玩具行业指标得分多集中在70~95分之间,平均值为83.76分。21项三级指标得分的标准差为8.74,相当于其平均值的10.43%。从二级指标来看,得分也多在75~95分之间,平均分为83.81分,9项二级指标得分的标准差为7.03,相当于平均值的8.38%。从一级指标来看,平均分为82.72分;有3项指标得分在80分以上,其中行业质量水平得分较高,为90.03分;行业市场竞争力指标得分较低,为75.77;4项得分标准差为5.83,相当于平均值的7.04%。

7. 纺织品服装行业

纺织品服装行业质量评价指标评分结果见表3-13。

表3-13 纺织品服装行业质量评价指标评分(百分制)

一级指标	得分	二级指标	得分	三级指标	得分
行业结构水平	83.56	规模结构	80.47	Y_1 大型企业比重	75.56
				Y_2 企业平均注册资本	85.90
		人才结构	86.91	Y_3 本科上人员比重	90.28
				Y_4 熟练工人流失率	82.47
行业质量水平	87.31	领袖企业	77.83	Y_5 大型企业出口集中度	70.91
				Y_6 企业成品合格率	100.00
				Y_7 企业市场占有率	65.40
		配套能力	95.25	Y_8 关键原材料配套能力	95.02
				Y_9 主要零部件配套能力	95.49
		质量控制	91.74	Y_{10} 质量管理体系认证	90.94
				Y_{11} 质量事故投诉	92.89
行业市场竞争力	78.95	现实竞争力	75.61	Y_{12} 出口市场占有率	77.13
				Y_{13} 出口自主品牌比例	72.66
		潜在竞争力	82.54	Y_{14} 企业专利量	80.25
				Y_{15} 技术创新水平	83.78
行业社会贡献力	83.23	经济贡献	81.99	Y_{16} 平均利税率	83.65
				Y_{17} 就业规模	80.36
		社会责任	87.34	Y_{18} 关联效应	84.54
				Y_{19} 环保评级	86.99
				Y_{20} 行业协会	87.25
				Y_{21} 政策制度影响	90.41
平均值	83.77	平均值	84.41	平均值	84.38
标准差	3.56	标准差	6.44	标准差	8.75

由表可知,从三级指标来看,纺织品服装行业指标得分多集中在70~90分之间,平均值为84.38;21项三级指标得分的标准差为8.75,占平均值的10.37%。二级标来看,得分也多在75~95分之间,平均值为84.41,9项二级指标得分的标准差为6.44,相当于平均值的7.63%。从一级指标来看,4项指标得分均在75分以上,平均分为83.77;其中行业质量水平得分较高,为87.31分;得分较低的指标是行业市场竞争力(78.95)。一级指标得分标准差为3.56,相当于平均值的4.25%。

8. 家具行业

家具行业质量评价指标得分结果见表3-14。

表3-14 家具行业质量评价指标评分(百分制)

一级指标	得分	二级指标	得分	三级指标	得分
行业结构水平	81.76	规模结构	76.64	Y_1大型企业比重	71.49
				Y_2企业平均注册资本	82.33
		人才结构	87.30	Y_3本科上人员比重	88.12
				Y_4熟练工人流失率	86.22
行业质量水平	87.43	领袖企业	79.13	Y_5大型企业出口集中度	70.52
				Y_6企业成品合格率	99.99
				Y_7企业市场占有率	71.20
		配套能力	93.75	Y_8关键原材料配套能力	93.94
				Y_9主要零部件配套能力	93.56
		质量控制	91.57	Y_{10}质量管理体系认证	91.23
				Y_{11}质量事故投诉	92.06
行业市场竞争力	76.61	现实竞争力	75.59	Y_{12}出口市场占有率	76.86
				Y_{13}出口自主品牌比例	73.11
		潜在竞争力	77.70	Y_{14}企业专利量	75.04
				Y_{15}技术创新水平	79.15
行业社会贡献力	83.77	经济贡献	80.39	Y_{16}平均利税率	80.98
				Y_{17}就业规模	79.82
		社会责任	85.94	Y_{18}关联效应	81.76
				Y_{19}环保评级	86.59
				Y_{20}行业协会	84.13
				Y_{21}政策制度影响	90.58
平均值	82.39	平均值	83.11	平均值	83.27
标准差	4.52	标准差	6.72	标准差	8.47

由表可知,从三级指标来看,家具行业三级指标得分多集中在70~95分之间,平均值为83.27分,得分最高指标为企业成品合格率99.99分,较低的为企业市场占有率71.20分;21项三级指标得分的标准差为8.47,相当于其平均值的10.17%。从二级指标来看,得分大都处在75~90分之间,平均分为83.11分,9项二级指标得分的标准差为6.72,相当于平均值的8.09%。从一级指标来看,得分均在75分以上,其中有3项指标得分在80分以上,平均分为82.39分。其中以行业质量水平指标得分最高,为87.43分;得分较低的指标是行业市场竞争力76.61,一级指标得分标准差为4.52,仅相当于平均值的5.48%。

9. 与食品接触产品行业

与食品接触产品行业质量评价指标评分结果见表3-15。

表3-15 与食品接触品行业质量评价指标评分(百分制)

一级指标	得分	二级指标	得分	三级指标	得分
行业结构水平	83.70	规模结构	79.09	Y_1大型企业比重	73.31
				Y_2企业平均注册资本	85.49
		人才结构	88.69	Y_3本科上人员比重	90.69
				Y_4熟练工人流失率	86.04
行业质量水平	87.12	领袖企业	80.85	Y_5大型企业出口集中度	73.61
				Y_6企业成品合格率	100.00
				Y_7企业市场占有率	72.37
		配套能力	95.06	Y_8关键原材料配套能力	95.05
				Y_9主要零部件配套能力	95.06
		质量控制	88.93	Y_{10}质量管理体系认证	92.62
				Y_{11}质量事故投诉	83.54
行业市场竞争力	76.57	现实竞争力	76.54	Y_{12}出口市场占有率	78.33
				Y_{13}出口自主品牌比例	73.06
		潜在竞争力	76.60	Y_{14}企业专利量	74.83
				Y_{15}技术创新水平	77.57
行业社会贡献力	83.18	经济贡献	80.03	Y_{16}平均利税率	79.77
				Y_{17}就业规模	80.28
		社会责任	85.20	Y_{18}关联效应	80.73
				Y_{19}环保评级	85.76
				Y_{20}行业协会	84.06
				Y_{21}政策制度影响	89.74
平均值	82.64	平均值	83.44	平均值	83.42
标准差	4.41	标准差	6.40	标准差	8.16

由表可知,从三级指标来看,与食品接触品行业指标得分多集中在70~90分之间,平均值为83.42分;21项三级指标得分的标准差为8.16,相当于其平均值的9.78%。从二级指标来看,得分多在75~90分之间,其中最高分为配套能力指标95.06。平均分为83.44分,9项二级指标得分的标准差为6.40,相当于平均值83.44的7.67%。从一级指标来看,有3项指标得分在80分以上,平均分为82.64分;其中行业质量水平得分最高,为87.12分;得分最低为行业市场竞争力76.57分。一级指标得分标准差为4.41,相当于平均值的5.33%。

10. 箱包行业

箱包行业质量评价指标评分结果见表 3 – 16。

表 3 – 16 箱包行业质量评价指标评分(百分制)

一级指标	得分	二级指标	得分	三级指标	得分
行业结构水平	88.65	规模结构	81.94	Y₁ 大型企业比重	75.48
				Y₂ 企业平均注册资本	89.10
		人才结构	95.92	Y₃ 本科上人员比重	98.86
				Y₄ 熟练工人流失率	92.04
行业质量水平	89.58	领袖企业	82.00	Y₅ 大型企业出口集中度	77.46
				Y₆ 企业成品合格率	100.00
				Y₇ 企业市场占有率	69.99
		配套能力	98.89	Y₈ 关键原材料配套能力	99.17
				Y₉ 主要零部件配套能力	98.60
		质量控制	91.90	Y₁₀ 质量管理体系认证	99.60
				Y₁₁ 质量事故投诉	80.65
行业市场竞争力	78.51	现实竞争力	81.24	Y₁₂ 出口市场占有率	79.15
				Y₁₃ 出口自主品牌比例	85.30
		潜在竞争力	75.58	Y₁₄ 企业专利量	73.21
				Y₁₅ 技术创新水平	76.87
行业社会贡献力	82.52	经济贡献	80.39	Y₁₆ 平均利税率	80.53
				Y₁₇ 就业规模	80.26
		社会责任	83.88	Y₁₈ 关联效应	83.76
				Y₁₉ 环保评级	84.20
				Y₂₀ 行业协会	79.83
				Y₂₁ 政策制度影响	86.61
平均值	84.82	平均值	85.75	平均值	85.27
标准差	5.24	标准差	7.89	标准差	9.45

由表可知,从三级指标来看,箱包行业指标得分多集中在 75 ~ 90 分之间,有 6 项指标得分高于 90 分,为本科以上人员比重、熟练工人流失率、企业成品合格率、关键原材料配套能力、主要零部件配套能力、质量管理体系认证。三级指标平均值为 85.27 分。21 项三级指标得分的标准差为 9.45,相当于其平均值的 11.08%。从二级指标来看,指标得分多在 70 ~ 85 分之间,平均分为 85.75 分,9 项二级指标得分的标准差为 7.89,相当于平均值的 9.20%。从一级指标来看,得分有 3 项在 80 分以上,平均分为 84.82;其中行业质量水平指标得分最高,为 89.58 分;得分最低的指标为行业市场竞争力(78.51 分);指标得分标准差为 5.24,相当于平均值的 6.18%。

11. 鞋类行业

鞋类行业质量评价指标评分结果见表3-17。

表3-17　鞋类行业质量评价指标评分(百分制)

一级指标	得分	二级指标	得分	三级指标	得分
行业结构水平	82.63	规模结构	80.13	Y_1大型企业比重	75.19
				Y_2企业平均注册资本	85.60
		人才结构	85.33	Y_3本科上人员比重	85.52
				Y_4熟练工人流失率	85.08
行业质量水平	86.58	领袖企业	83.43	Y_5大型企业出口集中度	84.07
				Y_6企业成品合格率	100.00
				Y_7企业市场占有率	63.80
		配套能力	92.63	Y_8关键原材料配套能力	92.48
				Y_9主要零部件配套能力	92.79
		质量控制	86.64	Y_{10}质量管理体系认证	87.95
				Y_{11}质量事故投诉	84.73
行业市场竞争力	75.05	现实竞争力	73.30	Y_{12}出口市场占有率	74.20
				Y_{13}出口自主品牌比例	71.56
		潜在竞争力	76.92	Y_{14}企业专利量	72.51
				Y_{15}技术创新水平	79.32
行业社会贡献力	82.06	经济贡献	78.53	Y_{16}平均利税率	78.51
				Y_{17}就业规模	78.55
		社会责任	84.32	Y_{18}关联效应	79.88
				Y_{19}环保评级	86.07
				Y_{20}行业协会	82.92
				Y_{21}政策制度影响	87.83
平均值	81.58	平均值	82.36	平均值	82.31
标准差	4.80	标准差	5.80	标准差	8.23

由表可知,从三级指标来看,鞋类行业指标得分集中在70~90分之间,平均值为82.31分;21项三级指标得分的标准差为8.23,相当于其平均值的10.00%。从二级指标来看,得分在75~90分之间,平均分为82.36,9项二级指标得分的标准差为5.80,相当于平均值的7.04%。从一级指标来看,有3项指标得分在80分以上,平均分为81.58分;其中行业质量水平指标得分最高,为86.58分;得分最低的指标是行业市场竞争力(75.05);一级指标得分标准差为4.80,相当于平均值的5.88%。

12. 加工食品行业

加工食品行业质量评价指标评分结果见表3-18。

表 3-18　加工食品行业质量评价指标评分(百分制)

一级指标	得分	二级指标	得分	三级指标	得分
行业结构水平	82.34	规模结构	76.93	Y_1 大型企业比重	69.81
				Y_2 企业平均注册资本	84.80
		人才结构	88.19	Y_3 本科上人员比重	87.93
				Y_4 熟练工人流失率	88.54
行业质量水平	86.00	领袖企业	79.05	Y_5 大型企业出口集中度	69.92
				Y_6 企业成品合格率	100.00
				Y_7 企业市场占有率	71.95
		配套能力	93.29	Y_8 关键原材料配套能力	93.36
				Y_9 主要零部件配套能力	93.22
		质量控制	88.63	Y_{10} 质量管理体系认证	91.89
				Y_{11} 质量事故投诉	83.86
行业市场竞争力	77.31	现实竞争力	78.64	Y_{12} 出口市场占有率	75.41
				Y_{13} 出口自主品牌比例	84.92
		潜在竞争力	75.87	Y_{14} 企业专利量	74.87
				Y_{15} 技术创新水平	76.42
行业社会贡献力	83.07	经济贡献	79.69	Y_{16} 平均利税率	80.19
				Y_{17} 就业规模	79.19
		社会责任	85.24	Y_{18} 关联效应	81.76
				Y_{19} 环保评级	85.94
				Y_{20} 行业协会	83.53
				Y_{21} 政策制度影响	89.09
平均值	82.18	平均值	82.84	平均值	83.17
标准差	3.61	标准差	6.15	标准差	8.20

由表可知,从三级指标来看,加工食品行业指标得分多在 70～95 分之间,平均值为 83.17;21 项三级指标得分的标准差为 8.20,相当于其平均值的 9.86%,得分较高的为企业成品合格率 100 分。从二级指标来看,得分多在 75～95 分之间,平均分为 82.84,9 项二级指标得分的标准差为 6.15,相当于平均值的 7.42%。从一级指标来看,有 3 项得分在 80 分以上,平均分为 82.18 分;其中行业质量水平指标得分最高,为 86.00 分;得分最低的指标是行业市场竞争力(77.31);一级得分标准差为 3.61,相当于平均值的 4.40%。

13. 其他行业

加工食品行业质量评价指标评分结果见表 3-19。

表 3-19　其他行业质量评价指标评分(百分制)

一级指标	得分	二级指标	得分	三级指标	得分
行业结构水平	82.85	规模结构	80.22	Y_1 大型企业比重	74.48
				Y_2 企业平均注册资本	86.58
		人才结构	85.70	Y_3 本科上人员比重	86.16
				Y_4 熟练工人流失率	85.11
行业质量水平	85.39	领袖企业	79.50	Y_5 大型企业出口集中度	69.86
				Y_6 企业成品合格率	99.50
				Y_7 企业市场占有率	74.37
		配套能力	91.24	Y_8 关键原材料配套能力	91.42
				Y_9 主要零部件配套能力	91.06
		质量控制	87.76	Y_{10} 质量管理体系认证	87.11
				Y_{11} 质量事故投诉	88.72
行业市场竞争力	75.86	现实竞争力	77.04	Y_{12} 出口市场占有率	76.19
				Y_{13} 出口自主品牌比例	78.69
		潜在竞争力	74.60	Y_{14} 企业专利量	74.86
				Y_{15} 技术创新水平	74.46
行业社会贡献力	83.94	经济贡献	80.95	Y_{16} 平均利税率	82.04
				Y_{17} 就业规模	79.87
		社会责任	85.85	Y_{18} 关联效应	82.36
				Y_{19} 环保评级	86.54
				Y_{20} 行业协会	83.89
				Y_{21} 政策制度影响	89.90
平均值	82.01	平均值	82.54	平均值	83.01
标准差	4.23	标准差	5.41	标准差	7.35

由表可知,从三级指标来看,其他行业指标得分多在 75~90 分之间,平均值为83.01;21 项三级指标得分的标准差为 7.35,相当于其平均值的 8.86%。从二级指标来看,得分多在 75~90 分之间,平均分为 82.54,9 项二级指标得分的标准差为 5.41,相当于平均值的 6.56%。二级指标中得分较高的为配套能力指标,得分为 91.24。从一级指标来看,有 3 项指标得分在 80 分以上,平均分为 82.01 分;其中行业质量水平指标得分最高,为 85.39;得分最低的指标是行业市场竞争力(75.86);一级得分标准差为 4.23,相当于平均值的 5.16%。

(二)13 个行业评价结果比较

1. 各级指标评价结果比较

综合上述结果,13 个行业在各级指标得分的总体趋势与结构层次存在明显差异,因而具有较强的横向可比性,各个行业每一层级指标得分的平均值与标准差情况如表3-20。

首先,一级指标得分方面,总体水平较均衡,行业间差距不大,照明设备行业得分总体水平最高(得分均值85.29),且不同指标得分差异性较小(标准差为3.28),行业各方面发展较为均衡;鞋类行业得分总体水平最低(得分81.58),标准差为4.80,行业各方面发展基本平衡;一级指标得分一致性较差的行业分别是:仿真饰品玩具、信息技术设备、箱包,主要体现在行业市场竞争发展相对滞后。

在二级指标得分总体与一级指标得分总体相似,得分多在80~85分之间。平均得分最高是照明设备行业(85.98),最低的是鞋类行业(82.36)。得分差异性最小的是其他行业,标准差为5.41,反映出其行业发展的平衡性。得分差异性最大是箱包行业,标准差达到7.89,说明行业内部发展不平衡,尤其表现在潜在竞争力和经济贡献等方面。

三级指标得分,多数得分也集中在80~85分之间。但指标得分标准差普遍较大,其中得分差异性最大的是箱包行业,标准差达到9.45,超过该行业得分均值的11.08%;得分差异性最小的是信息技术设备和其他行业,标准差分别为7.34和7.35,其他行业标准差大多在8.00以上,说明行业内部发展的平衡性普遍较低。

总体来看,13个行业中,照明设备行业和信息技术设备行业(中观)质量水平较高,鞋类行业质量水平较低,其他行业的行业发展平衡性较好,箱包行业发展平衡性不足。

表3-20　13个行业各级指标评分比较(百分制)

行业	统计量	一级指标	二级指标	三级指标
家用电器	平均值	82.18	83.00	82.88
	标准差	5.02	7.33	8.95
照明设备	平均值	85.29	85.98	85.93
	标准差	3.28	6.08	8.48
音视频设备	平均值	83.85	84.45	84.49
	标准差	4.14	6.20	7.85
仿真饰品	平均值	82.68	83.59	83.65
	标准差	6.67	7.32	9.39
信息技术设备	平均值	85.18	85.45	85.50
	标准差	5.76	6.03	7.34
玩具	平均值	82.72	83.81	83.76
	标准差	5.83	7.03	8.74
纺织品服装	平均值	83.77	84.41	84.38
	标准差	3.56	6.44	8.75
家具	平均值	82.39	83.11	83.27
	标准差	4.52	6.72	8.47

续表

行业	统计量	一级指标	二级指标	三级指标
与食品接触品	平均值	82.64	83.44	83.42
	标准差	4.41	6.40	8.16
箱包	平均值	84.82	85.75	85.27
	标准差	5.24	7.89	9.45
鞋类	平均值	81.58	82.36	82.31
	标准差	4.80	5.80	8.23
加工食品	平均值	82.18	82.84	83.17
	标准差	3.61	6.15	8.20
其他	平均值	82.01	82.54	83.01
	标准差	4.23	5.41	7.35

2. 指标得分结构性比较

比较每个行业相同层级的指标得分,可从另一个侧面反映 13 个行业的质量评价结果的差别。图 3 - 4 中显示,得分处在高分区间的三级指标比重,照明设备和纺织品服装行业明显占优,鞋类、加工食品和其他行业较差。二级指标得分分布与三级指标有一定的一致性,但存在差异,二级指标的得分率普遍较高,均高于 70%。由此可见,照明设备行业的二级和三级指标得分率都处于较高的水平,是总体评价得分较高的原因。

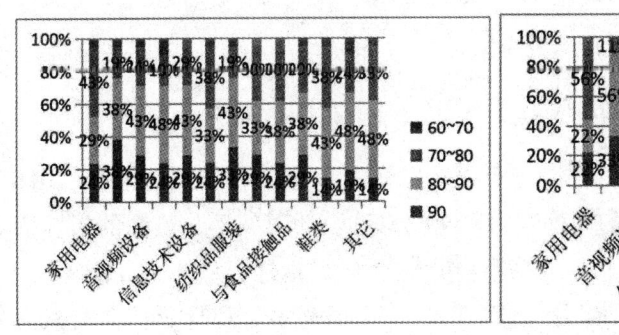
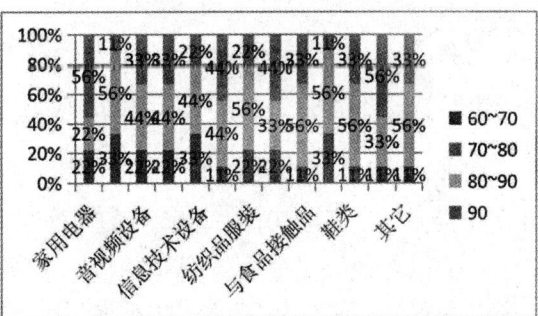

（a）三级指标（单位：%）　　　（b）二级指标（单位：%）

图 3 - 4　13 个行业二、三层级指标评分结构比较

四、行业（中观）质量年度评价结果比较

将 2016 年度评价结果与 2014—2015 年度进行比较,可直观地了解行业（中观）质量指数及结构的年度变化。

(一)行业质量指数比较

13个出口消费品行业的(中观)质量指数的变化情况如图3-5。由图可以看出,总体上,指数呈年度上升态势,2016年度行业(中观)质量指数比2014—2015年度明显偏高,各行业间发展平衡性更高。其中:行业(中观)质量指数低于0.810的2014—2015年有2个,而2016年度没有。在13个行业中,2016年与2014—2015年(中观)质量指数相比明显上升的有照明设备、信息技术设备、纺织品服装、箱包、加工食品。

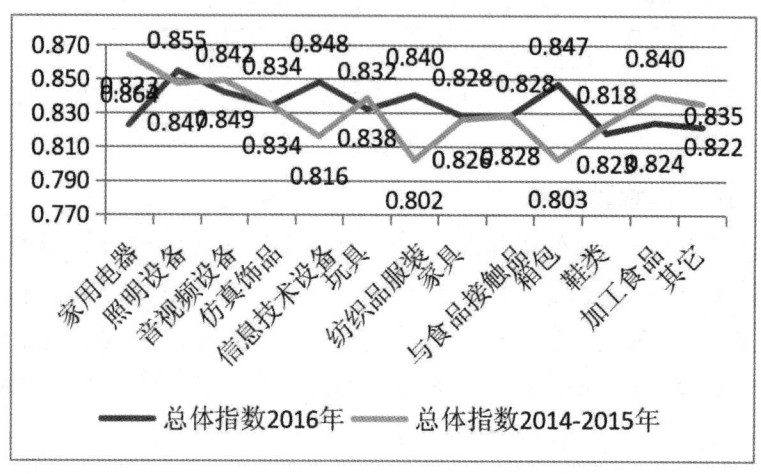

图3-5 13个行业的行业(中观)质量指数年度比较

(二)一级指标评分均值年度比较

行业(中观)质量一级指标得分均值年度变化情况如图3-6。由图可以看出,2016年一级指标得分值与2014—2015年的同处于75~90分区间,两年间得分最高的指标值均为"行业质量水平"指标,最低值的指标为"行业市场竞争力"指标。总体而言,2016年一级指标得分总体高于2014—2015年。相比而言,行业市场竞争力和行业社会贡献力这两项一级指标与2014—2015年差距不大,而行业结构水平指标提高幅度较大,行业质量水平指标得分低于2014—2015年。

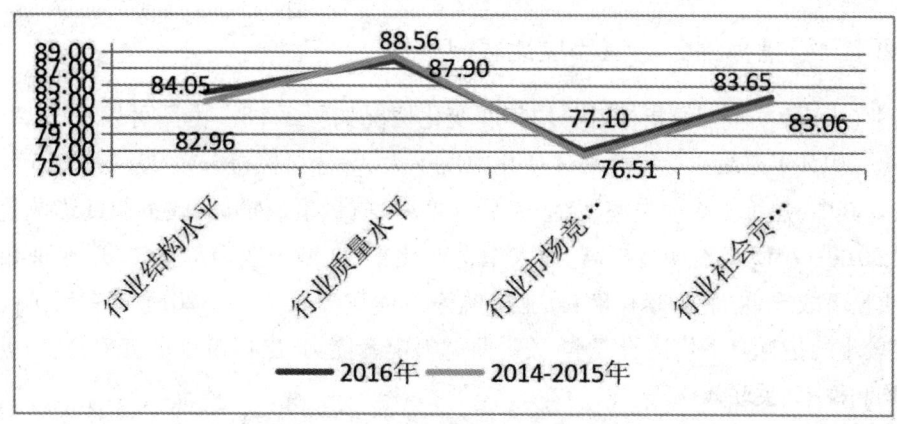

图 3-6 行业（中观）质量评价一级指标评分均值比较

（三）二级指标评分均值年度比较

行业（中观）质量二级指标得分均年度变化情况如图 3-7。由图可以看出，总体而言 2016 年较 2014—2015 年有所提升，部分二级指标得分均值有较大变化。人才结构、配套能力指标提升最为明显，现实竞争力、潜在竞争力、经济贡献和社会责任等二级指标变化不显著，规模结构、领袖企业、质量控制三项指标得分略有下降。2016 年二级指标得分均值 80 分以上的有 7 项，与 2014—2015 年度持平。

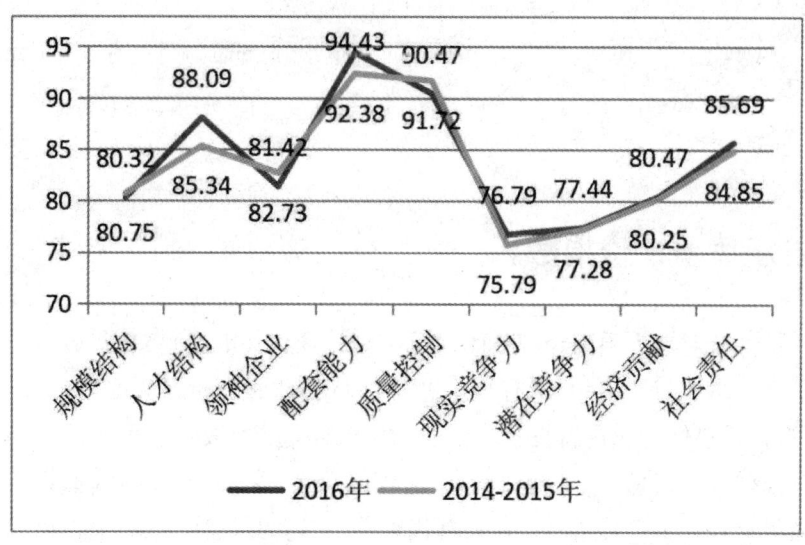

图 3-7 13 个行业的行业（中观）质量评价二级指标评分均值比较

（四）三级指标评分均值年度比较

行业（中观）质量三级指标得分均年度变化情况如图3-8。由图可以看出，2016年与2014—2015年三级指标得分总体变化幅度不大，部分指标得分较2014—2015年有一定提升。其中，熟练工人流失率、企业成品合格率、质量事故投诉、政策制度影响这四项指标较2014—2015年有明显提高，而大型企业比重、大型企业出口集中度、企业市场占有率、质量事故投诉、企业专利量、就业规模等指标得分较2014—2015年有所下降。变化幅度较小的指标有平均注册资本、关键原材料配套能力、出口市场占有率、技术创新水平、平均利税率、关联效应等。

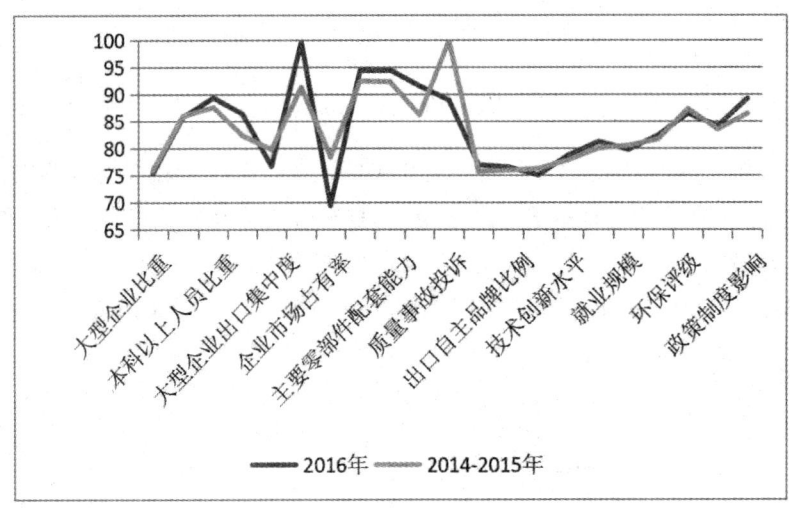

图3-8　13个行业的行业（中观）质量评价三级指标评分均值比较

五、宏观质量评价指数

宏观质量评价对象为国民经济整体，质量指数由行业（中观）质量指数所构成。国民经济包含了许许多多行业，要对所有行业进行（中观）质量评价既无必要，又不可能。这样，我们可选择代表性行业进行评价，之后合成宏观质量指数。家用电器、照明设备、音视频设备、仿真饰品、信息技术设备、玩具、纺织品服装、家具、与食品接触品、箱包、鞋类和加工食品等行业在出口消费品行业具有代表性，它们的行业（中观）质量指数加权值可视为出口消费品的宏观质量指数，行业的权重可由出口收入占总出口收入的比重来确定。但考虑到实际情况以及操作上方便性，本项实证研究采用13个行业（中观）质量指数的平均值。表3-21列出13个行业微观质量指数（均值）及行业（中观）质量指数，计算可得,2016 年度广东出口消费品宏观质量指数为 0.834。

表 3 -21 13 个行业宏观质量指数

行业	微观质量指数(均值)	行业质量指数
家用电器	0.822	0.823
照明设备	0.832	0.855
音视频设备	0.805	0.842
仿真饰品	0.821	0.834
信息技术设备	0.830	0.848
玩具	0.829	0.832
纺织品服装	0.796	0.840
家具	0.815	0.828
与食品接触品	0.809	0.828
箱包	0.821	0.847
鞋类	0.794	0.818
加工食品	0.809	0.824
其他	0.789	0.822
平均值	0.813	0.834

(本章执笔:华南理工大学公共管理学院刘国歌 硕士生)

第四章 质量障碍因素分析

出口消费品质量受一系列因素的综合影响,不同因素对微观和宏观质量影响亦不相同。分析出口消费品质量影响因素及影响机理,对于提高出口消费品质量,提供政府监管政策建议具有重要意义。本章通过构建障碍度识别模型和运用统计分析方法,探讨影响出口消费品质量水平的制约因素及程度。

一、障碍度识别模型

根据出口消费品质量评价模型,影响出口消费品质量指数主要取决于指标值和指标权重。显然,即使有着高权重值的指标,若其指标值没有差异性也很难对综合指数产生影响。为此,我们采用障碍度识别模型来测算影响出口消费品质量的制约因素,引入"因子贡献度"、"指标偏离度"和"障碍度"概念来诊断障碍因素,主要包括三级指标层对一级目标层的障碍因子识别,二级导向层对一级目标层的障碍因子识别。

(一)指标层对总目标层障碍因子识别

一级目标层为出口消费品质量,二级导向层为满足标准、产品合格、顾客满意、社会责任,三级指标层为反映不同导向层的指标要素,具体的层次关系见表4-1。确定三级指标层对一级目标层的障碍因子具体步骤为:

第一,明确出口消费品质量评价因子贡献度、指标偏离度和障碍度的具体内涵。因子贡献度(F_j)是指单因素指标对总目标的贡献程度,即权重(W_j);指标偏离度(I_j)是指单因素指标与出口消费品质量目标之间的差距,即单项指标值与100%之差;指标层对总目标层障碍度(O_j)是指单项指标对出口消费品质量的影响程度。

第二,确定出口消费品质量评价因子贡献度(F_j)、指标偏离度(I_j)。计算公式如下:

指标层对总目标层因子贡献度：$F_j = W_j$ (4-1)

指标偏离度：$I_j = x_j$ (4-2)

式中 x_j 为指标层的指标经过极值标准化的值。

第三,确定出口消费品质量评价指标对总目标的障碍度(O_j)。在第(2)步的基础上,第 j 个指标对出口消费品质量的障碍度计算公式如下:

指标层对总目标层障碍度：

$$O_j = \frac{I_j \times F_j}{\sum_{j=1}^{m} I_j \times F} \times 100\%$$

(4-3)

式中 m 为评价指标个数。

表 4 - 1　出口消费品质量障碍因素层次关系表

一级总目标层	二级准则层	三级指标层
出口消费品质量	满足标准	X_1 标准认知
		X_2 质量控制标准
		X_3 产品检验标准
		X_4 产品质量检测方式
		X_5 产品认证情况
		X_6 质量控制成本
	产品合格	X_7 原材料安全项目检测方式
		X_8 原材料质量管理手段
		X_9 半成品检验方式
		X_{10} 半成品抽查比例
		X_{11} 半成品抽查合格率
		X_{12} 成品抽查比例
		X_{13} 成品检验频次
		X_{14} 成品抽查合格率
		X_{15} 成品返工比例
	顾客满意	X_{16} 出口发达市场比例
		X_{17} 顾客特征
		X_{18} 顾客服务
		X_{19} 出口产品召回
	社会责任	X_{20} 出口产品召回应对态度
		X_{21} 能耗水平
		X_{22} 包装循环利用
		X_{23} 环保评级
		X_{24} 守法合规措施
		X_{25} 员工流失率

(二)准则层对总目标层障碍因子识别

准则层是分项指标体现的综合,因此可以在分析各单项评价因子限制程度基础上,进一步研究各准则层对出口消费品质量的障碍度,具体步骤为:

第一,利用公式(4 - 3)计算指标层对总目标层的障碍度,得到 O_j。

第二,计算准则层对目标层的障碍度 U_i。计算准则层维度对出口消费品质量综合水平的障碍度的公式如下:

准则层指标障碍度:
$$U_i = \sum_{j=1}^{n} O_{ij}$$
(4 - 4)

通过测算不同层次的指标对不同目标的障碍因素,可以有效识别出制约出口消费品质量水平的因素,进而能及时制定出相应的对策进行快速调控从而改善出口消费品质量水平。

(三)制约因子指标分类

障碍因子是指标对出口消费品总体质量起阻碍作用的反映指标,根据上述识别模型可以有效地识别出制约因素,但在分析过程中需要了解不同指标对总体出口消费品质量的影响程度,因此,需要根据最终的障碍度大小对最终的障碍因子进行排序,排序范围为1到25,障碍度最大的因子指标排序位1,其次为2,依此类推,最小因子指标排序为25。并将25个排序按制约程度大小分为三类,从高到低分别为极大阻碍(1 – 10),一般阻碍(11 – 20),不阻碍(21 – 25)。

二、微观质量障碍因素分析

(一)三级指标层对总目标层的障碍度分析

根据上述的障碍因子识别模型公式4 – 3,,分别对3012个企业每个因素指标对总目标的障碍度进行测算,并对每个障碍因子的障碍度从大到小进行排序,同时统计每个障碍因子不同排序下所拥有的企业数量。根据统计结果可知,从整体上来看,所有障碍因子对出口消费品质量水平都有一定的制约作用,但起主要的阻碍因子(障碍度大小排在前10)依次是:能耗水平、顾客服务、出口发达市场比例、顾客特征、守法合规措施、质量控制成本、包装循环利用、半成品抽查比例、环保评级。因此,在当前的经济发展背景和企业出口条件下,制约出口消费品质量水平的主要因素为公众体验、出口消费品企业承担的社会责任和产品的质量水平三个方面,说明广东出口消费品企业在以上三个方面需要加以改进。

为了更加精确分析每个障碍因子对所有企业的出口消费品质量的制约程度,将分别对其进行统计分析。

1. 标准认知

对标准认知指标的障碍度进行排序,并对不同阻碍程度下的企业分布数量进行统计,结果见图4 – 1。结果显示,有36.16%的企业出口消费品质量水平受"标准认知"障碍因子的极大阻碍,这些企业应该大力提升对出口标准的认识,有62.35%的企业的出口消费品质量水平受"标准认知"障碍因子一般阻碍,这些企业宜适度加深企业对出口标准的认识,仅有1.49%的企业的出口消费品质量水平不受"标准认知"障碍因子阻碍。这意味着目前企业的认知标准水平对出口消费品质量提升的制约作用依旧较为明显。

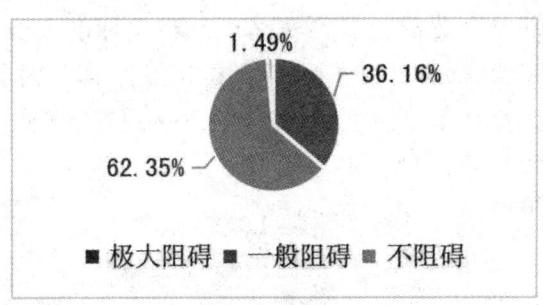

图4-1 标准认知障碍因子的阻碍程度分布统计

2. 质量控制标准

对质量控制标准指标的障碍度进行排序,并对不同阻碍程度下的企业分布数量进行统计,结果见图4-2。有33.40%的企业的出口消费品质量水平受"质量控制标准"这一障碍因子的极大阻碍,说明这些企业的质量控制标准较低,严重的制约了出口消费品总体质量水平的提升,这些企业应该积极提高企业的出口消费品控制标准来提高企业的出口消费品质量水平。有64.48%的企业的出口消费品质量水平受"质量控制标准"这一障碍因子的一般阻碍,说明这部分企业的出口消费品质量控制标准一般,也应该有所提高。有2.12%的企业的出口消费品质量水平不受"质量控制标准"障碍因子阻碍,说明这些企业的质量控制标准较高,对出口消费品质量的总体水平的提高有贡献。

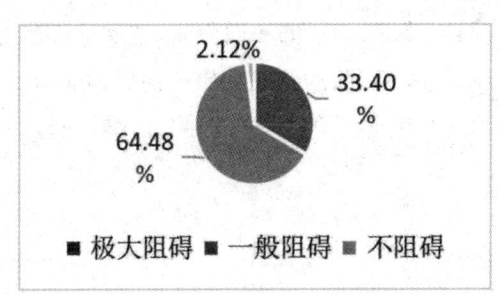

图4-2 质量控制标准障碍因子的阻碍程度分布统计

3. 产品检验标准

对产品检验标准指标的障碍度进行排序,并对不同阻碍程度下的企业分布数量进行统计,结果见图4-3。有34.40%的企业的出口消费品质量水平受"产品检验标准"这一障碍因子的极大阻碍,说明这些企业较低产品检验标准严重制约了出口消费品总体质量水平的提升,这些企业应该积极提高企业的出口消费品检验标准来提高企业的出口消费品质量水平。有63.40%的企业的出口消费品质量水平受"产品检验标准"这一障碍因子的一般阻碍,说明这部分企业的出口消费品产品检验标准一般,需要及时提高。有1.93%的企业的出口消费品质量水平不受"产品检验标准"障碍因子阻碍,说明这些企业的产品检验标准较高,对出口消费品质量的总体水平的提高有贡献。

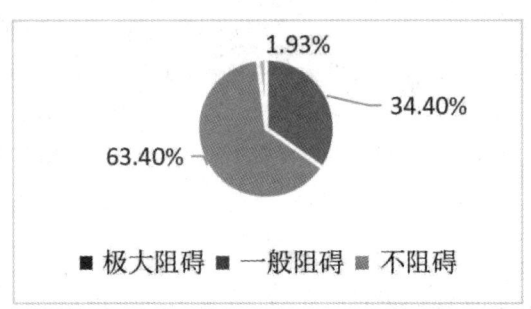

图4-3 产品检验标准障碍因子的阻碍程度分布统计

4. 产品质量检测方式

对产品质量检测方式指标的障碍度进行排序,并对不同阻碍程度下的企业分布数量进行统计,结果见图4-4。有40.94%的企业的出口消费品质量水平受"产品质量检测方式"这一障碍因子的极大阻碍,说明这些企业不完善的产品质量检测方式准严重的制约了出口消费品总体质量水平的提升,这些企业应该积极完善企业的出口消费品产品质量检测方式来提高企业的出口消费品质量水平。有53.78%的企业的出口消费品质量水平受"产品质量检测方式"这一障碍因子的一般阻碍,说明这部分企业的出口消费品产品质量检测方式还有待完善。有2.16%的企业的出口消费品质量水平不受"产品质量检测方式"障碍因子阻碍,说明这些企业的产品质量检测方式较完善,对出口消费品质量的总体水平的提高有贡献。

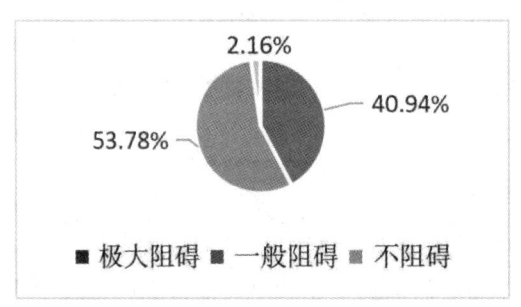

图4-4 产品质量检验方式障碍因子的阻碍程度分布统计

5. 产品认证情况

对产品认证情况指标的障碍度进行排序,并对不同阻碍程度下的企业分布数量进行统计,结果见图4-5。有40.87%的企业的出口消费品质量水平受"产品认证情况"这一障碍因子的极大阻碍,说明这些企业低水平的产品认证情况准严重的制约了出口消费品总体质量水平的提升,这些企业应该积极增强企业的出口消费品认证情况来提高企业的出口消费品质量水平。有57.10%的企业的出口消费品质量水平受"产品认证情况"这一障碍因子的一般阻碍,说明这部分企业的出口消费品产品认证情况还有待增强。有2.03%的企业的出口消费品质量水平不受"产品认证情况"障碍因子阻碍,说明这些企业的产品认证情况较高,对出口消费品质量的总体水平的提高有贡献。

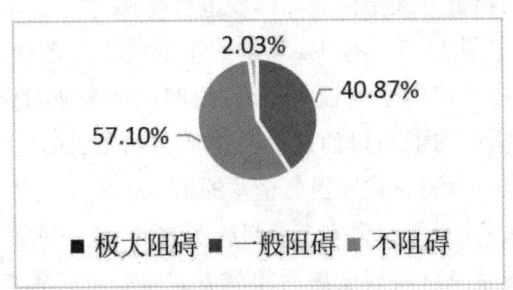

图4-5　产品认证情况障碍因子的阻碍程度分布统计

6. 质量控制成本

对质量控制成本指标的障碍度进行排序,并对不同阻碍程度下的企业分布数量进行统计,结果见图4-6。有53.19%(超过半数)的企业的出口消费品质量水平受"质量控制成本"这一障碍因子极大阻碍,说明这些企业对产品的质量控制成本控制力度不够,严重制约了出口消费品总体质量水平,这些企业应该积极增强对出口消费品质量控制这方面的成本的控制来提高企业的出口消费品质量水平。有45.12%的企业的出口消费品质量水平受"质量控制成本"这一障碍因子一般阻碍,说明这部分企业的出口消费品质量控制成本力度还有待增强。有1.69%的企业的出口消费品质量水平不受"质量控制成本"障碍因子影响,说明这些企业的质量控制成本较好,对出口消费品质量的总体水平的提高有贡献。

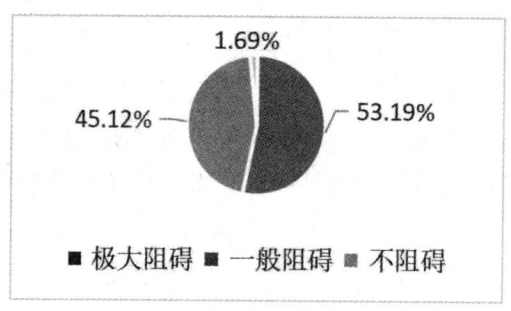

图4-6 质量控制成本障碍因子的阻碍程度分布统计

7. 原材料安全项目检测方式

对原材料安全项目检测方式指标的障碍度进行排序,并对不同阻碍程度下的企业分布数量进行统计,结果见图4-7。有41.50%的企业的出口消费品质量水平受"原材料安全项目检测方式"这一障碍因子的极大阻碍,说明这些企业对产品的原材料安全项目检测方式不够完善,严重制约了出口消费品总体质量水平,这些企业应该积极完善对出口消费品原材料安全项目检测方式来提高企业的出口消费品质量水平。有56.81%的企业的出口消费品质量水平受"原材料安全项目检测方式"这一障碍因子的一般阻碍,说明这部分企业的出口消费品原材料安全项目检测方式还有待完善与加强。有1.69%的企业的出口消费品质量水平不受"原材料安全项目检测方式"障碍因子影响,说明这些企业的原材料安全项目检测方式较完善,对出口消费品质量的总体水平的提高有贡献。

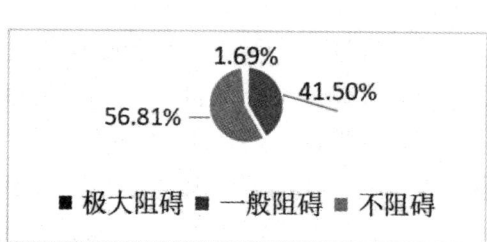

图4-7 原材料安全项目检测方式障碍因子的阻碍程度分布统计

8. 原材料质量管理手段

对原材料质量管理手段指标的障碍度进行排序,并对不同阻碍程度下的企业分布数量进行统计,结果见图4-8。有31.64%的企业的出口消费品质量水平受"原材料质量管理手段"这一障碍因子的极大阻碍,说明这些企业产品的原材料质量管理手段不够完善,严重制约了出口消费品总体质量水平,这些企业应该积极完善对出口消费品原材料质量管理手段来提高企业的出口消费品质量水平。有64.44%的企业的出口消费品质量水平受"原材料质量管理手段"这一障碍因子的一般阻碍,说明这部分企业的出口消费品原材料质量管理手段一般,有待进一步加强。有 3.92% 的企业的出口消费品质量水平不受"原材料质量管理手段"障碍因子影响,说明这些企业的原材料质量管理手段较完善,对质量的总体水平的提高有贡献。

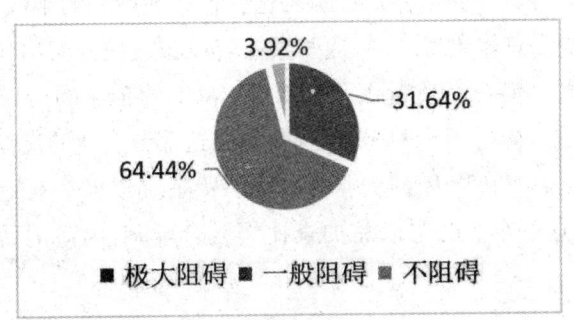

图4-8 原材料质量管理手段障碍因子的阻碍程度分布统计

9. 半成品检验方式

对半成品检验方式指标的障碍度进行排序,并对不同阻碍程度下的企业分布数量进行统计,结果见图 4-9。有 39.74% 的企业的出口消费品质量水平受"半成品检验方式"这一障碍因子的极大阻碍,说明这些企业的产品的半成品检验方式不够完善,严重制约了出口消费品总体质量水平,这些企业应该积极完善对出口消费品半成品检验方式来提高企业的出口消费品质量水平。有 58.53% 的企业的出口消费品质量水平受"半成品检验方式"这一障碍因子的一般阻碍,说明这部分企业的出口消费品半成品检验方式有待进一步加强。有 1.73% 的企业的出口消费品质量水平不受"半成品检验方式"障碍因子影响,说明这些企业的半成品检验方式较完善,对出口消费品质量的总体水平的提高有贡献。

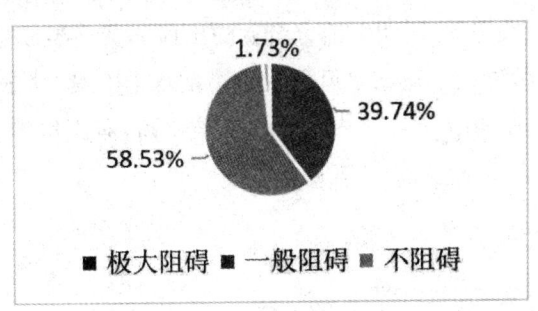

图4-9 半成品检验方式障碍因子的阻碍程度分布统计

10. 半成品抽查比例

对半成品抽查比例指标的障碍度进行排序,并对不同阻碍程度下的企业分布数量进行统计,结果见图4-10。有50.30%(超过半数)的企业的出口消费品质量水平受"半成品抽查比例"这一障碍因子的极大阻碍,说明这些企业的产品的半成品抽查比例还不够,严重制约了出口消费品总体质量水平,这些企业应该积极提升对出口消费品半成品抽查比例来提高企业的出口消费品质量水平。有48.74%的企业的出口消费品质量水平受"半成品抽查比例"这一障碍因子的一般阻碍,说明这部分企业的出口消费品半成品抽查比例有待进一步加强。有0.96%的企业的出口消费品质量水平不受"半成品抽查比例"障碍因子影响,说明这些企业的半成品抽查比例较合理,对出口消费品质量的总体水平的提高有贡献。

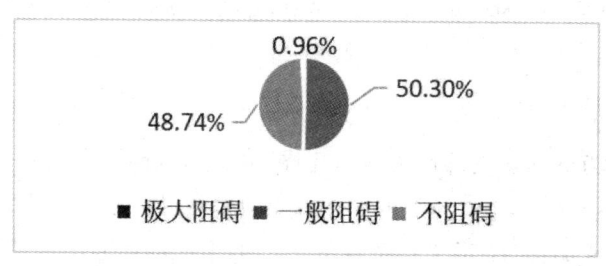

图4-10 半成品抽查比例障碍因子的阻碍程度分布统计

11. 半成品抽查合格率

统计分析结果见图4-11。有22.41%的企业的出口消费品质量水平受"半成品抽查合格率"这一障碍因子极大阻碍,说明这些企业的半成品抽查合格率较低,严重制约了出口消费品总体质量水平,这些企业应该积极提升对出口消费品产品的合格率来提高企业的出口消费品质量水平。有75.96%的企业的出口消费品质量水平受"半成品抽查合格率"这一障碍因子一般阻碍,说明大部分企业的出口消费品半成品抽查合格率一般,还有待继续增强。有1.63%的企业的出口消费品质量水平不受"半成品抽查合格率"障碍因子影响,说明这些企业的出口消费品产品合格率较高,对出口消费品质量的总体水平的提高有促进作用。

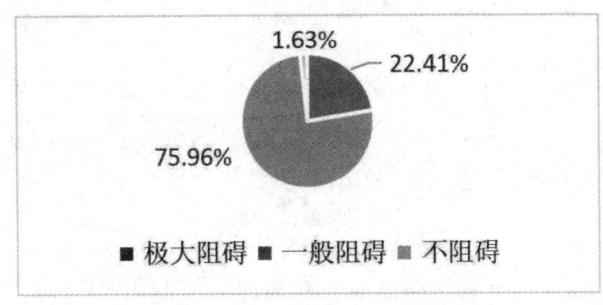

图4-11　半成品抽查合格率障碍因子的阻碍程度分布统计

12. 成品抽查比例

统计分析结果如图4-12。有49.67%的企业的出口消费品质量水平受"成品抽查比例"这一障碍因子极大阻碍,说明这些企业较低的成品抽查比例,严重制约了出口消费品总体质量水平,这些企业应该积极加强对出口消费品产品的抽查比例来提高企业的出口消费品质量水平。有49.73%的企业的出口消费品质量水平受"成品抽查比例"因子一般阻碍,说明这部分企业的出口消费品成品抽查比例一般,还有待继续提高。有0.60%的企业的出口消费品质量水平不受"成品抽查比例"障碍因子影响,说明这些企业的出口消费品成品抽查比例较高,对出口消费品质量的总体水平的提高有促进作用。

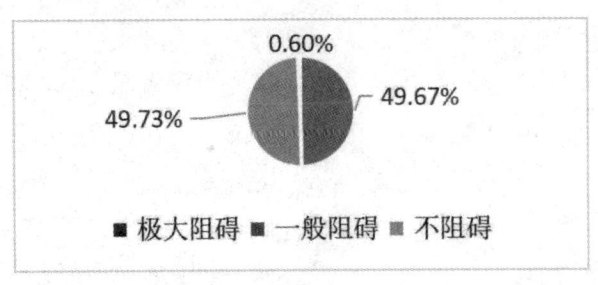

图4-12　成品抽查比例障碍因子的阻碍程度分布统计

13. 成品检验频次

统计分析结果见图4-13。有33.17%的企业的出口消费品质量水平受"成品检验频次"这一障碍因子极大阻碍,说明这些企业成品检验频次较低,严重制约了出口消费品总体质量水平,这些企业应该积极加强对出口消费品成品检验频次来提高企业的出口消费品质量水平。有63.71%的企业的出口消费品质量水平受"成品检验频次"因子一般阻碍,说明这部分企业的出口消费品成品检验频次一般,还有待继续提高。有3.12%的企业的出口消费品质量水平不受"成品检验频次"障碍因子影响,说明这些企业的出口消费品成品检验频次较高,对出口消费品质量的总体水平的提高有促进作用。

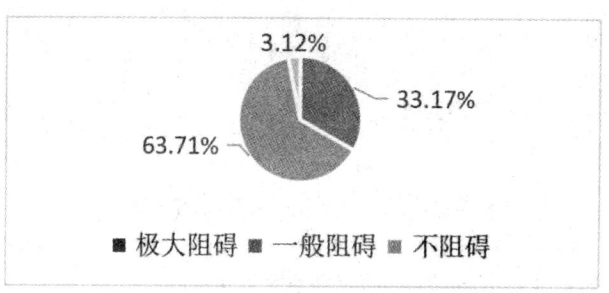

图 4 - 13　成品检验频次障碍因子的阻碍程度分布统计

14. 成品抽查合格率

统计分析结果见图。有 21.08% 的企业的出口消费品质量水平受"成品抽查合格率"这一障碍因子的极大阻碍,说明这些企业较低的成品抽查合格率,严重制约了出口消费品总体质量水平,这些企业应该积极提高出口消费品成品抽查合格率来提升企业的出口消费品质量水平。有 76.99% 的企业的出口消费品质量水平受"成品抽查合格率"这一障碍因子的一般阻碍,说明这部分企业的出口消费品成品抽查合格率一般,还有待继续提高。有 1.93% 的企业的出口消费品质量水平不受"成品抽查合格率"障碍因子影响,说明这些企业的出口消费品成品抽查合格率较高,对出口消费品质量的总体水平的提高有促进作用。

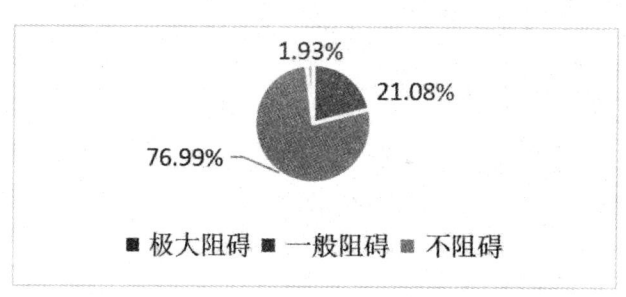

图 4 - 14　成品抽查合格率障碍因子的阻碍程度分布统计

15. 成品返工比例

统计分析结果见图 4 - 15。有 34.50% 的企业的出口消费品质量水平受"成品返工比例"这一障碍因子的极大阻碍,说明这些企业较高的成品返工比例,严重制约了出口消费品总体质量水平,这些企业应该积极加强对出口消费品成品返工比例的控制来提升出口消费品质量水平。有 62.58% 的企业的出口消费品质量水平受"成品返工比例"这一障碍因子的一般阻碍,说明这部分企业的出口消费品成品也有一定的返工比例,还有待继续降低返工比例。有 2.92%% 的企业的出口消费品质量水平不受"成品返工比例"障碍因子影响,说明这些企业的出口消费品成品返工比例较低,对出口消费品质量的总体水平的提高有促进作用。

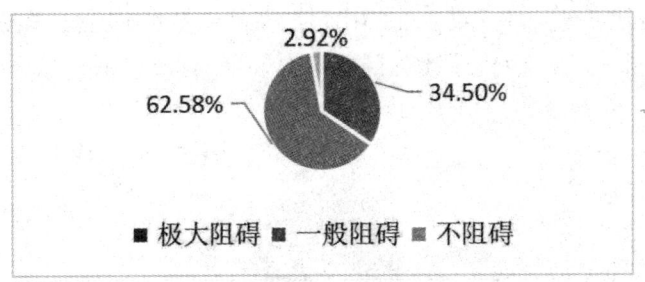

图4－15 成品返工比例障碍因子的阻碍程度分布统计

16. 出口发达市场比例

统计分析结果见图4－16。有55.71%（超过半数）的企业的出口消费品质量水平受"出口发达市场比例"这一障碍因子的极大阻碍，说明这些企业出口发达市场比例较低，严重制约了出口消费品总体质量水平，这些企业应该积极拓展出口消费品出口渠道来提高企业的出口消费品质量水平。有43.23%的企业的出口消费品质量水平受"出口发达市场比例"因子的一般阻碍，说明这部分企业的出口消费品出口发达市场比例一般，还有待继续提高。有1.06%的企业的出口消费品质量水平不受"出口发达市场比例"障碍因子影响，说明这些企业的出口消费品出口发达市场比例较高，对出口消费品质量的总体水平的提高有促进作用。

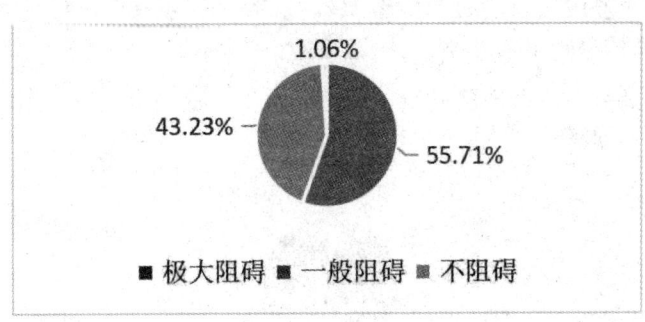

图4－16 出口发达市场比例障碍因子的阻碍程度分布统计

17. 顾客群体特征

统计分析结果见图4－17。有55.41%（超过半数）的企业的出口消费品质量水平受"顾客特征"这一障碍因子的极大阻碍，说明这些企业所针对的市场档次较低，严重制约了出口消费品总体质量水平，这些企业应该积极改善出口消费品定位目标，提升质量档次来提高企业的出口消费品质量水平。有43.49%的企业的出口消费品质量水平受"顾客特征"这一障碍因子的一般阻碍,说明这部分企业的出口消费品针对目标质量档次一般,还有待继续提升。有1.10%的企业的出口消费品质量水平不受"顾客特征"障碍因子影响,说明这些企业的出口消费品针对目标档次较高,对出口消费品质量的总体水平的提高有促进作用。

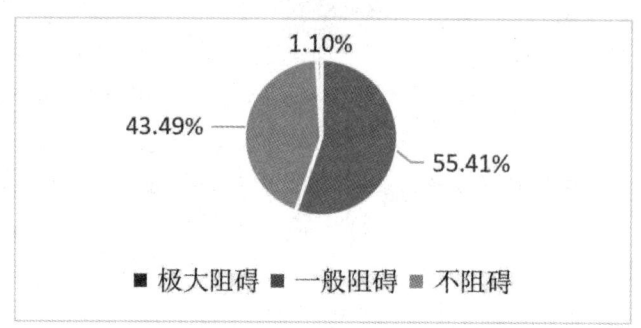

图4-17 顾客特征障碍因子的阻碍程度分布统计

18. 顾客服务机制

对顾客服务指标的障碍度进行排序,并对不同阻碍程度下的企业分布数量进行统计,结果见图4-18。有56.61%(超过半数)的企业的出口消费品质量水平受"顾客服务"这一障碍因子的极大阻碍,说明这些企业顾客服务机制较差,严重制约了出口消费品总体质量水平,这些企业应该探索新的出口消费品顾客服务制度来提高企业的出口消费品质量水平。42.36%的企业的出口消费品质量水平受"顾客服务"这一障碍因子的一般阻碍,说明这部分企业的出口消费品顾客服务机制一般,还有待继续完善。有1.03%的企业的出口消费品质量水平不受"顾客服务"障碍因子影响,说明这些企业的出口消费品顾客服务机制较完善,对出口消费品质量的总体水平的提高有促进作用。

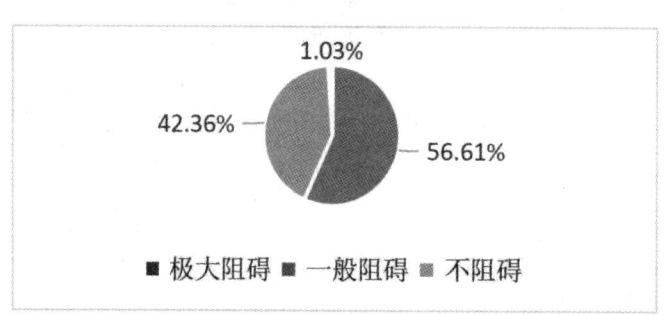

图4-18 顾客服务障碍因子的阻碍程度分布统计

19. 出口产品召回案例数

对出口产品召回指标的障碍度进行排序,并对不同阻碍程度下的企业分布数量进行统计,结果见图4-19。有23.17%的企业的出口消费品质量水平受"出口产品召回"这一障碍因子的极大阻碍,说明这些企业出口产品召回率较高,严重制约了出口消费品总体质量水平,这些企业应该积极加强对出口消费品出口产品质量生产,降低召回率来提高企业的出口消费品质量水平。有73.77%的企业的出口消费品质量水平受"出口产品召回"因子的一般阻碍,说明这部分企业的出口消费品产品有一定的召回率,需继续提高质量生产降低产品召回率。有3.06%的企业的出口消费品质量水平不受"出口产品召回"障碍因子影响,说明这些企业的出口消费品出口产品召回率较低,对出口消费品质量的总体水平的提高有促进作用。

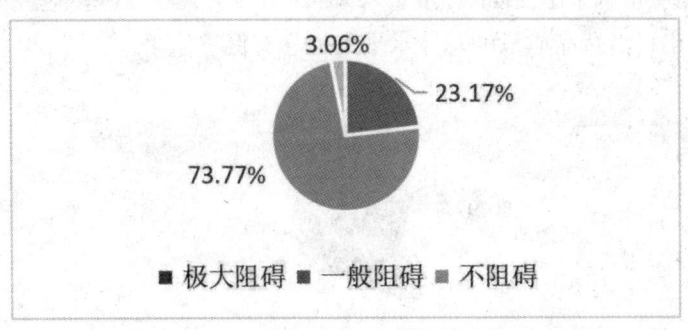

图4-19 出口产品召回障碍因子的阻碍程度分布统计

20. 出口产品召回应对态度

统计分析结果见图4-20。有42.23%的企业的出口消费品质量水平受"出口产品召回应对态度"这一障碍因子的极大阻碍,说明这些企业出口产品召回应对态度较差,严重制约了出口消费品总体质量水平,这些企业应该积极改善出口消费品出口产品召回应对态度制度来提高企业的出口消费品质量水平。有56.97%的企业的出口消费品质量水平受"出口产品召回应对态度"这一障碍因子的一般阻碍,说明这部分企业对出口产品召回应对态度一般,还有待继续提高。有0.80%的企业的出口消费品质量水平不受"出口产品召回应对态度"障碍因子影响,说明这些企业的出口消费品产品召回应对态度积极,对出口消费品质量的总体水平的提高有促进作用。

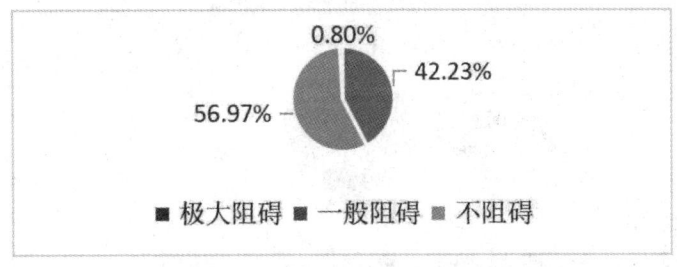

图4-20 出口产品召回应对态度障碍因子的阻碍程度分布统计

21. 能耗水平

统计分析结果见图4-21。有57.70%（超过半数）的企业的出口消费品质量水平受"能耗水平"这一障碍因子的极大阻碍,说明这些企业高能耗水平,严重制约了出口消费品总体质量水平,这些企业应该积极改善产品的能源消耗量来提高企业的出口消费品质量水平。有40.97%的企业的出口消费品质量水平受"能耗水平"这一障碍因子的一般阻碍,说明这部分企业的出口消费品能耗水平一般,但还需继续降低能耗。有1.33%的企业的出口消费品质量水平不受"能耗水平"障碍因子影响,说明这些企业的出口消费品能耗水平较低,对出口消费品质量的总体水平的提高有促进作用。

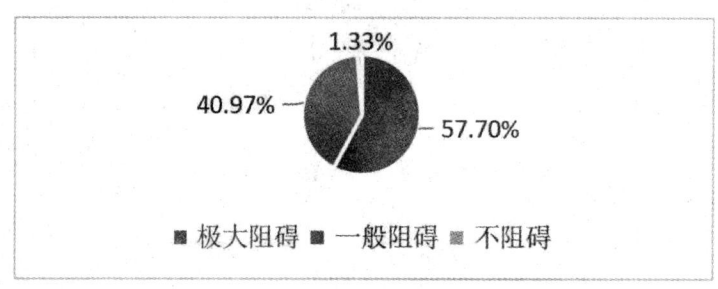

图4-21 能耗水平障碍因子的阻碍程度分布统计

22. 包装循环利用

统计分析结果见图4-22。有52.86%（超过半数）的企业的出口消费品质量水平受"包装循环利用"这一障碍因子极大阻碍,说明这些企业包装循环利用性和环保性较差,严重制约了出口消费品总体质量水平,这些企业应该积极改善产品包装的循环性和环保性来提高企业的出口消费品质量水平。有46.68%的企业的出口消费品质量水平受"包装循环利用"因子一般阻碍,说明这部分企业的出口消费品包装循环利用水平一般。有0.46%的企业的出口消费品质量水平不受"包装循环利用"障碍因子影响,说明这些企业的出口消费品包装循环利用性较高,对出口消费品质量的总体水平的提高有促进作用。

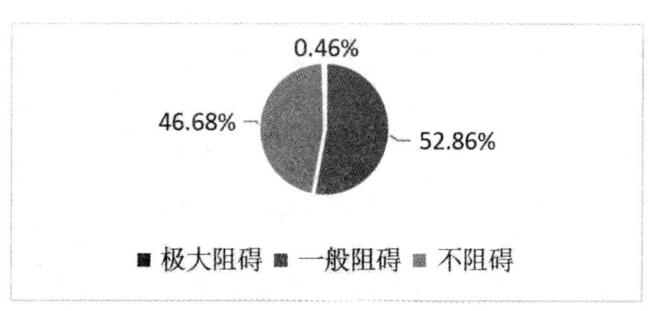

图4-22 包装循环利用障碍因子的阻碍程度分布统计

23. 环保评级

统计分析结果见图4-23。有44.49%的企业的出口消费品质量水平受"环保评级"这一障碍因子的极大阻碍,说明这些企业在同行中环境保护力度相对较差,严重制约了出口消费品总体质量水平,这些企业应该积极增强环保力度来提高企业的出口消费品质量水平。有54.48%的企业的出口消费品质量水平受"环保评级"这一障碍因子的一般阻碍,说明这部分企业在同行中的环保力度一般,还需继续增强。有1.03%的企业的出口消费品质量水平不受"环保评级"障碍因子影响,说明这些企业的在同行中的环保水平较高,对出口消费品质量的总体水平的提高有促进作用。总体结果表明,环保评级对出口消费品质量水平的影响亦比较显著,需要进一步推动企业的环保评级。

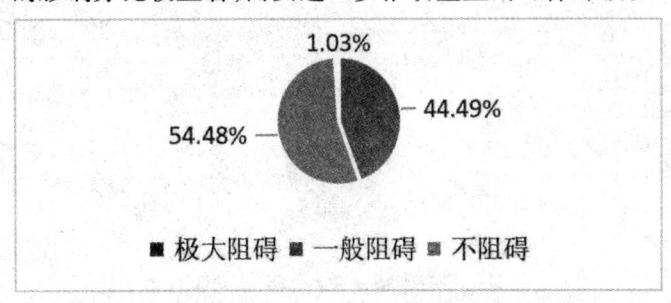

图4-23　环保评级障碍因子的阻碍程度分布统计

24. 守法合规措施

统计分析结果见图4-24。有54.35%(超过半数)的企业的出口消费品质量水平受"守法合规措施"这一障碍因子的极大阻碍,说明这些企业关于守法合规的措施相对薄弱,严重制约了出口消费品总体质量水平,这些企业应该完善守法合规措施制度来提高企业的出口消费品质量水平。有44.12%的企业的出口消费品质量水平受"守法合规措施"这一障碍因子的一般阻碍,说明这部分企业在同行中的守法合规措施一般,还需继续完善。有1.53%的企业的出口消费品质量水平不受"守法合规措施"障碍因子影响,说明这些企业的守法合规措施相对较完善,对出口消费品质量的总体水平的提高有促进作用。

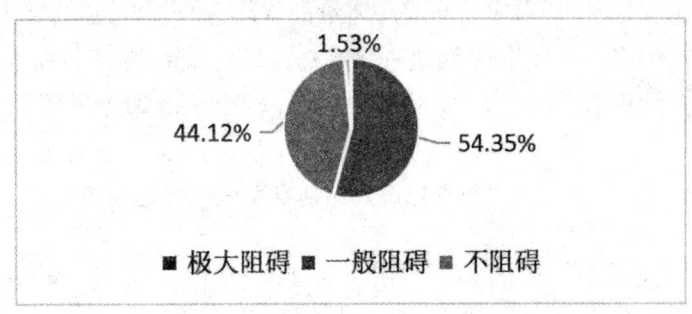

图4-24　守法合规措施障碍因子的阻碍程度分布统计

25. 员工流失率

统计分析结果见图4-25。有34.86%的企业的出口消费品质量水平受"员工流失率"这一障碍因子极大阻碍,说明这些企业的员工流失较大,人才流失较严重,制约了出口消费品总体质量水平,这些企业应该通过制定相应的人才吸引政策来提高员工驻留率来提升企业的出口消费品质量水平。有62.78%的企业的出口消费品质量水平受"员工流失率"因子一般阻碍,说明这部分企业的员工流失程度一般,但还需继续通过完善政策来吸引员工。有2.36%的企业的出口消费品质量水平不受"员工流失率"障碍因子影响,说明这些企业的员工吸引政策相对较完善,对出口消费品质量的总体水平的提高有促进作用。

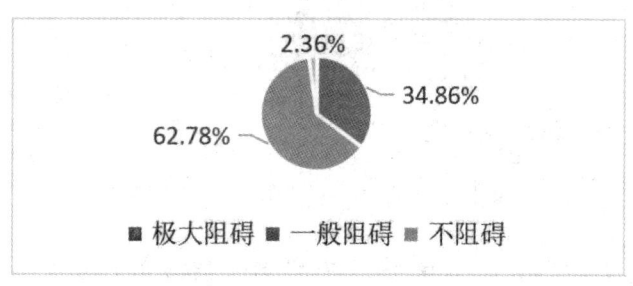

图4-25 员工流失率障碍因子的阻碍程度分布统计

(二)二级指标层对总目标层的障碍度分析

二级导向层指标包括满足标准、产品合格、顾客满意和社会责任四大项,根据公式4-4计算不同企业的满足标准、产品合格、顾客满意和社会责任对出口品质量综合水平的阻碍度,并分别统计满足标准、产品合格、顾客满意和社会责任二级准则层的平均障碍度见表4-2。由表4-2可知,对出口消费平制约程度最大的二级因素是产品合格,其次是满足标准,最后是顾客满意和社会责任,这说明广东的出口消费品的总体水平基本满足标准。同时也看出在生产产品过程承担社会责任和提升顾客满意度方面较之去年得到显著的增强,但在原材料、半成品和成品质量的管理、抽查和检验工作上仍需要改进。因此,企业亟需提高出口消费品质量,进一步严格出口产品标准,同时在销售过程中以公众体验为主,积极回应消费者诉求,增强环保力度,降低产品能耗水平等。

表4-2 二级指标层对总目标层的平均障碍度

障碍因素	年度	满足标准	产品合格	顾客满意	社会责任
障碍度(%)	2016	19.92	29.88	16.60	16.60
	2014—2015	19.83	23.15	29.63	72.62

三、宏观质量障碍因素分析

根据第二章确定不同层级的质量障碍因素,依据障碍度识别模型测算每个行业的不同障碍因素的障碍度,包括三级指标层相对于一级目标层的障碍度测算和二级导向层相对于一级目标层的障碍度测算。

(一)宏观质量障碍因素的选择

与微观层面不同,宏观质量障碍因素以行业为单位,分析不同因素对行业发展水平的制约程度。为与评价结果对应比较,选取宏观质量障碍因素如下表4-3。

表4-3 宏观质量代表障碍因素指标汇总表

一级总目标层	二级指标层	三级指标层
出口消费品质量	行业结构水平	Y_1 大型企业比重
		Y_2 企业平均注册资本
		Y_3 本科上人员比重
		Y_4 熟练工人流失率
	行业质量水平	Y_5 大型企业出口集中度
		Y_6 企业成品合格率
		Y_7 企业市场占有率
		Y_8 关键原材料配套能力
		Y_9 主要零部件配套能力
		Y_{10} 质量管理体系认证
		Y_{11} 质量事故投诉
	行业市场竞争力	Y_{12} 出口市场占有率
		Y_{13} 出口自主品牌比例
		Y_{14} 企业专利量
		Y_{15} 技术创新水平
	行业社会贡献力	Y_{16} 平均利税率
		Y_{17} 就业规模
		Y_{18} 关联效应
		Y_{19} 环保评级
		Y_{20} 行业协会
		Y_{21} 政策制度影响

（二）三级指标层相对于总目标层的行业障碍因素分析

1. 家用电器行业

对家用电器行业的出口消费品质量的单项障碍因素进行识别,并按照障碍度的大小进行排序,列出前十项,具体见表4-4。按照单项指标障碍度大小的排列顺序,广东家用电器行业出口消费品质量的主要障碍因素指标依次为出口市场占有率、就业规模、平均利税率、大型企业出口集中度、技术创新水平、关联效应、质量管理体系认证、质量事故投诉、企业专利量、出口自主品牌比例。因此,可通过提升产品竞争力、加大科技创新力度和完善行业质量管理体系建设来增强行业出口质量。

表4-4 家用电器行业出口消费品质量的主要障碍因素的障碍度及排序

排序	1	2	3	4	5	6	7	8	9	10
障碍因素	Y_{12}	Y_{17}	Y_{16}	Y_5	Y_{15}	Y_{18}	Y_{10}	Y_{11}	Y_{14}	Y_{13}
障碍度(%)	8.87	7.90	7.75	7.71	7.48	6.23	6.15	5.99	5.63	5.17

2. 照明设备行业

对照明设备行业的出口消费品质量的单项障碍因素进行识别,并按照障碍度的大小进行排序,列出前十项,具体见表4-5。按照单项指标障碍度大小的排列顺序,广东照明设备行业出口消费品质量的主要障碍因素指标依次为出口市场占有率、就业规模、质量事故投诉、质量管理体系认证、大型企业比重、平均利税率、大型企业出口集中度、关联效应、企业专利量、企业平均注册资本。因此,可通过提高产业竞争力、加强产品质量保证措施建设、扩大行业规模来增强行业未来的出口质量。

表4-5 照明设备行业出口消费品质量的主要障碍因素的障碍度及排序

排序	1	2	3	4	5	6	7	8	9	10
障碍因素	Y_{12}	Y_{17}	Y_{11}	Y_{10}	Y_1	Y_{16}	Y_5	Y_{18}	Y_{14}	Y_2
障碍度(%)	12.83	9.75	8.76	7.84	7.82	7.69	6.97	6.69	6.23	5.66

3. 音视频设备行业

对音视频设备行业的出口消费品质量的单项障碍因素进行识别,并按照障碍度的大小进行排序,列出前十项,具体见表4-6。按照单项指标障碍度大小的排列顺序,广东音视频设备行业出口消费品质量的主要障碍因素指标依次为质量管理体系认证、大型企业出口集中度、出口市场占有率、大型企业比重、企业成品合格率、企业平均注册资本、出口自主品牌比例、熟练工人流失率、政策制度影响、关键原材料配套能力。因此,可通过增强产品质量控制力度、提升产业竞争力和扩大行业规模与配套设施来提高行业的出口产品质量水平。

表 4-6　音视频行业出口消费品质量的主要障碍因素的障碍度及排序

排序	1	2	3	4	5	6	7	8	9	10
障碍因素	Y_{10}	Y_5	Y_{12}	Y_1	Y_6	Y_2	Y_{13}	Y_4	Y_{21}	Y_8
障碍度(%)	13.46	8.82	7.91	7.08	7.08	6.71	6.30	5.00	4.93	4.86

4. 仿真饰品行业

对仿真饰品行业的出口消费品质量的单项障碍因素进行识别,并按照障碍度的大小进行排序,列出前十项,具体见表 4-7。按照单项指标障碍度大小的排列顺序,广东仿真饰品行业出口消费品质量的主要障碍因素指标依次为技术创新水平、质量管理体系认证、出口自主品牌比例、本科上人员比重、企业专利量、大型企业比重、企业平均注册资本、政策制度影响、大型企业出口集中度、平均利税率。因此,可通过增强行业技术创新能力,提高产品质量、扩大行业规模度来改进行业的出口产品质量。

表 4-7　仿真饰品行业出口消费品质量的主要障碍因素的障碍度及排序

排序	1	2	3	4	5	6	7	8	9	10
障碍因素	Y_{15}	Y_{10}	Y_{13}	Y_3	Y_{14}	Y_1	Y_2	Y_{21}	Y_5	Y_{16}
障碍度(%)	12.76	12.14	8.94	8.24	7.88	7.05	6.66	5.35	4.82	4.71

5. 信息技术设备行业

对信息技术设备行业的出口消费品质量的单项障碍因素进行识别,并按照障碍度的大小进行排序,列出前十项,具体见表 4-8。按照单项指标障碍度大小的排列顺序,广东信息技术设备行业出口消费品质量的主要障碍因素指标依次为质量管理体系认证、技术创新水平、大型企业出口集中度、出口自主品牌比例、关键原材料配套能力、主要零部件配套能力、本科上人员比重、环保评级、熟练工人流失率、出口市场占有率。因此,可通过加强行业产品质量保证体系建设、扩大行业规模度以及提高环保能力来增强行业的出口质量。

表4-8 信息技术设备行业出口消费品质量的主要障碍因素的障碍度及排序

排序	1	2	3	4	5	6	7	8	9	10
障碍因素	Y_{10}	Y_{15}	Y_5	Y_{13}	Y_8	Y_9	Y_3	Y_{19}	Y_4	Y_{12}
障碍度(%)	16.05	12.13	8.95	7.12	6.94	6.60	5.81	5.23	4.73	4.71

6. 玩具行业

对玩具行业的出口消费品质量的单项障碍因素进行识别,并按照障碍度的大小进行排序,列出前十项,具体见表4-9。按照单项指标障碍度大小的排列顺序,广东玩具行业出口消费品质量的主要障碍因素指标依次为质量管理体系认证、技术创新水平、关联效应、出口市场占有率、平均利税率、就业规模、质量事故投诉、大型企业比重、环保评级、企业专利量。因此,可通过加强行业质量保证体系建设、增强行业自主创新能力和扩大企业规模度来提高玩具行业产品质量。

表4-9 玩具行业出口消费品质量的主要障碍因素的障碍度及排序

排序	1	2	3	4	5	6	7	8	9	10
障碍因素	Y_{10}	Y_{15}	Y_{18}	Y_{12}	Y_{16}	Y_{17}	Y_{11}	Y_1	Y_{19}	Y_{14}
障碍度(%)	10.82	10.47	6.86	6.77	6.77	6.61	6.59	5.79	5.77	5.58

7. 纺织品服装行业

对纺织品服装行业的出口消费品质量的单项障碍因素进行识别,并按照障碍度的大小进行排序,列出前十项,具体见表4-10。按照单项指标障碍度大小的排列顺序,广东纺织品服装行业出口消费品质量的主要障碍因素指标依次为质量管理体系认证、大型企业出口集中度、出口市场占有率、出口自主品牌比例、熟练工人流失率、大型企业比重、企业市场占有率、企业平均注册资本、质量事故投诉、本科上人员比重。因此,可通过加强行业质量保证体系建设、扩大企业规模度和品牌建设提高纺织品服装行业的出口产品质量。

表4-10 纺织品服装行业出口消费品质量的主要障碍因素的障碍度及排序

排序	1	2	3	4	5	6	7	8	9	10
障碍因素	Y_{10}	Y_5	Y_{12}	Y_{13}	Y_4	Y_1	Y_7	Y_2	Y_{11}	Y_3
障碍度(%)	13.60	11.76	8.18	7.73	7.23	7.19	5.85	5.84	4.93	4.86

8. 家具行业

对家具行业的出口消费品质量的单项障碍因素进行识别,并按照障碍度的大小进行排序,列出前十项,具体见表 4-11。按照单项指标障碍度大小的排列顺序,广东家具行业出口消费品质量的主要障碍因素指标依次为质量管理体系认证、大型企业出口集中度、技术创新水平、出口市场占有率、大型企业比重、企业平均注册资本、出口自主品牌比例、平均利税率、企业专利量、关联效应。因此,可通过加强行业质量保证体系建设、扩大企业规模度和影响力和提升行业自主创新能力来提高家具行业出口产品质量。

表 4-11　家具行业出口消费品质量的主要障碍因素的障碍度及排序

排序	1	2	3	4	5	6	7	8	9	10
障碍因素	Y_{10}	Y_5	Y_{15}	Y_{12}	Y_1	Y_2	Y_{13}	Y_{16}	Y_{14}	Y_{18}
障碍度(%)	9.99	9.07	7.55	7.05	6.71	6.53	5.74	5.64	5.11	4.98

9. 与食品接触品行业

对与食品接触品行业的出口消费品质量的单项障碍因素进行识别,并按照障碍度的大小进行排序,列出前十项,具体见表 4-12。按照单项指标障碍度大小的排列顺序,广东与食品接触品行业出口消费品质量的主要障碍因素指标依次为技术创新水平、质量事故投诉、质量管理体系认证、大型企业出口集中度、平均利税率、关联效应、大型企业比重、出口自主品牌比例、企业专利量、环保评级。因此,可通过加强自主创新能力、增强行业产品质量和扩大行业规模和影响力来增强与食品接触品行业的出口产品质量。

表 4-12　与食品接触品行业出口消费品质量的主要障碍因素的障碍度及排序

排序	1	2	3	4	5	6	7	8	9	10
障碍因素	Y_{15}	Y_{11}	Y_{10}	Y_5	Y_{16}	Y_{18}	Y_1	Y_{13}	Y_{14}	Y_{19}
障碍度(%)	9.90	8.84	8.49	8.05	6.96	6.44	6.28	5.87	5.41	5.33

10. 箱包行业

对箱包行业的出口消费品质量的单项障碍因素进行识别,并按照障碍度的大小进行排序,列出前十项,具体见表 4-13。按照单项指标障碍度大小的排列顺序,广东箱包行业出口消费品质量的主要障碍因素指标依次为技术创新水平、质量事故投诉、环保评级、政策制度影响、企业专利量、大型企业出口集中度、平均利税率、行业协会、大型企业比重、就业规模。因此,可通过提高行业自主创新能力、加强产品质量控制力度、扩大行业规模度和环保能力来增强箱包行业的出口质量。

表4-13 箱包行业出口消费品质量的主要障碍因素的障碍度及排序

排序	1	2	3	4	5	6	7	8	9	10
障碍因素	Y_{15}	Y_{11}	Y_{19}	Y_{21}	Y_{14}	Y_5	Y_{16}	Y_{20}	Y_1	Y_{17}
障碍度(%)	13.31	12.73	9.79	9.79	8.61	8.04	7.59	7.07	6.85	4.26

11. 鞋类行业

对鞋类行业的出口消费品质量的单项障碍因素进行识别,并按照障碍度的大小进行排序,列出前十项,具体见表4-14。按照单项指标障碍度大小的排列顺序,广东鞋类行业出口消费品质量的主要障碍因素指标依次为出口市场占有率、质量管理体系认证、平均利税率、质量事故投诉、就业规模、企业专利量、关联效应、技术创新水平、出口自主品牌比例、本科上人员比重。因此,可通过加强龙头企业建设、扩大行业规模和增强行业产品质量建设体系来改进鞋类行业出口产品质量。

表4-14 鞋类行业出口消费品质量的主要障碍因素的障碍度及排序

排序	1	2	3	4	5	6	7	8	9	10
障碍因素	Y_{12}	Y_{10}	Y_{16}	Y_{11}	Y_{17}	Y_{14}	Y_{18}	Y_{15}	Y_{13}	Y_3
障碍度(%)	11.49	10.47	6.07	6.06	6.06	5.71	5.59	5.52	4.64	4.32

12. 加工食品行业

对加工食品行业的出口消费品质量的单项障碍因素进行识别,并按照障碍度的大小进行排序,列出前十项,具体见表4-15。按照单项指标障碍度大小的排列顺序,广东加工食品行业出口消费品质量的主要障碍因素指标依次为出口市场占有率、技术创新水平、大型企业出口集中度、质量管理体系认证、质量事故投诉、大型企业比重、平均利税率、就业规模、企业专利量、企业平均注册资本。因此,可通过加强行业龙头企业和产品质量体系建设、提升行业自主创新能力和扩大行业影响力来增强加工食品行业未来的出口产品质量。

表4-15 加工食品行业出口消费品质量的主要障碍因素的障碍度及排序

排序	1	2	3	4	5	6	7	8	9	10
障碍因素	Y_{12}	Y_{15}	Y_5	Y_{10}	Y_{11}	Y_1	Y_{16}	Y_{17}	Y_{14}	Y_2
障碍度(%)	10.10	9.90	8.17	8.08	7.47	6.35	5.63	5.53	4.63	4.46

13. 其他行业

对其他行业的出口消费品质量的单项障碍因素进行识别,并按照障碍度的大小进行排序,列出前十项,具体见表4-16。按照单项指标障碍度大小的排列顺序,广东其他行业出口消费品质量的主要障碍因素指标依次为质量管理体系认证、技术创新水平、大型企业出口集中度、出口市场占有率、质量事故投诉、大型企业比重、本科上人员比重、企业专利量、关键原材料配套能力、主要零部件配套能力。因此,可通过加强行业质量保证体系建设、提升行业自主创新能力和扩大行业规模度来提高其他行业的出口消费品质量。

表4-16 其他行业出口消费品质量的主要障碍因素的障碍度及排序

排序	1	2	3	4	5	6	7	8	9	10
障碍因素	Y_{10}	Y_{15}	Y_5	Y_{12}	Y_{11}	Y_1	Y_3	Y_{14}	Y_8	Y_9
障碍度(%)	13.03	12.19	8.15	7.98	5.20	5.07	4.78	4.62	4.51	4.50

(三)二级导向层相对于总目标层的行业障碍因素分析

本文把出口消费品质量的二级准则层分为行业结构水平、行业质量水平、行业市场竞争力和行业社会贡献力四项。根据障碍度测算公式,测算出行业结构水平、行业质量水平、行业市场竞争力和行业社会贡献力的阻碍度如表4-17。

表4-17 不同行业出口消费品质量二级障碍因素的障碍度 单位:%

行业障碍度障碍因素	行业结构水平	行业质量水平	行业市场竞争力	行业社会贡献力
家用电器	14.44	25.54	27.15	32.87
照明设备	18.09	31.87	19.06	30.98
音视频设备	23.15	44.88	22.37	9.60
仿真饰品	26.61	27.89	30.07	15.43
信息技术设备	10.55	43.93	28.06	17.47
玩具	18.38	24.09	27.72	29.82
纺织品服装	25.13	42.58	17.56	14.73
家具	21.21	31.74	25.45	21.60
与食品接触品	18.14	31.65	23.74	26.47
箱包	10.04	23.47	25.01	41.48
鞋类	15.01	29.76	27.36	27.88
加工食品	16.71	31.39	26.89	25.02
其他	16.85	36.09	28.51	18.55

从上表结果可知,各行业的出口消费品质量障碍因素各不相同。一是家用电器行业、玩具行业和箱包行业主要二级障碍因素为行业社会贡献力,这说明广东这三类行业的经济贡献和社会责任感较弱,应通过加强企业社会责任意识来带动行业整体质量的进

步。二是照明设备行业、音视频设备行业、信息技术设备行业、纺织品服装行业、家具行业、与食品接触品行业、鞋类行业、加工食品行业以及其他行业主要二级障碍因素为行业质量水平,这说明这些行业的产品质量在国际市场的质量水平相对较差,因此应该重视对这些行业的产品的质量监控工作,建设行业的高质量高标准体系。三是仿真饰品行业的主要二级障碍因素为行业市场竞争力,这说明仿真饰品行业不仅需要提升自身产品质量,还需要加强自身品牌建设来提升产品的市场竞争力。总体而言,行业结构水平的障碍度相对较低,说明广东各行业结构水平合理,对出口消费品质量的影响较小。

(本章执笔:华南理工大学公共管理学院涂静 硕士生)

第五章 结论与建议

质量评价的目的在于提供政府监管商品质量的决策依据。基于出口消费品质量与外贸经济安全的关联性,应从宏观上关注市场秩序,如行业整体质量状况,收集和分析各种可能存在的风险因素,并采取措施加以防范与疏导。根据实证评价结果,我们认为,构建科学的出口消费品质量评价体系,并将其纳入经济与社会发展的统计监控范围,逐步打造融合信息反馈、技术把关、风险预防乃至维权等多项重要功能于一体的出口企业公共服务平台,全面提升出口消费品质量的政府监管水平,是推动实施广东出口消费品质量进步重大战略的基本保障。

一、主要成绩

(一)整体质量水平有所提高

2016 年微观质量指数与宏观质量指数均值分别为 0.809 和 0.834,比上一年分别提高 0.498%、0.361%。总体而言,宏观质量指数要略高于微观质量指数,但二者指数差距甚微(0.025),相当于微观质量指数的 3.09%,宏观质量与微观质量总体评价结果趋于一致。从 13 个行业来看,在这 13 个行业中,各行业微观质量指数与宏观质量指数都相差较小(极差分别为 0.050、0.037),行业间微观质量水平与宏观质量水平相差不大。在微观质量评价四个一级指标中,"顾客满意"得分较上一年度有了明显提升,其余三项指标得分较上一年度稍有下降;宏观质量评价四个一级指标中,"行业结构水平"、"行业市场竞争力"和"行业社会贡献力"三个指标得分相较上年有所提升,"行业质量水平"这一指标较上年略降低。总体而言,2016 年度出口消费品质量水平总体情况较好。

(二)微观质量评价中顾客满意指标得分大幅增长

2016 年微观质量评价的四个一级指标中,顾客满意指标得分率 87.99%,位列四项指标之首,并且,相比上年(得分率为 73.48%)增长 14.51%,是四项指标中增长率最高的指标。说明出口企业市场开发和顾客服务方法和措施得到不断完善。从三级指标来看,发达市场比例(X_{16})、顾客群体特征(X_{17})、顾客服务机制(X_{18})、产品召回案例数(X_{19})、产品召回应对态度(X_{20})等各项指标得分率均有所提高,增幅分别为 2.02%、3.16%、1.62%、2.5%、3.7%。但是,顾客满意下的三级指标得分率中发达市场比例得分 49.50,

属于低绩效指标,意味着出口目标市场结构依旧不平衡,不利于外贸风险防范,仍需加强发达市场比例的提升。

(三)宏观质量评价中行业质量水平指标得分逐年提高

2016年出口行业质量水平得分87.90(百分制),较上两个年度的88.56有所下降,较2013年87.64略有提升,相比2012年75.68提升显著。在宏观质量评价中,一级指标行业质量水平属高分指标,13个行业得分均值为87.90,且13个行业得分均高于85分水平,说明出口消费品行业质量水平较高。从二级指标来看,各行业的配套能力与质量控制能力都较好,得分均值在90分以上,稍有欠缺的是现实竞争力和潜在竞争力指标,得分分别为76.79和77.44,其余二级指标得分均处于80~90区间内。具体到三级指标,13个行业中有3项指标得分趋势较集中,分别为:企业成品合格率、就业规模、政策制度影响。其中,13个行业三级指标得分总体水平最高的指标是"企业成品合格率",其次为"主要零部件配套能力"和"关键原材料配套能力",得分水平较低的指标是"企业专利量"和"企业市场占有率"。进一步,13个行业三级指标得分均值最高的三级指标是企业成品合格率(99.68),其次是主要零部件配套能力(94.48)和关键原材料配套能力(94.39)。最低的三项指标分别是企业市场占有率(69.42)、企业专利量(75.05)、大型企业比重(75.33),极差为30.26。在13个行业三级指标得分离散程度方面,三级指标中得分最为离散的是"出口自主品牌比例",标准差达到7.63,反映出该项指标评价结果的受行业影响程度最大。受行业影响程度较大的还有大型企业出口集中度(7.33)、大型企业比重(5.67)等指标,标准差均在5.00以上。得分离散性最小的是"就业规模"指标,标准差仅为0.99;其次,企业成品合格率(1.02)、政策制度影响(1.20)、环保评级(1.26)、出口市场占有率(1.44)均在2.00以下,这些指标评价结果受行业影响程度相对较小。

(四)出口消费品行业得分率较高的指标

出口消费品质量评价是关键指标的量化评价。从方法论的角度,指标得分率反映出口消费品质量的高低。表5-1,是广东2016年度13个出口消费品行业得分率较高的指标,从中可透析本年度成绩。从行业上来看,家用电器行业得分率较高的指标数量要多于其他行业;而家具行业得分率较高的宏观质量评价指标要明显少于其他行业,反映出家具行业的宏观质量存在较多问题。此外,可以看出,不论是微观指标还是宏观指标,得分率较高的指标大致相同,表明各行业间微观质量与宏观质量相差不大,但也折射出这13个行业都存在共同的问题。从微观指数来看,各指标离散程度不尽相同,企业标准认知、质量控制标准、产品检验标准、产品质量检测方式等指标各行业得分率均较高;产品认证情况这一指标,仅有家用电器、信息技术设备行业得分率高于85%;半成品抽查比例、发达市场比例、顾客服务机制等指标各行业得分率偏低。从宏观指标来看,熟练工人流失率、关键原材料配套能力、主要零部件配套能力、质量管理体系认证和政策制度影响指标各行业得分率较高,均值高于85%。总体而言,出口消费品质量评价得分率较高的指标较为集中,同时也反映出口消费品的宏观经济环境有待改善。

表5-1　13个行业得分率较高的指标一览表

序号	行业	得分率高于85%的指标	
		微观质量评价指标	宏观质量评价指标
1	家用电器	企业标准认知(91.15%)、质量控制标准(96.30%)、产品检验标准(96.44%)、产品质量检测方式(92.10%)、产品认证情况(85.45%)、原材料安全检验方式(87.05%)、原材料质量管理手段(93.75%)、半成品检验方式(91.95%)、半成品抽查合格率(86.73%)、成品检验频次(86.98%)、成品抽查合格率(86.73%)、茶农召回案例数(86.05%)、产品召回应对态度(92.55%)、环保评级(91.37%)、员工流失率(85.69%)	本科以上人员比重(90.30%)、熟练工人流失率(87.32%)、企业成品合格率(100.00%)、关键原材料配套能力(95.36%)、主要零部件配套能力(96.05%)、质量管理体系认证(93.51%)、质量事故投诉及奖项(86.58%)、环保评级(85.92%)、政策制度影响(88.63%)
2	照明设备	企业标准认知(94.02%)、质量控制标准(91.75%)、产品检验标准(92.90%)、产品质量检测方式(90.16%)、原材料安全检测方式(89.41%)、原材料质量管理手段(89.65%)、半成品检验方式(86.59%)、半成品抽查合格率(94.14%)、成品抽查合格率(95.67%)、成品返工比例(92.12%)、产品召回案例数(87.06%)、产品召回应对态度(89.15%)、环保评级(94.04%)、员工流失率(90.99%)	平均注册资本(86.37%)、本科以上人员比重(93.34%)、熟练工人流失率(90.26%)、企业成品合格率(100.00%)、关键原材料配套能力(96.40%)、主要零部件配套能力(96.72%)、质量管理体系认证(94.77%)、质量事故投诉及奖项(87.77%)、出口自主品牌比例(94.53%)、环保评级(86.85%)、行业协会(85.09%)、政策制度影响(90.67%)
3	音视频设备	企业标准认知(89.28%)、质量控制标准(92.00%)、产品检验标准(89.59%)、产品质量检测方式(86.23%)、原材料安全检测方式(89.84%)、原材料质量管理手段(91.88%)、成品抽查合格率(85.14%)、产品召回应对态度(85.13%)、环保评级(92.86%)、守法合规措施(85.08%)	本科以上人员比重(90.05%)、企业成品合格率(96.31%)、关键原材料配套能力(93.15%)、主要零部件配套能力(94.06%)、质量管理体系认证(90.30%)、质量事故投诉及奖项(95.27%)、平均利税率(86.75%)、关联效应(85.59%)、环保评级(88.87%)、行业协会(87.22%)、政策制度影响(88.56%)
4	仿真饰品	企业标准认知(95.69%)、质量控制标准(88.86%)、产品检验标准(94.18%)、产品质量检测方式(93.75%)、原材料质量管理手段(93.74%)、半成品抽查合格率(93.93%)、成品抽查合格率(93.91%)、成品返工比例(97.57%)、产品召回案例数(88.76%)、产品召回应对态度(88.9%)、环保评级(95.26%)、员工流失率(93.25%)	企业成品合格率(100.00%)、关键原材料配套能力(94.33%)、主要零部件配套能力(94.33%)、质量管理体系认证(90.67%)、质量事故投诉及奖项(100.00%)、环保评级(88.60%)、政策制度影响(88.24%)

序号	行业	得分率高于85%的指标	
		微观质量评价指标	宏观质量评价指标
5	信息技术设备	企业标准认知（96.98%）、质量控制标准（95.85%）、产品检验标准（91.92%）、产品质量检测方式（87.37%）、产品认证情况（86.03%）、原材料安全检测方式（88.73%）、原材料质量管理手段（95.56%）、半成品检验方式（89.17%）、半成品抽查合格率（96.52%）、成品检验频次（93.93%）、成品抽查合格率（93.46%）、产品召回应对态度（91.65%）、环保评级（93.90%）	大型企业比重（93.8%）、平均注册资本（93.44%）、本科以上人员比重（88.69%）、熟练工人流失率（85.82%）、企业成品合格率（100.00%）、关键原材料配套能力（91.31%）、主要零部件配套能力（91.31%）、质量管理体系认证（89.47%）、质量事故投诉及奖项（93.67%）、环保评级（86.53%）、行业协会（86.67%）、政策制度影响（89.40%）
6	玩具	企业标准认知（94.81%）、质量控制标准（97.22%）、产品检验标准（94.42%）、产品质量检测方式（92.78%）、原材料安全检测方式（87.55%）、原材料质量管理手段（90.29%）、半成品检验方式（87.70%）、半成品抽查合格率（94.78%）、成品检验频次（86.53%）、成品抽查合格率（96.37%）、产品召回案例数（89.52%）、产品召回应对态度（86.73%）、环保评级（92.49%）、员工流失率（90.85%）	本科以上人员比重（89.45%）、大型企业出口集中度（94.40%）、企业成品合格率（100.00%）、关键原材料配套能力（96.12%）、主要零部件配套能力（95.93%）、质量管理体系认证（89.69%）、质量事故投诉及奖项（86.34%）、环保评级（85.12%）、政策制度影响（90.06%）
7	纺织品服装	企业标准认知（92.27%）、质量控制标准（92.86%）、产品检验标准（90.29%）、产品质量检测方式（87.63%）、原材料安全检测方式（89.65%）、原材料质量管理手段（93.52%）、半成品检验方式（85.45%）、半成品抽查合格率（86.00%）、成品检验频次（86.67%）、成品抽查合格率（86.21%）、产品召回应对态度（87.51%）、环保评级（89.59%）	平均注册资本（85.90%）、本科以上人员比重（90.28%）、企业成品合格率（100.00%）、关键原材料配套能力（95.02%）、主要零部件配套能力（95.49%）、质量管理体系认证（90.94%）、质量事故投诉及奖项（92.89%）、环保评级（86.99%）、行业协会（87.25%）政策制度影响（90.41%）
8	家具	企业标准认知（91.42%）、质量控制标准（92.85%）、产品检验标准（89.65%）、产品质量检测方式（90.42%）、原材料安全检测方式（84.78%）、原材料质量管理手段（93.94%）、半成品抽查合格率（87.01%）、成品抽查合格率（87.49%）、产品召回应对态度（88.59%）、环保评级（91.50%）、员工流失率（89.18%）	本科以上人员比重（88.12%）、熟练工人流失率（86.22%）、企业成品合格率（100.00%）、关键原材料配套能力（93.94%）、主要零部件配套能力（93.56%）、质量管理体系认证（91.23%）、质量事故投诉及奖项（92.06%）、环保评级（86.59%）、政策制度影响（90.58%）

序号	行业	得分率高于85%的指标	
		微观质量评价指标	宏观质量评价指标
9	与食品接触品	企业标准认知（92.45%）、质量控制标准（94.98%）、产品检验标准（91.56%）、产品质量检测方式（91.65%）、原材料安全检测方式（85.15%）、原材料质量管理手段（93.80%）、半成品抽查合格率（89.49%）、成品检验频次（88.28%）、成品抽查合格率（91.18%）、产品召回案例数（86.35%）、产品召回应对态度（87.84%）、环保评级（91.45%）、员工流失率（86.74%）	平均注册资本（85.49%）、本科以上人员比重（90.69%）、熟练工人流失率（86.04%）、企业成品合格率（100.00%）、关键原材料配套能力（95.05%）、主要零部件配套能力（95.06%）、质量管理体系认证（92.62%）、环保评级（85.76%）、政策制度影响（89.74%）
10	箱包	企业标准认知（95.72%）、质量控制标准（94.92%）、产品检验标准（94.11%）、产品质量检测方式（83.43%）、质量控制成本（87.58%）、原材料安全检测方式（87.86%）、原材料质量管理手段（95.98%）、半成品抽查合格率（93.30%）、成品返工比例（88.31%）、产品召回案例数（89.35%）、产品召回应对态度（88.67%）、环保评级（92.39%）、员工流失率（96.55%）	平均注册资本（89.10%）、本科以上人员比重（98.86%）、熟练工人流失率（92.04%）、企业成品合格率（100.00%）、关键原材料配套能力（99.17%）、主要零部件配套能力（98.60%）、质量管理体系认证（99.60%）出口自主品牌比例（85.30%）、政策制度影响（86.61%）
11	鞋类	企业标准认知（91.67%）、质量控制标准（92.78%）、产品检验标准（87.24%）、产品质量检测方式（86.44%）、原材料质量管理手段（93.41%）、成品返工比例（88.31%）、产品召回应对态度（88.79%）、环保评级（90.24%）、员工流失率（86.23%）	平均注册资本（85.60%）、本科以上人员比重（85.52%）、熟练工人流失率（85.08%）、企业成品合格率（100.00%）、关键原材料配套能力（92.48%）、主要零部件配套能力（92.79%）、质量管理体系认证（87.95%）、环保评级（86.07%）、政策制度影响（87.83%）
12	加工食品	企业标准认知（91.97%）、质量控制标准（94.67%）、产品检验标准（89.27%）、产品质量检测方式（96.37%）、原材料安全检测方式（87.13%）、原材料质量管理手段（96.03%）、半成品抽查合格率（87.79%）、成品检验频次（91.44%）、成品抽查合格率（88.36%）、成品返工比例（85.75%）、产品召回应对态度（93.72%）、环保评级（90.62%）、员工流失率（87.97%）	本科以上人员比重（87.93%）、熟练工人流失率（88.54%）、企业成品合格率（100.00%）、关键原材料配套能力（93.36%）、主要零部件配套能力（93.22%）、质量管理体系认证（91.89%）、环保评级（85.94%）、政策制度影响（89.09%）
13	其他	企业标准认知（91.88%）、质量控制标准（93.44%）、产品检验标准（88.09%）、产品质量检测方式（90.04%）、原材料质量管理手段（92.61%）、成品检验频次（85.47%）、产品召回应对态度（87.04%）、环保评级（88.48%）、员工流失率（85.07%）	平均注册资本（86.58%）、本科以上人员比重（86.16%）、熟练工人流失率（85.11%）、企业成品合格率（99.50%）、关键原材料配套能力（91.42%）、主要零部件配套能力（91.06%）、质量管理体系认证（87.11%）、质量事故投诉及奖项（88.72%）、环保评级（86.54%）、政策制度影响（89.90%）

二、存在问题

(一)企业调查发现的微观质量问题

微观质量重点关注企业产品所要达到的技术标准、质量控制办法以及影响质量提升的关键因素。本年度13个被评价行业的微观质量评价结果相较于上年有一定的提升,有十个行业的微观质量指数高于0.800,将微观质量指数均值按升序依次为:其他行业(0.782)、鞋类(0.794)、纺织品服装(0.796)、音视频设备(0.805)、与食品接触产品(0.809)、加工食品(0.809)、家具(0.815)、仿真饰品(0.821)、箱包(0.821)、家用电器(0.822)、玩具(0.829)、信息技术设备(0.830)、照明设备(0.823)。可以看出,各行业得分结果差距不大,行业间质量水平总体趋于一致,但仍存在以下几个方面的主要问题:

1. 企业质量成本控制不足,产品认证亟需升级

2016年度调查结果显示,产品固有质量的情况(满足标准、产品合格)相较于上年,情况不容乐观。其中,满足标准指标得分率84.62%,较上年下降1.05个百分点,产品合格指标得分率82.78%,较上年下降0.85个百分点。产品认证情况(X_5)、质量控制成本(X_6)、半成品抽查合格率(X_{10})、成品抽查比例(X_{12})、成品返工比例(X_{15})等多项指标的得分均在75分以下。

从二级指标中可以看到,标准执行、半成品质量、成品质量三个二级指标相较上年有所降低,分别为-1.89%、-1.17%和-1.49%,其中,半成品质量和成品质量两个二级指标下的三级指标均为负增长,并且,半成品抽查合格率(X_{10})、成品抽查比例(X_{12})两项指标跌落至低绩效区间,得分为68.77、69.41。2013年后,国家质检方针由"不合格假定"向"合格假定"转化,各直属检验检疫部门相应减少目录内企业数量并降低抽检数量和抽检频次,将抽检责任转移,出口企业应提升自身质量意识,保证抽查比例和合格率,全面提升出口消费品质量水平,出口企业和检验检疫部门任重而道远。

进一步细分至三级指标,三级指标产品认证的绩效明显下降,跌落至低绩效指标;质量控制成本微降(增长率-0.81%),依旧处于低绩效指标,必须给予高度关注。

首先,三级指标质量控制成本指标得分为68.95,属于低绩效指标,该指标从2013年起连年下降。由此表明,广东出口企业虽然在质量管理和控制上的重视程度需要进一步加强,控制方法和管理手段上仍然没有得到实质改善,企业质量水平很难在短期内有质的飞跃,需要外部较好的引导和监管环境。

其次,三级指标产品认证得分为69.60,从2013年起持续走低,且相较上年有大幅度跌落,下降7.36个百分点,须给予高度警惕。产品认证作为突破壁垒的必要手段,对微观质量而言尤为重要,影响也非常显著,该指标绩效不升反降,说明广东出口企业对质量

认证因素认识不足,未及时提升自身质量管理和控制能力,因此广东检验检疫局作为广东出口企业的监管部门,应该大力加强对企业在产品认证上的投入,全面提升出口消费品质量水平。

值得一提的是,三级指标企业标准认知上年得分为 94.30,相对 2013 年(得分 79.33)有较大改善,2016 年相较上年有所回落,但仍然处于高绩效区间(得分 92.14)。客观反映出,在贸易壁垒措施不断加剧的背景下,国外各类技术标准和贸易保护措施的内容不断强化和更新,出口企业顶住压力,在跟踪和把握技术标准动态方面有了明显的提高,能够保质保量生产出售满足出口国质量标准的消费品,政府监管或第三方专业化力量在协助出口企业加强对国外贸易壁垒的规避上起到了一定作用。

2. 企业社会责任意识依旧薄弱,诚信环保观念有待加强

社会责任意识薄弱一直是困扰出口行业质量进步的因素。2016 年,一级指标社会责任指标得分率为 77.79%,相对上年(76.41)有所提高,增长 1.38 个百分点。由此说明,近年来出台的各类环保和社会保障措施发挥了一定的效应,政府相关部门和机构加强监管保证各项措施顺利实施的相关工作取得了相应的成效。然而,进一步深入社会责任的细分三级指标,可以看出,能耗水平(X_{21})指标得分率为 60.92%,包装循环利用(X_{22})为 70.78%,虽与上年相比有所提高,但仍落在低绩效区间,需要采取措施加以完善;此外,环保评级指标(X_{23})得分率为 90.62%,相对于 2013 年 71.88 和上年的 87.65,均有显著的提高,表明政府相关部门和机构在环保评级方面的工作取得了相对较好的成效;再者,守法合规措施(X_{24})得分率为 79.89%,较上年下降 2.25%,属于中绩效指标。

这些情况客观地反映出广东出口企业的质量意识普遍停留在满足客户的产品固有质量要求层面上,缺乏环境保护、企业诚信等方面的全局意识和长远眼光,很多企业在质量管理和控制方面付出了很多努力,却屡屡遭到国外技术壁垒措施的制约。在严峻生存压力下,出口企业普遍过度注重成本控制,而选择忽视对环保的关注。但目前环境保护一直都是国外普遍采用的贸易壁垒方式,而且在今后的对外贸易过程中,这项因素只会加强不会减弱。因此,不管是产品本身对环境的影响,还是产品制造过程对环境的影响,以及企业诚信意识的树立和提升,都需要政府进一步加大监管力度,加强诚信意识和环境保护宣传的范围,以增强企业的社会责任意识。

3. 各行业微观质量评价得分较低的主要指标

微观质量评价是指向企业及产品质量的评价,对各个行业微观质量评价得分较低的指标进行梳理,能够比较直观的反映企业"短板"的所在,从而发现存在的主要问题。在微观质量评价中,得分较低的指标相对较为集中,这说明 13 个行业的企业都存在相似的问题,换言之,在微观质量上出口消费品企业间存在许多共性问题。如表 5 - 2 所示,从三级指标来看,得分较低的指标主要有产品认证情况(X_5)、质量控制成本(X_6)、半成品

抽查合格率(X_{10})、半成品抽查比例(X_{12})、成品抽查比例(X_{14})、出口发达市场比例(X_{16})、能耗水平(X_{21})、包装循环利用(X_{22})等,这些指标表明出口消费品企业存在质量控制成本不足、产品质量不过关、顾客满意度较低以及资源环境保护利用水平较低等问题。

表 5 - 2   微观质量评价中得分率较低的指标一览表

低分指标 行业	得分率较低的三级指标
家用电器	质量控制成本(X_6)、半成品抽查比例(X_{12})、成品抽查比例(X_{14})、出口发达市场比例(X_{16})、能耗水平(X_{21})
照明设备	质量控制成本(X_6)、半成品抽查比例(X_{12})、成品抽查比例(X_{14})、出口发达市场比例(X_{16})、能耗水平(X_{21})
音视频设备	半成品抽查比例(X_{12})、成品抽查比例(X_{14})、出口发达市场比例(X_{16})、能耗水平(X_{21})
仿真饰品	产品认证情况(X_5)、质量控制成本(X_6)、半成品抽查比例(X_{12})、成品抽查比例(X_{14})、出口发达市场比例(X_{16})、能耗水平(X_{21})
信息技术设备	质量控制成本(X_6)、出口发达市场比例(X_{16})、能耗水平(X_{21})
玩具	产品认证情况(X_5)、半成品抽查合格率(X_{10})、出口发达市场比例(X_{16})、出口产品召回案例数(X_{19})、能耗水平(X_{21})、包装循环利用(X_{22})
纺织品服装	产品认证情况(X_5)、质量控制成本(X_6)、半成品抽查比例(X_{12})、出口发达市场比例(X_{16})、能耗水平(X_{21})
家具	产品认证情况(X_5)、出口发达市场比例(X_{16})、能耗水平(X_{21})
与食品接触品	产品认证情况(X_5)、半成品抽查合格率(X_{10})、出口发达市场比例(X_{16})、能耗水平(X_{21})
箱包	产品认证情况(X_5)、半成品检验方式(X_{11})、半成品抽查比例(X_{12})、成品抽查比例(X_{14})、出口发达市场比例(X_{16})、能耗水平(X_{21})
鞋类	产品认证情况(X_5)、出口发达市场比例(X_{16})、能耗水平(X_{21})
加工食品	质量控制成本(X_6)、半成品抽查合格率(X_{10})、出口发达市场比例(X_{16})、能耗水平(X_{21})、包装循环利用(X_{22})
其他	质量控制成本(X_6)、半成品抽查合格率(X_{10})、出口发达市场比例(X_{16})、能耗水平(X_{21})、包装循环利用(X_{22})

(二)企业调查发现的宏观质量问题

1. 出口行业发展不平衡,行业规模结构欠合理

广东是全国最大的出口消费品生产基地,国内外较多知名品牌、高端产品均由广东省内企业加工制造,与国内其他地区相比,行业成熟度较高。然而就 13 个代表性行业2016 年度质量评价结果来看,不同行业的消费品质量状况差异明显,如图 5 - 1 所示。

在宏观质量方面,得分相对上年度有所提高。具体到各个行业,质量指数最高的是照明设备行业,为 0.855;箱包行业次之,为 0.847;鞋类行业最低,为 0.818,最高分值与

最低分值相差 0.037,得分较上年的评价均有所降低。从微观总指数来看,最高的同样是照明设备行业,为 0.832;最低的是其他行业,为 0.782,最高分值与最低分值相差 0.050。可以看出,质量问题一定程度上表现为行业问题,由图 5-1 可以看出,13 个行业的微观质量指数与宏观质量指数的差别较大,2016 年度行业间宏观质量指数离散程度有所缩小,但宏观层面的质量受行业影响仍较大,客观地揭示出了广东各出口行业发展依旧存在不平衡、质量水平良莠不齐等情况。

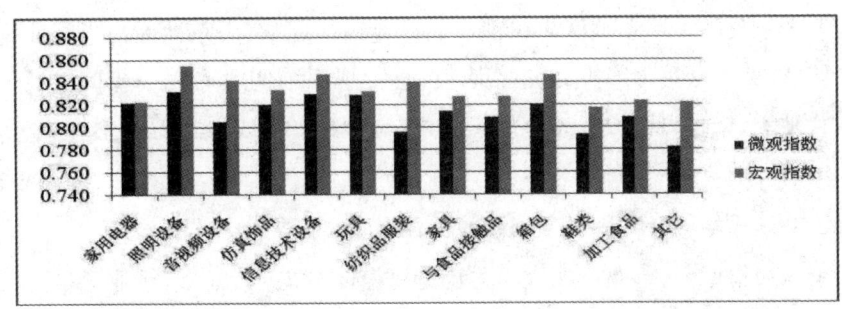

图 5-1　宏观质量指数与微观质量指数的 13 个行业差别情况

进一步地在行业结构方面,从三级指标均值平均注册资本(85.84%)、大型企业比重(75.33%)的得分率来看,与上年相比有所降低,说明广东出口消费品的行业规模结构性仍欠佳;从三级指标本科以上人员比重和熟练员工流失率的得分来看,广东出口行业人才结构亟需改善,如表 5-3 所示。

表 5-3　13 个行业的行业结构指标年度对比

三级指标	平均值			标准差	
	2014—2015 年	2016 年	增长率(%)	2014—2015 年	2016 年
Y_1 大型企业比重	75.98	75.33	-0.86	6.09	5.67
Y_2 企业平均注册资本	86.03	85.84	-0.22	3.09	2.83
Y_3 本科上人员比重	87.62	89.37	2.00	2.66	4.02
Y_4 熟练工人流失率	82.35	86.40	4.92	2.75	2.57

13 个行业平均得分最低为三级指标大型企业比重(Y_1),得分率为 75.33%,比上年降低 0.86 个百分点,为中绩效指标。除信息技术设备行业(93.28%)进入高绩效区间外,其余行业都在 80 分以下,加工食品行业(69.81%)得分则低于 70 分,属于低绩效区间,仅为及格水平,这说明各行业内的大型企业比重不高,大型企业数量较少;同时也映衬了今年来为了降低人力成本,很多劳动密集型大型企业内迁到中西部地区的基本情况;同时也可以看出,大型企业比重得分情况较为分散,信息技术设备行业得分最高,为

93.28;加工食品行业得分最低,为69.81,两者相差23.47,说明各行业的行业集中度参差不齐,揭示了行业发展不平衡和行业结构合理性不佳的基本事实。

此外,三级指标本科以上人员比重(Y_3)得分率较高,相较上年有显著提升,保持在高绩效区间。13 个行业得分均在 80 分以上,皆属于高绩效区间,说明各行业内本科生比重显著上升。企业人员总体受教育程度有所提高,一定程度反映出企业类型正逐步由劳动密集型向知识密集型转变,技术含量低的情况正在慢慢改善。熟练工人流失率(Y_4)得分为 86.40,相比上年 82.35,有所提升,说明广东企业人才结构得到一定的改善。以上评价结果比较客观地反映了广东地区出口消费品行业结构现状,广东地区出口行业是以中小企业为主体,以劳动密集型产业占重要地位,行业规模结构亟需进一步的发展改善。在此大环境背景下,提高出口消费品质量水平,需要有较好的政府扶持和引导政策,通过政府监管促进出口消费品质量水平提升。

2. 技术创新水平普遍不高,行业整体竞争力不强

在四个一级指标中,行业市场竞争力得分率最低。2016 年出口行业竞争力整体得分为 77.10,相对上年 76.51 略有提高,从表 5-4 中的三级指标可以发现各具体评价指标的得分相比上年均有不同程度的提高。但从整体得分来看,竞争力水平仍然偏低,仅有个别行业的个别指标表现突出。

表 5-4 13 个行业的行业市场竞争力指标年度对比

三级指标	平均值			标准差	
	2014—2015 年	2016 年	增长率(%)	2014—2015 年	2016 年
Y_{12} 出口市场占有率	75.71	76.91	1.58	2.60	1.44
Y_{13} 出口自主品牌比例	75.93	76.55	0.82	5.94	7.63
Y_{14} 企业专利量	76.25	75.05	-1.57	2.91	2.07
Y_{15} 技术创新水平	77.84	78.73	1.14	3.73	3.09

在潜在竞争力方面,其中企业专利量(Y_{14})得分 75.05,相对上年得分 76.25 分有所降低,整体得分仅中等水平,各行业得分差距较大。具体到各个行业,大多行业属中等绩效指标,其中纺织品服装行业得分最高,为 80.25,其他行业得分均在 70~80 分的区间分布。技术创新水平指标(Y_{15})得分 78.73,相比 2013 年(77.84)提升不明显,最高分为照明设备行业(84.70),最低分为其他行业(74.46)。一定程度上说明广东出口消费品行业产品自主设计开发比例虽有所提高,但创新能力依旧不足,整体创新水平仍需继续提升。

现实竞争实力(76.79)相对上年(75.79)有所提升,出口市场占有率(Y_{12})得分76.91,但分布较为均衡,所有行业得分均高于 70。其中,仿真饰品行业得分最高,为

79.01,反映了广东企业生产的仿真饰品类产品受到多国市场的认可,在国际上的市场份额不断增加;而在自主品牌比例(Y_{13})得分76.55,与上年的75.93相比,略有提高,且得分分布参差不齐,照明设备行业得分最高94.53,仿真饰品行业得分最低位65.28,除箱包、加工食品行业外,其余行业得分都在70分水平,说明广东出口消费品行业的自主品牌实力仍然不足,出口企业缺乏核心竞争力,出口行业转型升级有很强的紧迫性。

3. 传统行业出口市场占有率偏低,就业规模较小

三级指标大型企业市场占有率(Y_7)的得分为69.42分,相对2013年得分78.37,降低十分显著,从中等绩效跌落至低绩效区间。具体到各个行业,可以发现各行业得分分布仍参差不齐,如图5-2所示。所有行业得分均高于70,最高分是其他行业,得分为74.37,最低分为鞋类行业,得分63.80,两者相差10.57。鞋类行业得分大幅下降,从上年的78.00,下降至2016年的最低分63.80,鞋类行业属于传统行业,技术含量缺乏且产品附加价值低,如纺织服装、箱包等传统行业,其企业类型多为中小型企业,大型企业数量少且市场占有率低。信息技术设备等技术含量较高的行业,相较上年得分基本持平,保持在中绩效区间,这说明信息技术企业规模在不断地扩大,但是产品质量与技术含量却没有显著提升,使之在国际市场的占有率大幅下降。

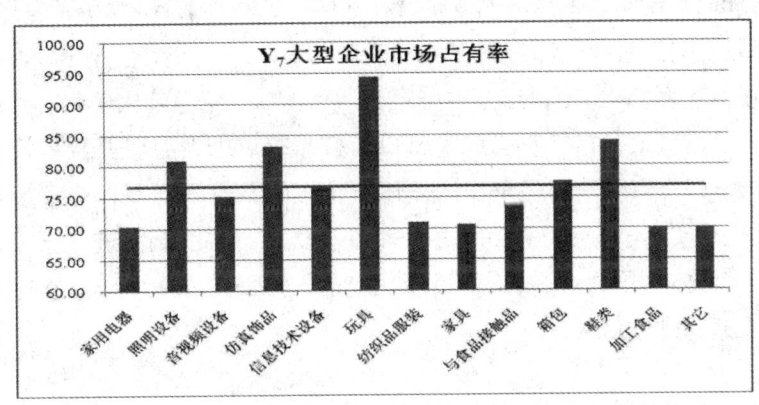

图5-2　大型企业出口市场占有率得分情况

进一步分析大型企业出口市场占有率增加所带来的正面影响,可看出,2016年就业规模均值为79.74,相比上年的80.49有所降低。其中,仿真饰品行业得分最高,为81.52,信息技术设备行业次之,为80.93,说明行业内大型企业数量的增加直接带来就业人数的增长,促进就业规模的扩大。而家具、加工食品、箱包等传统行业,企业发展空间小,行业内从业人数难以大幅度增加,如图5-3。

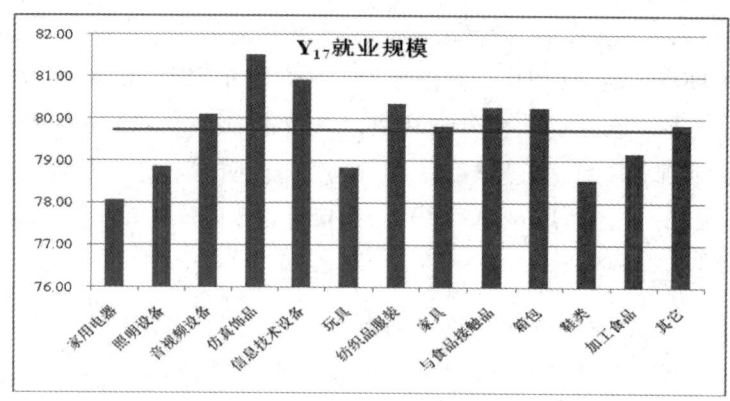

图 5-3　就业规模指标得分情况

4. 行业宏观质量评价得分较低的指标

宏观质量评价是国民经济整体质量评价,技术层面是由行业质量构成的,对13个行业的宏观质量评价中得分较低的指标进行梳理,能够反映出口消费品13个行业所存在的问题,进一步折射出广东经济整体质量存在的问题。2016年度宏观质量评价结果与微观质量评价相似,得分较低的指标也是相对较为集中,这也说明广东出口消费品行业存在共性问题,同时也说明广东经济整体质量存在的问题。如表5-5所示,在宏观质量评价中,得分率较低的三级指标都集中在大型企业比重(Y_1)、大型企业出口集中度(Y_5)、大型企业市场占有率(Y_7)、出口市场占有率(Y_{12})、出口自主品牌比例(Y_{13})、企业专利量(Y_{14})等指标上,这些低分指标说明广东出口消费品行业中大型企业数量较少且市场占有率较低,此外,还重点反映出广东经济整体质量中的共性问题是行业市场竞争力水平较低,不论是在现实竞争力还是潜在竞争力都缺少优势,因此,若需进一步提升宏观质量水平,需从提升整体竞争力着手,提升行业、企业技术水平,鼓励行业、企业进行技术创新,加大技术创新支持力度。

表 5-5　宏观质量评价中得分较低的指标

低分指标 行业	得分率较低的三级指标
家用电器	大型企业出口集中度(Y_5)、大型企业市场占有率(Y_7)、出口自主品牌比例(Y_{13})、企业专利量(Y_{14})
照明设备	大型企业比重(Y_1)、出口市场占有率(Y_{12})
音视频设备	大型企业比重(Y_1)、出口市场占有率(Y_{12})
仿真饰品	大型企业比重(Y_1)、大型企业市场占有率(Y_7)、出口自主品牌比例(Y_{13})、企业专利量(Y_{14})、企业专利量(Y_{14})
信息技术设备	大型企业市场占有率(Y_7)、出口自主品牌比例(Y_{13})

续表

低分指标 行业	得分率较低的三级指标
玩具	大型企业比重(Y_1)、出口市场占有率(Y_{12})、出口自主品牌比例(Y_{13})、企业专利量(Y_{14})
纺织品服装	大型企业出口集中度(Y_5)、大型企业市场占有率(Y_7)、出口自主品牌比例(Y_{13})
家具	大型企业比重(Y_1)、大型企业出口集中度(Y_5)、大型企业市场占有率(Y_7)、出口市场占有率(Y_{12})
与食品接触品	大型企业比重(Y_1)、大型企业出口集中度(Y_5)、出口自主品牌比例(Y_{13})、企业专利量(Y_{14})
箱包	大型企业市场占有率(Y_7)、企业专利量(Y_{14})
鞋类	大型企业比重(Y_1)、大型企业出口集中度(Y_5)、出口市场占有率(Y_{12})、出口自主品牌比例(Y_{13})、企业专利量(Y_{14})
加工食品	大型企业比重(Y_1)、大型企业出口集中度(Y_5)、大型企业市场占有率(Y_7)、出口市场占有率(Y_{12})、企业专利量(Y_{14})
其他	大型企业出口集中度(Y_5)、出口市场占有率(Y_{12})、企业专利量(Y_{14})、术创新水平(Y_{15})

三、对策建议

政府监管是市场经济能够有效运行所必需的制度条件,必须随着技术进步和市场竞争格局实时进行调整。对于中国出口消费品质量而言,推动现代监管体系的建设,理清政府与市场的关系,明确政府监管职能,改进政府监管行为发挥着十分重要的作用。针对广东出口消费品的主要质量问题,以下从微观和宏观两个层面提出相应的政府监管策略和建议。

(一)针对微观质量问题的监管策略和建议

在微观层面上,广东出入境检验检疫局必须关注企业守法和诚信状况、企业生产合格产品的能力,通过采取积极有效措施进一步强化企业作为产品质量第一责任人的责任,推动质量进步,为出口企业提供优质服务,具体措施如下:

1. 强化检验和监管措施,严厉打击质量不端行为

2016年质量评价发现,目录内企业质量水平明显高于目录外企业,受监管情况是制约出口消费品质量的重要因素,因此加强检验检疫部门在出口消费品质量把关上的作用不言而喻。检验检疫部门应加大监管力度,打击假冒伪劣行为,杜绝假冒认证、骗取检验检疫单证现象发生,淘汰落后出口企业,维护行业整体形象。

一是有重点地加强日常监管和检验,强化属地管理。打击制假和偷工减料行为,打击出口消费品产品的逃检、买卖单证等不法行为,切实保证出口产品质量。检验检疫部门严格落实辖区打假责任制,切实做到早发现、早打击、早控制。加强督查督办,加大对

大案要案和区域性制假活动的打击力度,严肃追究辖区打假不到位责任。

二是梳理、补充和规范法定检验消费品目录。从2016年检验情况来看,部分非法定检验消费品的质量问题突出,然而检验检疫机构对这类出口消费品依法实施检验仍缺少充足依据。针对目录外产品实施专项检测,将检测存在较多不合格问题的目录外消费品列入表内监管,减少不合格产品流出国门机率,维护广东出口消费品声誉。为遏制假冒伪劣生产源头,应加大目录外产品抽查范围、规模和次数,对未提请当地政府协调整治本地区制假售假活动,导致区域性、规模性制假售假活动蔓延,造成严重后果的,要追究直接责任人、主管负责人乃至主要负责人的责任。

2. 提升检验服务水平,提高产品质量检验能力

"服务型政府"是社会主义市场经济下政府改革发展的必然趋向,检验检疫部门应树立服务意识,变"监管"为"服务",并落实到实际工作之中。

一要提供全面的产品技术标准的咨询服务和技术保障服务,加强对海外技术标准、法规和措施的跟踪,使出口企业能及时得知各进口国最新的质量检测标准的变动,指引企业采用国际最新检测方法,为产品顺利进入目标市场提供强有力的技术保障。

二要简化检验流程,提高检验效率。检验检疫部门要从检验流程入手,探索出口货物检验检疫业务新模式,调整、简化出口消费品检验检疫业务流程,取消或合并不必要的监管事项,使流程呈现"并联式"的处理关系,缩短检测周期,提高监管效率,进而减少出口企业在时间、资金、人员等方面的成本付出。

三要提高检验技术水平,降低出口企业检验成本。在检验技术层面上,加强实验室建设,加大检验设备和专业人才的投入,提高检验技术水平和检出效率;并采取必要措施,降低检测费用,尽量减少破坏性试验检测,减少企业成本。

四要提升检验检疫部门产品质量检验能力。首先要对国家级质检中心和省级机构要进一步加大监督抽查、生产许可工作的任务支持,组织实施食品、建材等检验能力提升项目,同时促进国家级、省级机构建设完善重点实验室。其次要加强技术人员的培训,培养技术骨干,尤其是培育高水平的领军人才,打造质检人才高地。最后对具备条件、能力较为突出的地方质检机构要给予工作任务、能力提升和国家质检中心建设的倾斜支持。

3. 鼓励企业建立顾客服务机制,提升企业顾客满意度

质量是前提,服务是保障。提高服务质量是产品质量的重要环节,有利于提升企业顾客满意度,树立我国出口企业良好的市场形象。出口企业须全面贯彻以市场为中心,不断提高顾客服务质量的思想,以满足顾客需求。建立以顾客需求为导向的服务机构和制度是完善企业出口市场服务与控制的必要手段。针对企业出口市场的服务和控制手段缺失的现状,检验检疫部门应鼓励树立顾客至上的影响理念,营造"质量为本、顾客至上"的企业文化,建立和完善顾客服务系统,大力推进全面服务质量管理。

一是要鼓励出口企业建立海内外顾客服务机构,并鼓励企业建立"以客户为中心"的客户服务支持系统和以顾客需求传递机制、服务协同机制、投诉建议机制三位一体的顾客服务体系。

二是要鼓励出口企业建立海内外顾客服务制度。检验检疫部门要引导企业建立起一套以"客户导向、职责明晰、精确管控、系统保障"为基本导向,以海内外顾客服务职责体系、规范制度、考核办法等为基本内容的过程管理制度体系。

三是要鼓励出口企业建立顾客满意度评价体系。把客户满意度评价纳入质量管理体系,定期测评和发布顾客满意度结果,能够使政府相关部门和企业更好地了解消费者感受,有针对性地加强质量管理工作,促进企业持续改进产品服务质量。

4. 贯彻执行社会责任国家标准,增强企业社会责任意识

党的十八届四中全会明确提出将社会责任立法作为依法治国的一项重要任务,2015年6月,国家质检总局、国家标准委联合发布以"36000"数字为系列的社会责任国家标准,即 GB/T 36000 – 2015《社会责任指南》、GB/T 36001 – 2015《社会责任报告编写指南》、GB/T 36002 – 2015《社会责任绩效分类指引》。这正是按照全面依法治国战略布局的精神,以统一的标准来引导和规范企业社会责任管理工作。检验检疫部门一是要尽快结合本省实际情况,制定和完善与企业社会责任标准相关的法律法规制度,出台促进和推动企业履行社会责任的政策文件;二是要加强推广和宣传,以国标 36000 为基础,引导各个行业基于国家标准制定、完善行业社会责任指南;三是建立相应的企业社会责任绩效评价指标体系,对企业的社会责任管理水平和履责情况进行绩效评价,坚持赏优罚劣,对很好地承担社会责任的企业,应给予评比表彰,做得不好的应严厉处罚,进而建立公平合理的市场秩序。

此外,增强企业社会责任意识,检验检疫部门要加快建设统一社会信用代码数据库,建立以统一社会信用代码为标识、以物品编码为手段的质量信用信息平台,并建立和完善企业诚信评价体系,完善诚信体系建设,评选宣传诚信企业和建立不诚信企业"黑名单",定期公布企业的诚信状况。还要建立不合格商品质量定期通报制度,让社会公众及时了解质量信息,为合法经营、注重质量、注重品牌建设的企业提供良好的生存、发展环境。

5. 加强质量标准和法律法规宣传力度,建立信息交流平台

出口消费品涉及的国家多,对其输往国检验标准及有关法规信息的搜集尤为重要。然而,企业信息来源渠道狭窄,信息的时效性、准确性、完整性得不到保证,只能被动应付。因此,检验检疫部门要利用自身优势为出口企业提供有关信息、资料,帮助其正确理解进口国相关技术标准和措施,以便于企业及时调整策略,采取措施规避风险。

首先,加快建设跨部门、跨行业的消费品质量信息公共服务平台,构建质检特色的政

务信息网络,广泛收集国外技术法规标准信息及相关法律法规政策,及时将有关国内外法规信息反馈给企业,便于企业采取措施规避风险。

其次,要加大宣传力度,尤其是要加强对中小企业的宣传;组织编写相关国内外技术法规、标准及检验检测结果判定方面的书籍,形成宣传专册,并使出口企业在掌握国外的技术规范要求基础上,改进质量管理措施,逐步建立完善质量管理体系。

6. 充分发挥行业协会、中介组织作用,加强行业协会沟通

行业协会作为"现代社会组织三大支柱"之一,在企业诚信自律、标准推动、技术交流、沟通政府关系等方面起重要作用,是成熟完善的市场经济体制的组成部分。2016 年质量评价显示,三级指标行业协会 Y_{20} 的得分为 84.14, Y_{20} 均值相较上年虽有所提高,但各个消费品出口行业的行业协会组织还是未充分发挥其应有的效用。实际走访调查中发现,2016 年目前 13 个行业地方组织并不健全,一些已建立有行业协会的地方覆盖企业有限,企业对行业协会评价不高。从热点问题调查,企业对行业协会在提升产品质量重要性的态度可看出,不论在区域分布、行业情况还是企业规模上横向比较,企业认为行业协会在提升产品质量上发挥的作用"不重要"和"不太重要"的比例都是最高的。

因此,必须采取措施,发挥行业协会及中介组织机构在质量进步方面的作用,将检验检疫部门应从繁杂的事务性工作中摆脱出来,专注于在经济安全、市场秩序及宏观质量的监管及服务。首先,要支持按行业及区域建立健全行业协会,积极完善其内部制度,使其发挥服务企业、服务政府的职能;其次,要加强与行业协会的沟通,通过行业协会及时了解行业动态和祈求,通过行业协会向企业宣传检验检疫部门的政策、工作重点,以及企业关注的技术标准;最后,要加强对中介组织的管理,检验检疫部门可把部分检测工作交给第三方中介机构,亦可通过对中介组织的业务指导和监管达到监督企业出口消费品质量的目的。

(二)针对宏观质量问题的监管策略和建议

基于质量与经济安全的关联性,广东出入境检验检疫局作为政府职能部门,在宏观上必须关注市场秩序,如行业性的质量状况、广义质量领域、进出口领域等,收集和分析各种可能影响经济安全和总体质量的因素。根据 2014—2105 年检验检疫中发现的问题和调查评价结果情况,建议省政府把促进广东出口消费品质量进步作为一项战略目标来实施,支持检验检疫建立出口消费品质量评价制度和科学检验监管机制,支持检验检疫建立高水平实验室并以此为核心的公共服务平台,具体措施如下:

1. 推进法治质检建设,提升依法行政的政府监管形象

作为维护外贸经济秩序、保障进出口产品质量安全的执法机构,广东出入境检验检疫局牢固树立"科学监管、执法监管、质量监管和技术监管"四个监管理念,以执法稽查为

工作抓手,当好进出口领域的"质量警察",全面深入推进法治质检。十八大以来,中央对加强自身建设提出了一系列新要求,质检部门要深化质检建设,在抓好常规工作的同时,着力改作风、树形象。具体来说,包括以下几点:

一是加强法治质检建设,进一步树立刚正廉明的依法行政形象。应当建立法治质检建设评价指标体系,在全省质检系统组织开展法治质检建设评价考核工作;要开展法治文化年、依法行政示范单位创建和法治工作创新活动,强化法治理念、法治思维。二是深化科技质检建设,进一步树立科学权威的技术执法形象。2015 年,科技质检建设着重贯彻落实创新驱动发展战略,更加注重协同创新,突破重大技术瓶颈,取得科技质检的巨大成功。三是深化和谐质检建设,进一步树立可亲可信的人民质检形象。建设人民质检,要深入推进质检工作职能转变和改革创新,既要坚定履行维护人民群众根本利益的职能,也要敢于改革那些不适应、不符合现阶段发展形势的职能。

2. 建立和完善出口消费品质量监管制度和体系

国际经验表明,建立相对完善的政府监督机制,对出口消费品质量实施有效监管,能提升为出口企业提供及时的信息反馈、严格的技术把关、科学的风险预防,为出口行业灵活应对国际市场变化、规避贸易风险乃至维护国家经济安全提供有益的决策参考。为此,第一,尽早建立分类管理合格评定体系,制定大类产品的合格评定程序,采用标准方法进行风险分析,建立动态调整机制,并对企业分类别实施动态调整。第二,进一步强化检验检疫扶持措施,建立检企技术协作机制,加快推进国内外标准快速查询、出口产品快速检测、产品认证和工厂检查服务快速实施的服务模式,不断提高协作和服务工作效率。第三,建立质量风险预警机制,及时将有关国内外法规信息反馈给企业,同时从企业得到最新产品的有关信息,尽早研究国外的技术壁垒,有针对性地指导企业调整生产经营策略,提前做好相关的防护措施,建立预警机制。第四,制定和修改标准时注重与国际接轨,加快标准修订工作的步伐。

3. 促进产业结构调整与转型,鼓励企业创新能力提升

一是促进行业结构调整。广东出口消费品产业主要集聚于产业链中游环节,处于价值链"微笑曲线"的底部,以加工贸易组装和 OEM 贴牌生产为主,外贸依存度较高。因此,要鼓励各个出口行业加强技术研发和终端市场开发,努力向产业链两端延伸;同时,鉴于出口消费品质量的"规模效应",要在技术标准和贸易壁垒动态信息上强化对大中型企业支持,并在政策上给予必要的扶持,形成一批具有一定规模和市场竞争力的行业龙头,拉动产业中游环节的中小企业向"专、精、特、新"方向发展,带动出口消费品产业的发展和升级。

二是推动企业结构优化。出现质量问题较多的是中小型企业,其中多数为非报检企业。因此,在加强对企业非法行为打击的同时,更要注重对超大型企业、大型企业和名牌

企业培植,扶持一些具有自主知识产权名牌企业形成规模,提高出口消费品行业的集中度,进而通过企业间的关联效应,整合上下游各环节资源、聚集产业链优势,进而带动产业组织结构水平提升。

三是鼓励企业创新能力提升。应帮助企业把握相关行业发展趋势、收集国外目标市场的需求信息,指导企业调整产品结构。事实上,12个行业中都有部分企业有生产一流产品的能力,但却缺乏自主品牌和研发能力,检验检疫部门可采取和企业共建的方式,设立产品开发中心,在技术、管理等方面对企业进行支持,帮助企业培养技术人员,促进出口企业的工艺流程升级、产品升级,提升企业的研发和创新能力。

四是引导出口市场多元化。在国外贸易壁垒越来越高,国内市场日趋成熟的条件下,出口市场多元化为企业共识,但长期以OEM为主的经营模式,企业实际上操作起来,困难重重,检验检疫部门为此可为企业提供市场多元化相关指导。

4. 推进传统行业转型升级,提升传统行业出口市场占有率

一是提升产质量与节能减排并重,积极推动节能降耗和资源综合利用,发展低碳模式,这就要促进企业技术创新、采用先进技术工艺,以有效应对贸易技术壁垒,形成以技术、品牌、质量、服务为核心的出口竞争新优势和产业发展新模式,有效地推动地方经济发展方式加快转变。

二是紧密围绕消费需求旺盛、与群众日常生活息息相关的食品、家电、箱包、纺织品、鞋类、家具等消费品传统行业,充分发挥市场机制和企业主体作用,建立政府主导制定标准与市场自主制定标准协同发展、协调配套的新型标准体系,并采用国际标准与国家标准相结合的模式,提高消费品国内国际标准一致性程度,并指导和推动企业实施"同线同标同质"工程,提升国内生产企业的标准运用水平,从而整体上推动国内企业的质量水平,以质量升级推动供给侧结构性改革,夯实质量强国的基础。

5. 强化出口消费品质量战略,引导企业走质量效益型发展道路

在当前国内外对产品质量要求日益提高、国家产业政策调整的大环境下,广东出口消费品行业需从规模增长向质量进步转变,同时努力创新,全面提高出口消费品质量,坚持以质取胜战略。具体来说,主要包括以下:一是加大出口产品质量的宏观控制力度,促进广东出口产品宏观质量的提升;二是建立全面质量评价机制,动态掌握出口产品总体质量水平;三是致力于行业质量提升,设置出口质量奖,开展"中国质量奖"评选表彰,增加出口商品一类企业和免检企业数量,鼓励优质名牌产品出口。四是大力整顿外贸秩序,积极培植和支持出口业绩优良的外贸专营公司;五是建立健全公共服务平台,为广大中小企业提供技术研发、质量评估、质量检测、市场信息等服务。

(本章执笔:华南理工大学法学院邱佛梅 博士生)

下篇　专题探讨

◎热点问题调查结果

◎监督抽查质量报告

◎质量风险评价报告

◎认证认可对出口消费品质量的影响

◎年度质量监管发展报告

第六章　热点问题调查结果

2016 年是"十二五"规划的收官一年,也是政府改革及外贸体制转型的重要年份。本章围绕过去一年广东出口企业对相关政策的关注、对监管部门的期望、对出口前景的看法等热点问题,了解企业的看法。与上年度调查内容有所不同,本年度的问卷问题包括"互联网 + 检验检测"、供给侧改革、"十三五"规划、"一带一路"、监管改革措施成效等内容。

一、年度热点问题

2016 年,我国外贸政策在 2015 年外贸宏观政策大变动的基础上进一步细化、调整,对应总局要求,广东局结合广东的实际情况,开展了一系列改革,强化改革措施落实,如:加快自贸区创新经验推广,将"智检口岸"、第三方采信等改革举措复制推广;完善质量安全风险监测、风险研判、风险预警和风险快速处置体系;加强"一带一路"沿线国家检验检疫密切合作等。针对上述情况,今年设计的年度热点问题及备选项如表 6 - 1 所示。

表 6 - 1　2016 年度调查问卷有关"热点问题"一览表

序	调查问题	备选项
1	对国家质检总局明确提出深化质检体制机制改革创新的了解程度	①十分了解 ②了解一些 ③不了解
2	对质检体制机制改革重点事项的意义评价	5 分制,5 分满意程度最高,1 分满意程度最低。
3	"促进供给侧结构性改革,推动中国经济转型升级"对企业质管及发展的影响	①影响很大②影响较大③影响较少④没影响⑤不清楚
4	对 2016 年广东局提出一系列改革措施的了解程度	①十分了解 ②了解一些 ③不了解
5	质检总局在"十三五"规划中提出的质量品牌提升战略对企业的影响	①影响很大②影响较大③影响较少④没影响⑤不清楚
6	对未来国内产品出口影响较大的因素的看法	包括对国际社会对中国制造产品质量的认同度等 12 项(限选四项)
7	企业对检验检疫等监管部门的期望	包括便利通关 等 10 项(限选三项)
8	对未来出口企业应重点做好的工作的看法	①培育自主知识产权②培育自主品牌③开发海外新兴市场 ④开发内销市场

续表

序	调查问题	备选项
9	企业对 2017 年出口前景的看法	分别对美国、欧盟、东欧国家、日本、韩国、东南亚、中东、南美洲国家和俄罗斯等 9 个对象进行评价。5 分制,5 分满意程度最高,1 分满意程度最低。
10	企业认为相关部门/机构对于促进企业提高产品质量的重要性	分别对企业内设质检部门、第三方检验机构、行业协会、出入境检验检疫局和质监局等 5 个部门/机构进行评价。5 分制,5 分满意程度最高,1 分满意程度最低。
11	企业对所接触的检验检疫部门的服务绩效评价	分别就总体表现、服务态度、服务效率、服务针对性、工作人员廉洁性等 5 项内容进行评价。5 分制,5 分满意程度最高,1 分满意程度最低。

二、调查问题的统计结果

(一) 对国家质检总局提出深化质检体制改革创新的了解程度

有 76.68% 的企业人员表示对国家质检总局提出的深化质检体制改革创新了解一些,然而也有近五分之一的人员表示完全不了解,对此十分了解的人员仅 4.13%。总体状况与上一年对国家质检总局提出的深化质检体制改革创新了解程度的调查结果较为相似,都是"了解一些"占了绝大多数,只是"不了解"与"十分了解"的程度都略有降低,分别低于上年 2.57% 与 1.26%。如图 6-1 所示。这意味着检验检疫部门需要进一步加强宣传引导,帮助企业了解最新质检体制改革创新趋势,通过加强政企对接提高监管效率。

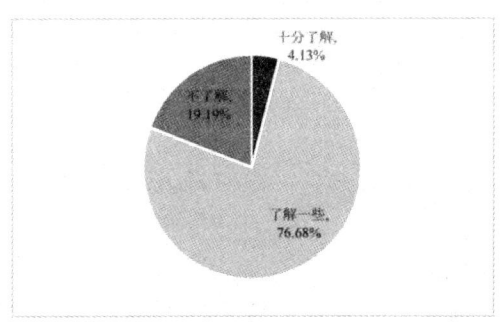

图 6-1 企业对深化质检体制改革创新的了解程度

具体而言,行业结构、企业规模与区域情况之间存在差异。

一是行业情况。各行业企业人员对深化质检体质改革的了解程度差异不大。了解程度较高的三个行业是：家电、箱包和玩具行业，了解程度较低的三个行业是：仿真饰品、鞋类和纺织品行业。与上一年的调查结果有很大不同。上年了解程度较高的三个行业是：仿真、信息技术设备和玩具行业，较低的三个行业是：照明、音视频设和箱包行业。仿真饰品行业从上年第一跌落至末位，而箱包行业从低谷跃至首位，行业对于政策的了解程度在反转。如图 6－2 所示。

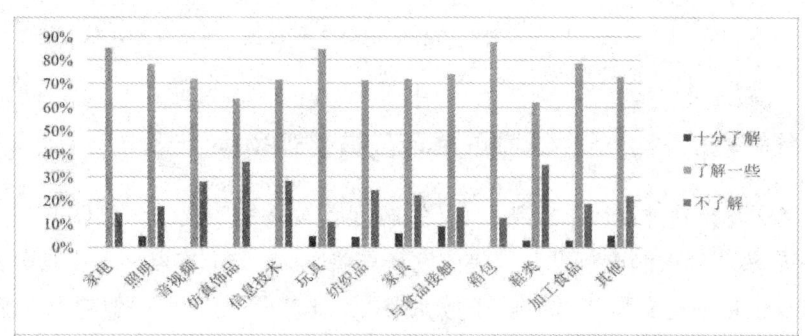

图 6－2　不同行业对深化质检体制改革创新了解程度的比较

二是企业规模。总体而言，大型、中型、中小型和小型企业有关了解程度较为相近，没有与上年一样形成规律性变化。在五个企业规模类型中，中型企业十分了解者比例最高，超大型企业中不了解者占比最高。如图 6－3 所示。

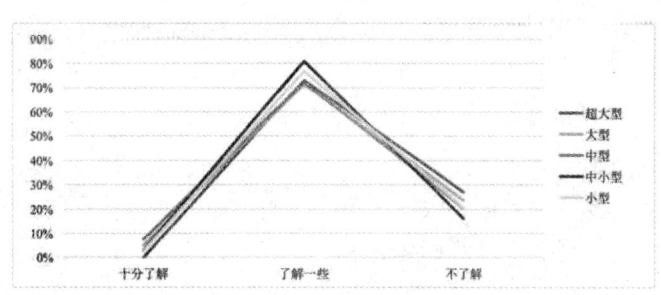

图 6－3　不同规模企业对深化质检体制改革创新了解程度比较

三是区域情况。了解程度并没有明显区域差异。相对而言，粤西和粤北企业了解程度较高，而珠三角和粤东地区了解程度较低。从一定程度上也可以看出，经济发展状态对"企业对深化质检体制改革创新"的了解程度有一定的影响。这种情况与上年正好相反，上年是珠三角、粤东对"深化质检体制改革创新"的了解程度高于粤西、粤北。如图 6－4 所示。

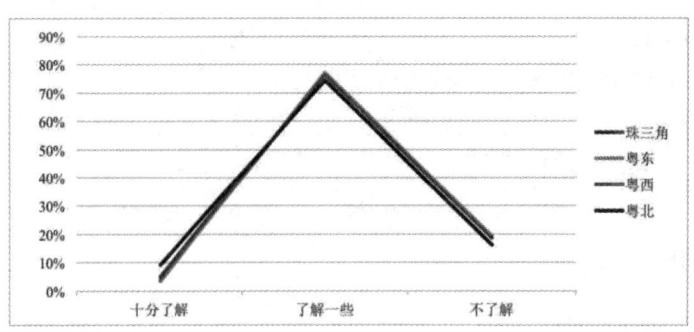

图 6-4　不同区域企业对深化质检体制改革创新了解程度的比较

（二）对质检体制机制改革重点事项的意义评价

企业对"深化质检体制改革创新"意义的态度有较高的一致性。总体上，有 71.64% 的企业认为质检体制机制改革十分重要或比较重要，这在 7 个重点事项中均分别体现出来。7 个重点事项的重要程度（根据"十分重要"、"比较重要"和"一般重要"数据之和）依次为"海外消费者权益保护对企业的重要性"（96.22%）、"提升科研创新水平，促进质检科研成果转化"（95.60%）、"推进'互联网 + 检验检测'服务模式创新"（95.40%）、"推动检验检测机构深化改革，推进行政法规立法"（95.02%）、"提升口岸检测能力，推进检验检测技术联盟建设"（94.47%）、"强化质检科普效果，深化作风建设"（94.32%）和"加快制定《消费品安全法》对企业的重要性"（94.02%）。与上上一年对质检体制机制改革重点事项的意义评价相比，上年选取的五个重点事项其重要程度均在 95% 以上，而 2016 年选取的七个重点事项，其重要程度则保持在 94% 以上，略有降低。见图 6-5 所示。

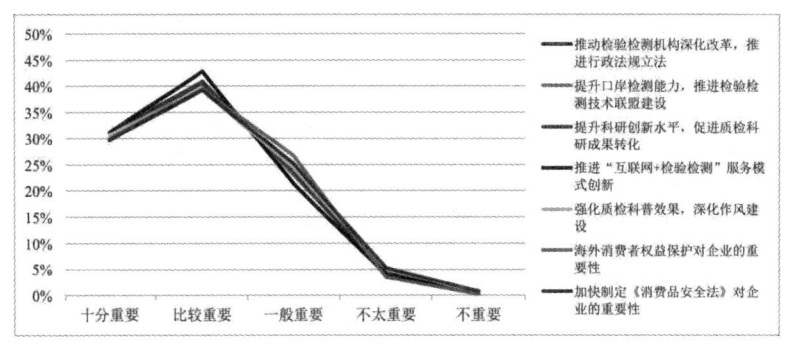

图 6-5　企业对深化质检体制改革创新的意义评价

（三）"促进供给侧结构性改革，推动经济转型升级"对企业质管及发展影响

超过八成的企业认为"促进供给侧结构性改革，推动中国经济转型升级"对企业质管及发展有一定的影响，明显高于上年深化质检体制机制改革创新对企业质量管理及发展

的影响程度(上年这个比例为七成)。其中,有 7.38% 企业认为"促进供给侧结构性改革,推动中国经济转型升级"对企业质管及发展的影响很大,52.22% 的企业认为"促进供给侧结构性改革,推动中国经济转型升级"对企业质管及发展的影响较大,然而也有 17.73% 的企业认为"促进供给侧结构性改革,推动中国经济转型升级"对企业质管及发展的没影响或不清楚,较上一年的比例有所降低(上一年认为没影响和不清楚的比例为 23.66%)。如图 6-6 所示。

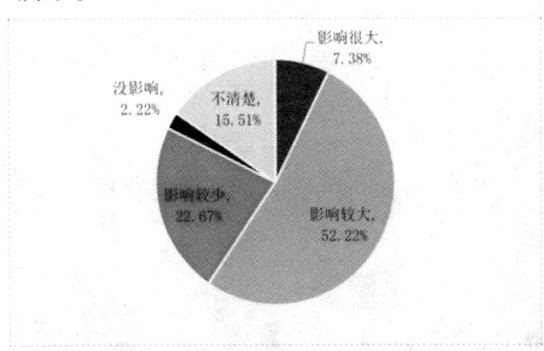

图 6-6 "促进供给侧结构性改革,推动中国经济转型升级"对企业质管及发展的影响

具体而言,行业结构、企业规模与区域情况之间存在差异。

从行业结构分析,如图 6-7。"促进供给侧结构性改革,推动中国经济转型升级"对企业质管及发展的影响在各个行业并没有体现明显的差异,企业普遍认为"促进供给侧结构性改革,推动中国经济转型升级"对企业质管及发展有影响,此种情况与上一年深化质检体制改革创新对企业质量管理及发展的影响的情况基本类似。相比之下,"促进供给侧结构性改革,推动中国经济转型升级"在玩具、纺织品、箱包和家电四个行业有较大影响,而上年"深化质检体制改革创新"在信息技术、玩具、家具和鞋类等四个行业有较大的影响。由此可见,政策差异对行业影响的程度亦不同。

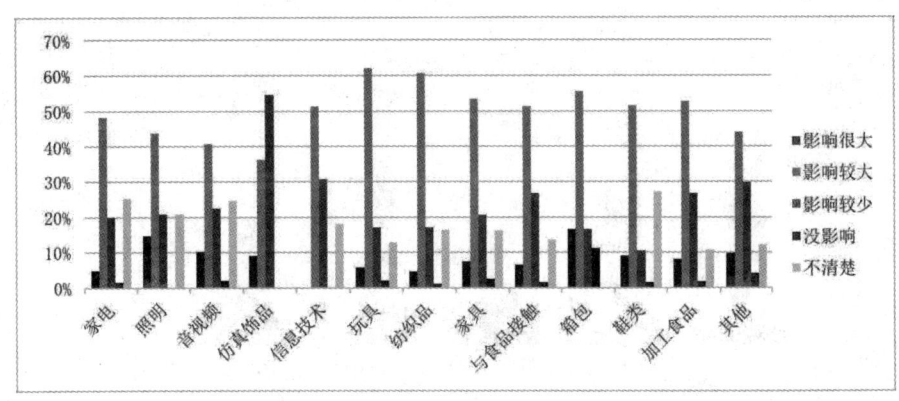

图 6-7 "促进供给侧结构性改革,推动中国经济转型升级"对不同行业的影响

从区域分布来看,如图6-8。"促进供给侧结构性改革,推动中国经济转型升级"在各个区域的影响总体上比较相似。具体而言,珠三角企业认为"促进供给侧结构性改革,推动中国经济转型升级"对企业质量管理及发展产生较大影响的占54.09%,位居同类比例的首位。上年,粤北地区位居首位,可见不同政策对不同区域产生的影响也略有不同。此外,尽管珠三角大部分出口企业认为"促进供给侧结构性改革,推动中国经济转型升级"对其有影响,但是仍有1.81%和13.93%的企业表示没影响和不清楚。

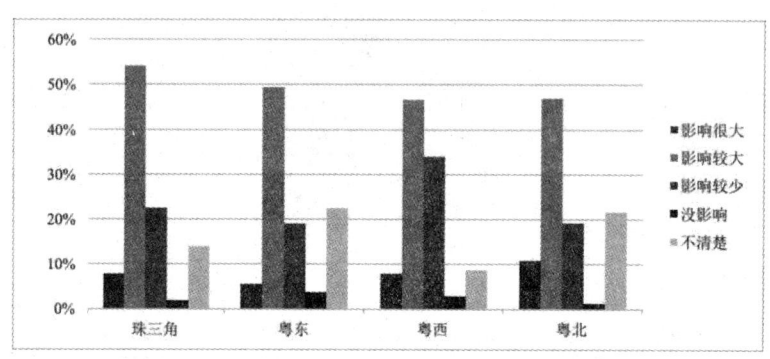

图6-8 "促进供给侧结构性改革,推动经济转型升级"对不同区域的影响

从企业规模看,如图6-9。随着企业规模的缩小,"促进供给侧结构性改革,推动中国经济转型升级"对企业的影响愈加明显,而在各个规模的企业中,都存在小部分企业完全不受"促进供给侧结构性改革,推动中国经济转型升级"的影响。中小型企业认为"促进供给侧结构性改革,推动中国经济转型升级"影响很大和影响较大的比例最高,而小型企业认为"促进供给侧结构性改革,推动中国经济转型升级"没影响的比例最高。这一情况与上一年企业认为深化质检体制改革创新的影响正好相反,上一年超大型企业认为没影响的比例最高,这一情况表明不同政策在不同规模企业间的影响不同。

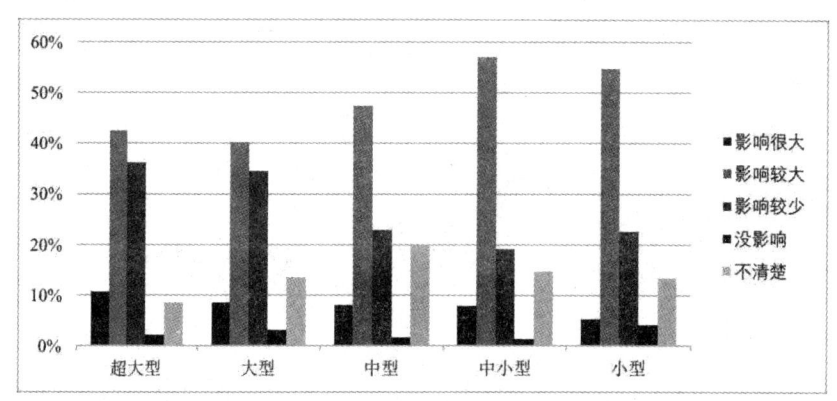

图6-9 "促进供给侧结构性改革,推动中国经济转型升级"对不同规模企业的影响

(四)对广东局提出一系列改革措施的了解程度

从调查结果来看,整体而言,超过九成以上企业对广东局提出一系列的改革措施有所了解(不到一成的企业表示不了解)。具体到对广东局提出的一系列改革措施的了解程度(以企业认为十分了解以及了解一些的数据作为参考),五项措施的了解程度排序为:完善质量安全风险监测、风险研判、风险预警和风险快速处置体系;推动高端服务业聚集,促进南沙自贸区与国际对接;加强"一带一路"沿线国家检验检疫密切合作;加快自贸区创新经验推广,将"智检口岸"、第三方采信等改革举措复制推广;打造粤港澳合作新平台,推进粤港澳检验检测认证合作。如图6-10所示。这一定程度上意味着广东局一系列改革措施的宣传与实施情况均取得良好成效,在企业中得到广泛认可。

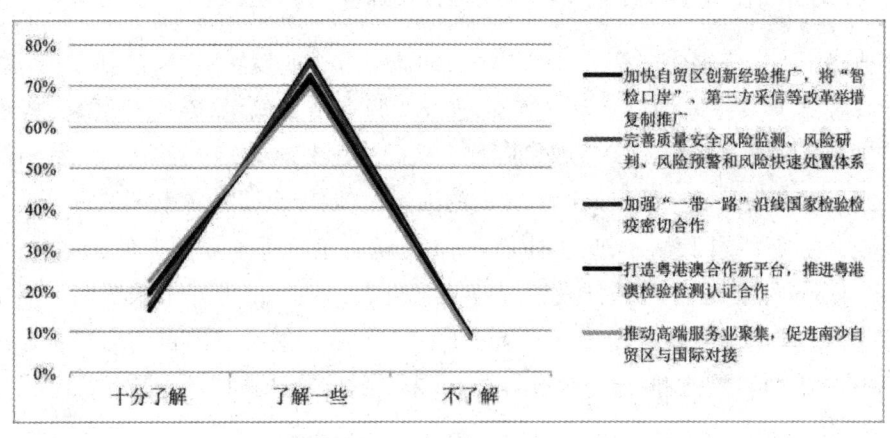

图6-10 企业对广东局五项改革举措的了解程度

(五)质检总局在"十三五"规划中提出的质量品牌提升战略对企业的影响

调查结果显示,有85.71%的企业认为质检总局在"十三五"规划中提出的质量品牌提升战略对企业有一定的影响,只有14.29%的企业认为无影响或对策不清楚。上一年对消费品质量安全风险快速预警系统和质量追溯体系对企业的影响调查结果显示,有超过七成(72.07%)的企业认为该体系对企业有影响,而近三成(27.93%)的企业认为无影响或对此不了解,今年质量品牌提升战略对企业的影响明显较大。这意味着质量品牌提升的战略定位及其实施在企业层面的影响效应正在逐渐显现。

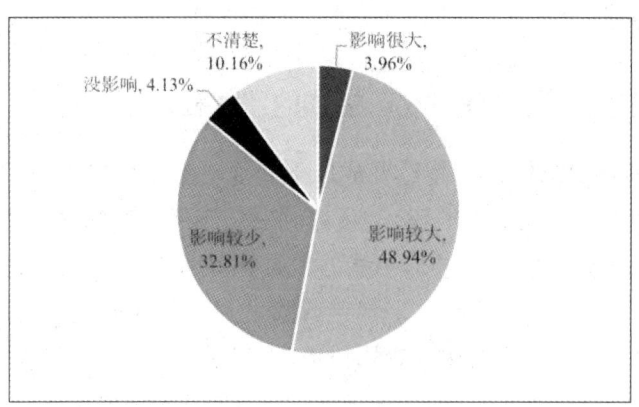

图6-11 质量品牌提升战略对企业的影响

(六)对未来国内产品出口影响较大的因素的看法

企业对影响未来国内产品出口因素的预期体现了企业发展中对市场环境的需求,亦是政府有必要关注并进行加强和改善的地方。调查结果显示,在企业看来,成本增加(80.62%)、人民币升值(58.30%)、国际社会认同度(43.54%)和劳动力短缺(31.73%)等四方面是对未来国内产品出口影响较大的因素,这四项也同样是上年调查中认为对出口影响较大的最主要因素。除此之外,部分企业认为出口退税政策调整、专业技术人员缺乏、出口质量标准提升、市场开发情况等因素也在一定程度上对未来国内产品出口产生影响。调查结果与上一年度相近。如图6-12所示。这反映出目前出口企业的短板主要集中在成本问题和国际质量声誉等方面,未来的监管和扶持政策应重点关注这部分的问题。

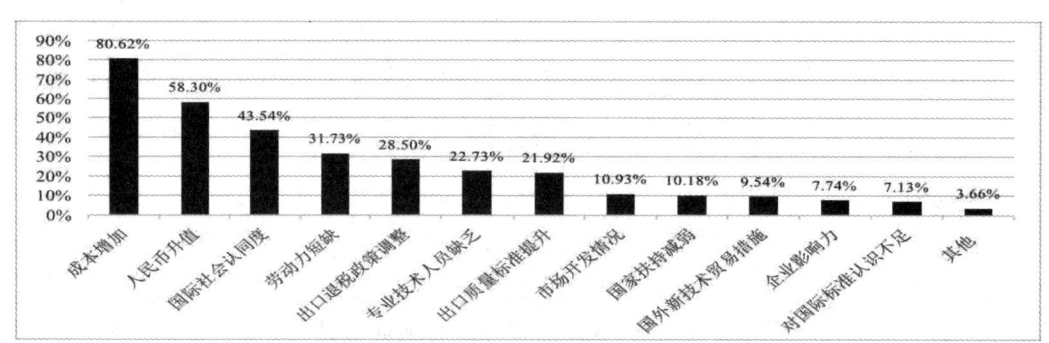

图6-12 对未来国内产品出口影响较大的因素的看法

(七)企业对检验检疫等监管部门的期望

企业普遍认为,检验检疫等监管部门在便利通关(73.31%)、简化检验手续(71.89%)、降低相关费用(34.52%)、删去不必要法检商品目录(32.89%)等四个方面存在较大的改进空间,和上年结果一致。此外,亦有20.79%的企业认为监管部门有必要加强质量标准及法规宣传,19.67%的企业认为有必要提高服务效率及针对性。对规范行业协会和中介组织(8.95%)、严惩不端质量行为(7.39%)、改进服务态度(3.02%)及其他(1.19%),企业的期待程度较低。企业对检验检疫等监管部门的期望总体与上年持平。如图6-13所示。

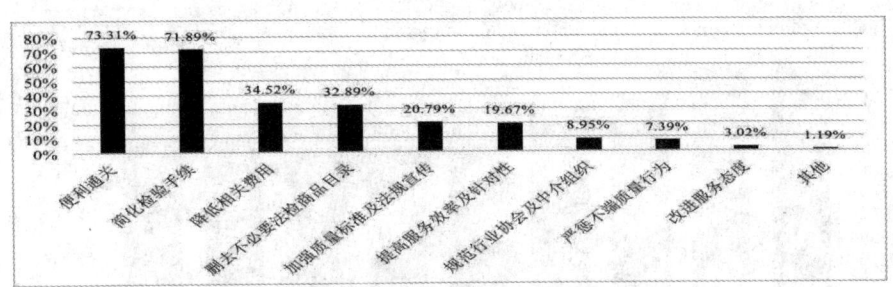

图6-13 企业对检验检疫等监管部门的期望

(八)对未来出口企业应重点做好的工作的看法

对未来应重点做好的工作,39.13%的企业认为应重点做好自主品牌培育,较上年低了2个百分点。27.63%的企业认为应重点做好海外新兴市场开发,24.91%的企业认为应重点做好自主知识产权的培育,这两项指标略高于上年,仅有8.33%的企业认为应重点做好内销市场的开发,与上年基本持平。如图6-14所示。这个结果反映出口企业的自主品牌意识正在提高,检验检疫等监管部门应进一步加强对自主品牌培育扶持和政策引导,通过推动企业自主品牌建设促进质量水平的提升。

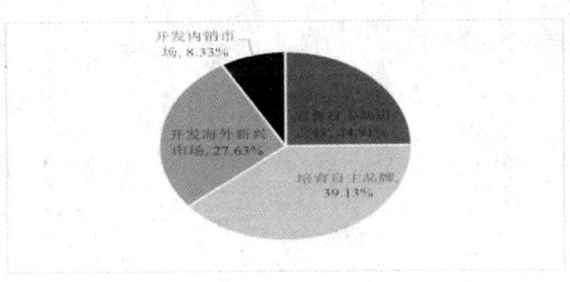

图6-14 对未来出口企业应重点做好的工作的看法

（九）企业对 2017 年出口前景的看法

企业对主要出口市场前景的判断反映企业信心及资源配置的方向。调查表明,企业对主要出口市场 2016 年出口前景的期望均值为 3.13(5 分制,其中 5 分表示"非常好",4 分表示"比较好",3 分表示"一般",2 分表示"不太好",1 分表示"不好"),略高于上年(3.07 分)。总体上企业对出口市场前景持"一般"态度,与上年持平。在类别市场方面,前三名仍为欧盟、美国、东南亚,其期望均值分别为 3.39、3.39、3.30。

进一步分析,从区域情况看,如图 6 – 15 所示,广东地区四大区域的企业普遍看好美国、欧盟、东南亚市场,不看好日本和韩国市场。调查结果基本与上一年度相同。

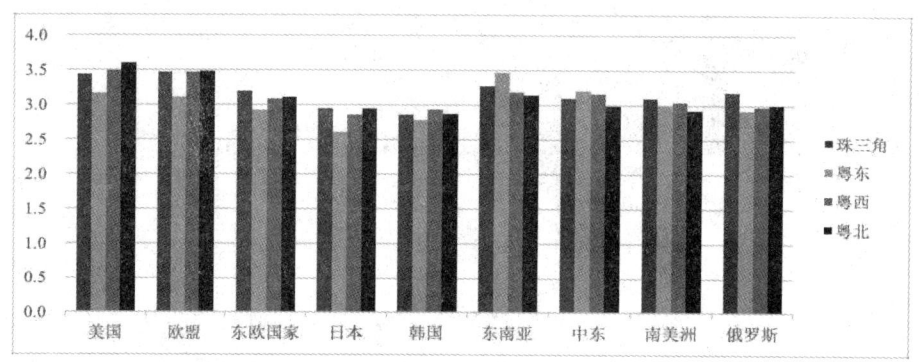

图 6 – 15　不同区域企业对主要出口市场 2016 年出口前景的看法

从企业规模看,由图 6 – 16 可看出,超大型企业对各个出口市场的预期远高于其他规模,与上年不同,企业规模呈现规律性变化。从出口市场看,与上年相同,企业普遍最看好的仍是欧盟及美国市场。与上年相比,各类规模的企业对各类出口市场的预期都有所提高,大型企业对市场前景的预期相比上年有显著的提高。

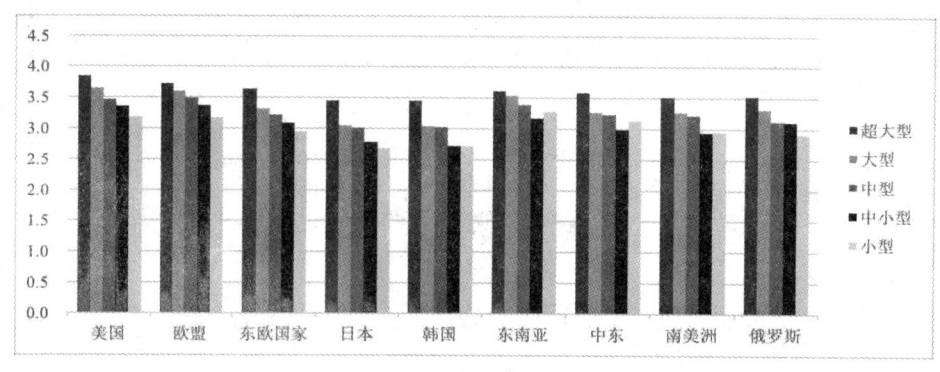

图 6 – 16　不同规模企业对主要出口市场 2016 年出口前景的看法

1. 美国和欧盟市场

出口企业对美国和欧盟市场的年度出口前景预期较好,以 5 分制衡量,美国市场和欧盟市场评价得分均值均为 3.39,其中美国市场较上一年 3.48 略有降低,而欧盟市场较上一年 3.33 则是略有提高。同时,"非常好"和"比较好"的企业比例均超过 40%,预期"一般"的企业比例均在 40% 左右,但也有超过一成企业倾向于负面评价。总体上,出口企业对欧美市场前景较有信心,与上年情况差异不大。如图 6 – 17 所示。

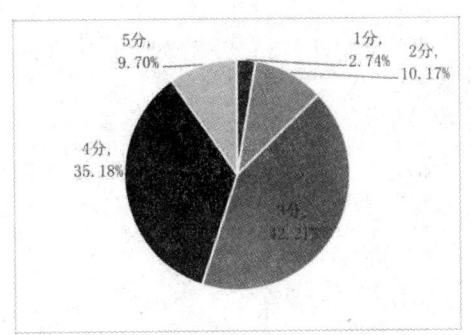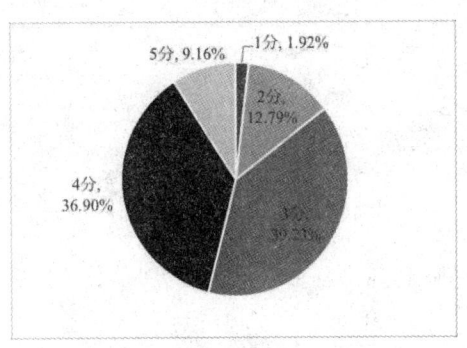

(a)企业对出口美国市场前景评价　　　　(b)企业对出口欧盟市场前景评价

图 6 – 17

2. 日本和韩国市场

企业对日本和韩国市场的出口前景较不看好。以 5 分制衡量,日本市场评价得分均值为 2.86,与上一年度持平,韩国市场评价得分均值为 2.85,低于上　年度的 2.94 分。受选比例中在"非常好"和"比较好"的企业比例超过 20%,较上年有所上升。预期"一般"的企业均在 45% 左右,较上年降低 2 个百分点。在对所有出口市场前景的预期中,日本和韩国市场在"不好"项中占比最高,与上年一样。如图 6 – 18 所示。

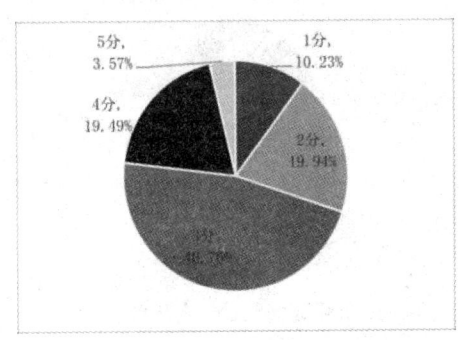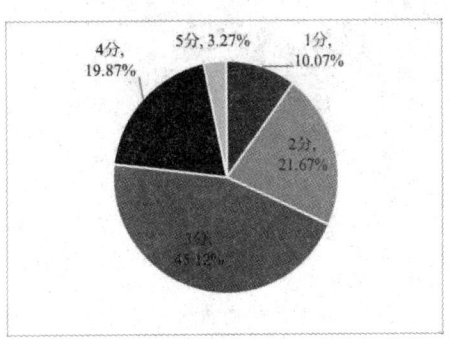

(a)企业对出口日本市场前景评价　　　　(b)企业对出口韩国市场前景评价

图 6 – 18

3. 东南亚和中东市场

企业对东南亚和中东市场的出口前景预期较好,以 5 分制衡量,东南亚市场评价得分均值为 3.30,明显高于上一年的得分(上年得分为 3.11),中东市场为 3.13,略高于上年得分。受选比例在"非常好"、"比较好"和"一般"的企业比例接近八成,可见东南亚和中东市场作为新兴市场,其发展大有后来居上之势。如图 6-19 所示。

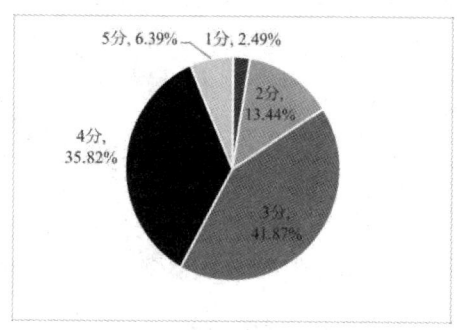
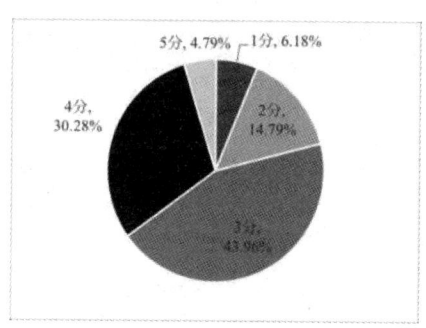

(a)企业对出口东南亚市场前景评价　　　(b)企业对出口中东市场前景评价

图 6-19

4. 南美洲和俄罗斯市场

企业对于南美洲和俄罗斯市场的出口前景预期一般,以 5 分制衡量,南美洲市场评价得分均值 3.06,俄罗斯市场为 3.10,两个市场得分相比上一年都有所提高。受选比例中在"非常好"和"比较好"的企业比例在 30% 左右,而预期"一般"的企业比例在 45% 左右,与上年相比略有下降。如图 6-20 所示。

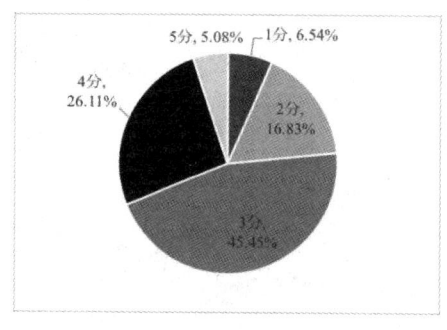
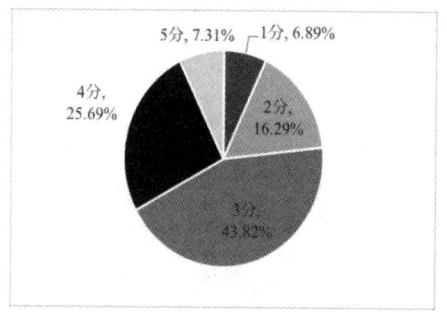

(a)企业对出口南美洲市场前景评价　　　(b)企业对出口俄罗斯市场前景评价

图 6-20

5. 东欧市场

企业对东欧出口市场的前景预期一般,以 5 分制衡量,东欧市场评价得分均值为 3.13,略高于上年得分。受选比例中"非常好"和"比较好"的企业比例为 32.21%,略高于上年,预期"一般"所占的企业比例较大,达 48.25%。如图 6-21。

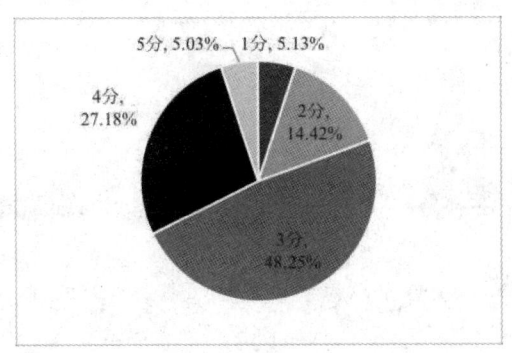

图 6-21 企业对出口东欧市场前景评价

6. 企业对主要出口市场前景评价比较

进一步比较出口企业对主要出口市场的前景评价,评分均值介于 2.85-3.39 之间,两端极值明显均比上年有所降低。其中,美国市场与欧盟市场并列为分值最高的市场,评价最低的是韩国市场,日本以 0.01 的优势位列倒数第二位。其他市场得分排序为东南亚市场、中东市场、东欧市场、俄罗斯市场、南美洲市场。如图 6-22 所示。

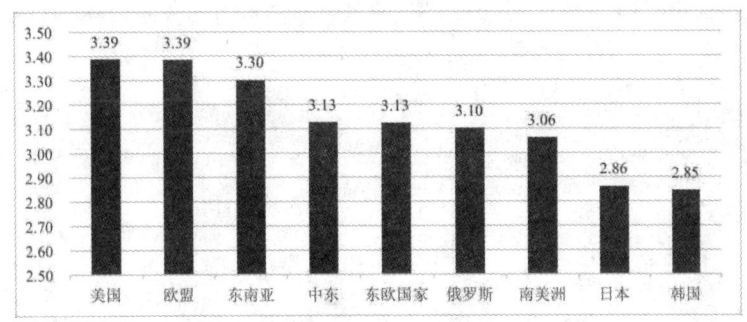

图 6-22 出口企业对主要出口市场前景评价比较

(十)相关部门/机构对于促进企业提高产品质量的重要性

企业自身具有管理上的局限性,质量管理意识不足,管理手段不够完善。因此,为促进企业提高产品质量,需相关部门、机构及第三方力量对其进行监督管理。2016 年,从企业对相关部门、机构促进其提高产品质量重要性这一问题的调查数据中可看出，认为企业内设质检部门对提升质量"十分重要"的占比最高，为62.58%，出入境检验检疫局"十分重要"的比例幅度上升很大，占45.18%，居第二位。如图6-23。

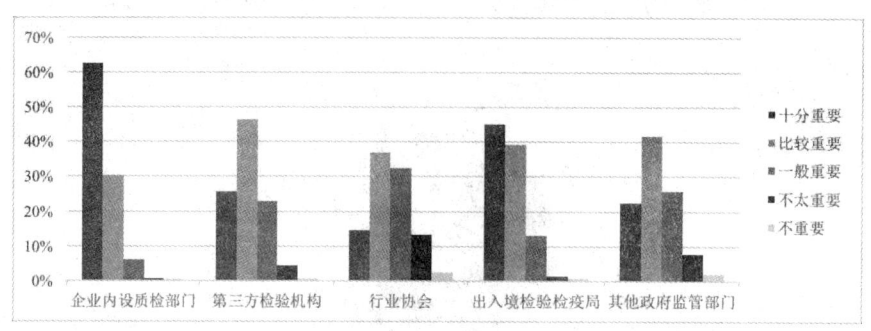

图6-23　相关部门/机构对于促进企业提高产品质量的重要性

（十一）企业对所接触的检验检疫部门的服务绩效评价

检验检疫部门作为进出口企业直接接触的对口部门，为其提供专业的服务，因此，由所服务的进出口企业对该检验检疫部门服务绩效进行评价具有一定的针对性及可靠性。本题共设计五个问题，包括对所接触检验检疫部门总体表现、服务态度、服务效率、服务针对性和工作人员廉洁性的绩效评价；选项分别为"十分满意"、"比较满意"、"一般满意"、"不太满意"和"不满意"。2016年，企业对所接触的检验检疫部门的服务绩效评价整体情况良好，五项评价中"十分满意"及"比较满意"占比之和均在90%以上，其中，工作人员廉洁性、服务态度和服务效率这三项评价"十分满意"占比最高，总体表现和服务针对性次之。详见图6-24。

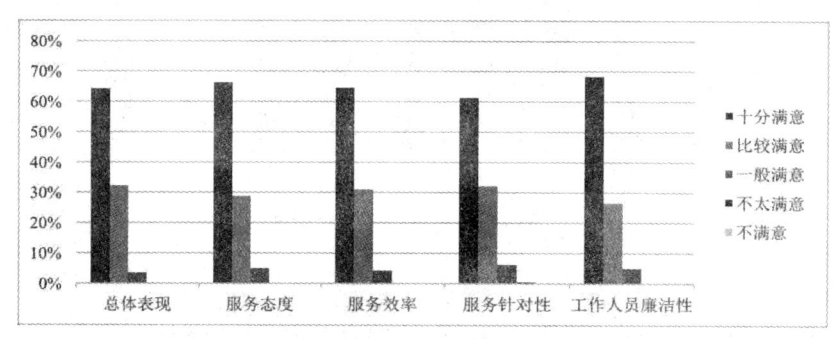

图6-24　企业对检验检疫部门服务绩效评价

（本章执笔：华南理工大学公共管理学院谢良洲　硕士生）

第七章　监督抽查质量报告

对出口商品质量监督抽查是检验检疫部门的法定责任,也是确保出口商品质量的重要手段。2016 年,广东省检验检疫局全面加强检验检疫工作,深化推进"三模式三体系"业务综合改革,在检验检疫机制创新上取得重大进展。全年出入境检验检疫货物总批次为 167.86 万批,货值达 7390.16 亿元,实施货物检验检疫的批次和货值分别占全国检验检疫系统的 18.5% 和 13.3%,总批次占比全国第一。本章根据 2016 年广东检验检疫局相关出口质量分析报告整理所得。

一、出口工业产品退货调查结果

2016 年广东检验检疫局出口工业产品退货共 7038 批,货值约 48231.1 万美元,同比分别增加 8.1% 和 28.8%。其中出口法检退运货物 284 批,货值约 840.9 万美元,分别占总批次、金额的 4%、1.7%,同比分别增长 8.8% 和 49.5%;出口非法检退运货物 6754 批,货值 47390.18 万美元,分别占总批次、金额的 96%,98.3%。退运产品包括机电产品、轻工产品、纺织产品、化矿产品等,其中以机电产品居多,批次 5974 批、金额 45060.4 万美元,分别占总批次的 84.9% 和总金额的 93.4%;轻工产品退货批次 728 批、金额 1968.8 万美元。退运国家和地区以美国、欧盟、日本、香港等国家和地区为主。其中香港地区退运批次 4704 批、金额 34356.6,分别占总量的 66.8% 和 71.2%。法检目录调整后,非法检货物退运的批次和货值占比很大,且退货原因以质量问题为主。

(一) 退运调查情况

1. 出口法检货物退运情况

按退运国家分类。欧盟地区:8 批、26.86 万美元,分别占出口法检退运总批次、货值的 2.81% 和 3.19%;美国:60 批、465.6 万美元,分别占出口法检退运总批次、货值的 21.12% 和 55.37%;日本:4 批、10.02 万美元,分别占出口法检退运总批次、货值的 1.4% 和 1.19%;中国港澳台地区:158 批、244.82 万美元,分别占出口法检退运总批次、货值的 55.63% 和 29.12%;其他国家:54 批、93.57 万美元,分别占法检退运总批次、货值的 19.04% 和 11.13%。

按退运产品类别分类。机电产品:57 批、97 万美元,分别占出口法检退运总批次、货值的 20.07% 和 11.54%;轻工品:199 批、609.58 万美元,分别占出口法检退运总批次、货值的 70.07% 和 72.49%；纺织品：0 批；化工品：2 批、4.02 万美元，分别占出口法检退运总批次、货值的 0.7% 和 0.48%；金属及其制品：0 批；矿产品：0 批；其他货物：23 批、126.37 万美元，分别占出口法检退运总批次、货值的 8.1% 和 15.03%。

按退运原因分类。质量原因：202 批、649.96 万美元，分别占出口法检退运总批次、货值的 71.13% 和 77.3%；贸易原因：4 批、38.1 万美元，分别占出口法检退运总批次、货值的 1.41% 和 4.53%；其他原因：78 批、152.81 万美元，分别占出口法检退运总批次、货值的 27.46% 和 18.17%。

2. 出口非法检货物退运情况

按退运国家分类。美国：499 批、4578.49 万美元，分别占出口非法检退运总批次、货值的 7.39% 和 9.66%；欧盟地区：298 批、1464.1 万美元，分别占出口非法检退运总批次、货值的 4.41% 和 3.09%；日本：390 批、1173.54 万美元，分别占出口非法检退运总批次、货值的 5.77% 和 2.48%；中国港澳台地区：4546 批、34111.74 万美元，分别占出口非法检退运总批次、货值的 67.31% 和 71.98%；其他国家：1021 批、6062.31 万美元，分别占出口非法检退运总批次、货值的 15.12% 和 12.79%。

按退运产品类别分类。机电产品：5917 批、44963.34 万美元，分别占出口非法检退运总批次、货值的 87.61% 和 94.88%；轻工品：529 批、1359.22 万美元，分别占出口非法检退运总批次、货值的 7.83% 和 2.87%；纺织品：81 批、221.55 万美元，分别占出口非法检退运总批次、货值的 1.2% 和 0.47%；化工品：70 批、242.62 万美元，分别占出口非法检退运总批次、货值的 1.04% 和 0.51%；金属及其制品：72 批、330.98 万美元，分别占出口非法检退运总批次、货值的 1.07% 和 0.7%；矿产品：2 批、2.16 万美元，分别占出口非法检退运总批次、货值的 0.03% 和 0.001%；其他货物：33 批、111 万美元，分别占出口非法检退运总批次、货值的 0.49% 和 0.23%。

按退运原因分类。质量原因：5871 批、43024 万美元、分别占出口非法检退运总批次、货值的 86.93% 和 90.79%；贸易原因：253 批、18245 万美元、分别占出口非法检退运总批次、货值的 3.75% 和 3.85%；其他原因：630 批、2542.18 万美元、分别占出口非法检退运总批次、货值的 9.33% 和 5.36%。

3. 出口退货主要特点

2016 年广东局辖区出口货物退运主要有以下几方面的特点：

退运货物以非法检商品为主。2016 年涉及出口法检退运货物 284 批，货值约 840.87 万美元，分别占总批次、金额的 4%、1.7%，出口非法检退运货物 6754 批，货值 47390.18 万美元，分别占总批次、金额的 96%，98.3%。可以看到，法检目录调整后，非法检货物退运的批次和货值占比很大。

退运货物以机电产品为主。在退运货物中，机电产品 5973 批，占总批次的 84.9%；

轻工产品 728 批,占出口商品退运批次的 10.3%。可见退运货物仍以机电产品为主,同时轻工产品也出现了较大幅度的增长,但整体数量仍小于机电产品。

退运国家和地区集中度高,以香港最多。出口退运涉及日本、美国、欧盟、韩国、新加坡、马来西亚、澳大利亚和中国台湾、香港等国家和地区,但以日本、美国、欧盟、香港为主,其中退运商品来自香港的约占总批次的 65%,来自欧盟的约占总批次的 6.2%,来自美国的约占总批次的 9.3%,来自日本的约占总批次的 7%,从上述 4 个地区退运批次约占总出口退运批次的 87.5%。

4. 退货原因

导致出口货物退运的原因主要有以下几个方面:

一是产品质量不符合要求。品质问题是出口产品遭退运的主要原因,约占广东局全部退货批次的 86.3%。由于商品种类繁多,具体问题千差万别,既有进料把关不严造成的问题,也有工艺流程错误导致的问题,还有设计出现的误差。出现品质问题的原因最主要的当然还是企业自身质量管理的问题,企业技术力量、检测能力欠缺,产品检测把关不到位,员工培训不足等等。另一方面,近年来原材料价格上涨、出口退税减少、人工成本增加等各种不利因素导致企业经营的困难,部分企业为降低成本而采用相对低价低质的元器件和原材料,加上未能严格进料质检把关,由此引起产品质量的下降。另外,出口法检目录的调整也是导致企业质量水平下滑的一个因素。法检目录调整后,出口企业生产领域缺乏有效的外部监管,导致在自律水平不高的情况下质量下滑,单纯为追求利润而放弃对质量、安全等的保证。

二是货物包装不符合要求。虽然当前国际贸易中运输条件已不断改善,货物基本上以集装箱运输、机械化装卸为主,但因包装防护问题而导致货物残损的情况仍时有发生,也是出口退货的原因之一。如产品在运输过程中受到振动、碰撞和冲击导致外观出现了刮花变形或者产品结构里的端子、轴承等零部件之间的配合受到一定的影响导致电路板失灵,产品工作时噪音大等问题,又如货物在运输过程受潮、被雨水淋湿等。此外,因包装问题的退货还包括了包装印刷错误、漏装配件、使用说明书不详等情况。这方面问题反映出个别企业对产品包装等细节不够重视,也与企业对国际贸易物流运输的情况了解不足有关,而且多数企业也不具备对运输包装进行跌落、振荡、防水等试验的条件。

三是因保修约定而退运。涉及出口退运的产品中有部分是企业承诺对产品的保修约定而导致的退运,这类产品的出口退运往往是按照贸易协议的要求对消费者使用过产品进行保修。据调查,目前出口电器等产品到欧美港日等地,均需签订保修合约,"质量保证期的约定"从早期的一年质保期到两年质保期,甚至有的国家对部分产品要求提供三年或五年质保期。外贸环境的持续低迷,为迎合客户,生产企业给出保修期亦不断延长导致退运增加。此外,"无条件退货"原则已经成为了欧美地区的主要商业模式,在欧美发达国家,商场对消费者的承诺基本都是"无条件退货",只要消费者愿意退货,商场都必须无条件接受,这在一定程度上增加了出口退货的批次和数量。

四是因不对等贸易条款而退运。在出口退货调查中还发现有一些退运完全与产品无关,而是因国外滞销、收不回货款、误了货期被拒收等商业因素退运的。受美国、欧盟经济发展陷入困境的影响,国外消费市场萎缩,再加上汇率波动等因素,由于客户无力支付货款而被迫退货的批次和金额增加较为明显。此外,原因还包括出口企业对国际贸易规则和国际市场环境不熟悉,不能准确把握市场趋势,造成销售不畅;出口企业急于开拓国际市场,对客户没有进行仔细了解,尤其忽视对客户诚信度的调查,导致发生商业欺诈而被退货等等。

出口产品退运企业大部分是劳动密集型企业。有些企业的产品技术更新缓慢,产品款式和功能老旧,以量取胜。这种微利的盈利模式造成企业对产品技术研发投入非常少,未掌握产品技术要求的主动权,产品质量的话语权都旁落到客户之中,企业对客户的有些无理要求往往敢怒不敢言。有些企业是纯加工企业,如奥林巴斯等日资企业,产品核心技术控制权在国外总公司,本土企业如对产品技术标准掌握不到位,对产品质量的控制水平不够会遭遇退运;如产品需要升级换代,国外总公司考虑到中国人工物流等成本费用,也会要求本土企业对退运产品进行再加工。

(二)典型案例

1. 申报为质量原因的退货案例

案例一:企业自查后主动召回

2016 年 10 月,广东佛山局辖区某公司报检 1 批出口退货黄铜接头,HS 编码 7412209000,退运数量 4159.30 KG,货值 45574.52 美元,用于水暖器材,退货国家为澳大利亚,退运进境口岸为佛山新港。调查发现,原货物出口时间为 2016 年 1 月份,出口数量为 4295.92 KG,出口金额 47185.85 美元,出口口岸为佛山新港,品名黄铜接头,该批货物退货原因:出口企业在质量自查过程中发现黄铜接头管件芯体长度设计不合理,不便于用户安装。出口企业主动向收货人提出召回该批货物,包括已经安装使用的产品,收货人同意后,实施退货。

佛山检验检疫局对该退货案件进行了详细调查。调查得知,该批黄铜接头属于新型设计专利产品,为国内首次生产,首次出口销售,企业自查发现质量问题后,立即采取召回措施积极应对,得到国外客商好评。

案例二:设计不当遭欧洲客户退运

广东南海某电器股份有限公司于 2016 年 3 月在南海三山报关出口至荷兰的一批喷雾器 6348 台,货值 67990 美元。但货物在到达客户发现陆续出现质量问题,主要表现为无法正常关机,故于 2016 年 5 月将该批喷雾器退回该电器公司厂内进行维修。

南海检验检疫局对安检进行了详细调查。调查发现,产品在使用过程中,未到设定停机水位便提前停止工作,不良率在2%。针对以上现象,南海局组织工厂研发人员立即改良电路设计,将他激电路改为自激电路,消除雾化片工作纹波对产品软件的影响,解决雾化片一致性差异大时导致的产品功能不良,在检验监督下,退回的产品全部更换了电路板,检验后全部合格并再次出口。

案例三:出口玩具由于拉力测试不合格而退货

2016年4月11日,东莞厚街某玩具企业向东莞局申报一批从美国退回的玩具产品,货值149613.5港币,退运产品为一塑胶玩具小车,车中坐一个马里奥人偶。企业在报检资料中声明为因车轮转动异常的质量问题而造成退货。东莞检验检疫局派员到企业调查相关退运产品。从被退回产品中随机抽取产品按美国标准检验,发现产品在拉力测试中车轮脱落,车轴形成突起,不符合美国标准导致退运。产生此不合格的原因为车轮中安装车轴的孔过大。

案例四:验收标准不明确遭退运

2016年7月,某出口企业出口西班牙两批次同一货号的布面塑料女凉鞋遭遇退货。退货数量513箱(4208双),货值9134.4美元,客户以"鞋面前掌带条偏松影响穿着性能,与双方确认样品不符"为由将货物退运。企业反映,今年以来欧盟经济形势不乐观,国外客户品牌商预计此款装饰性强的凉鞋市场接纳度不高,所以寻求退运。这批凉鞋返工成本大而且破坏性强,不适合进行技术改进,而且鞋底内垫被印制客户的专用商标,有特定的消费地区和消费人群。虽然双方协议这批凉鞋可转口至非欧盟市场另行销售,但再次销售难度非常大。经当地检验检疫局调查发现,国外客户退货要求得以顺利实施,主要原因在于双方对货物的验收标准不够明确。

案例五:冰箱压缩机因测试条件不同被判质量不合格而被退运

2016年5月,广州检验检疫局受理了1批1549台由泰国退运回来的冰箱压缩机,货值60875.7美元,因质量问题从泰国被退回。经调查,该批产品出厂时按GB/T9098-2008《电冰箱用全封闭电动机 压缩机》要求进行检测,符合中国国家标准要求,而且国内时低电压启动项目采取模拟系统测试。但由于国外收货人的验收标准是采取生产线上全检启动,且采取装机测试,测试要求与国标有所区别,因此启动项目结果有较大差异,因此部分压缩机被作为不良品退回。

案例六:外观不良引发退货

2016年9月,东莞某电子制品公司出口到台湾的一批货物于香港退回,品名为有线耳机用头戴支架塑胶,硅胶制,HS编码分别为8518900090,数量共49箱,货值32237.05美元。申报退货原因为表面有异物、毛边的情况。经现场调查发现,此批货物出口前已经QC确认。审核企业提供的证明材料,包括退货协议书、检验报告、自我声明等,以及进行现场调查了解发现,出现此类问题主要是因为对原材料检验把关不够严格,生产过程中疏忽所致,现将货物退运回工厂,对产品进行全检,清除异物和毛边之后重新出口台湾地区的情况。

案例七：LED 灯管因进料把关不严出现质量问题导致退货

2016 年 6 月，惠州某光电股份有限公司出口至美国的一批 LED 灯管遭到国外退运，入境口岸为深圳蛇口，退运数量为 6908 支，货值为 46974 美元。该批货物退运原因是客户发现部分产品存在闪烁的不良情况导致影响正常使用而退回返工维修。从调查情况分析，该公司生产的此批货物采用的电源适配器是在国内采购的，电源适配器的关键元器件存在的瑕疵，当电压在低于 100 伏使用时，灯管会出现闪烁或不亮等情况，最终影响了 LED 灯管的使用性能。目前该公司已替换了问题电子元器件，并进一步完善了关键元器件的质量管理制度，加大了检验验证的比例，有效提高产品的稳定性，以适应欧美等高端市场对产品的要求。

案例八：加工波音航空连接头电缆由于工艺原因造成退货

2016 年 4 月，东莞某电子科技有限公司于 2016 年 1 月出口至波音公司的接头电缆遭遇退，数量 65 条，货值 11707.8 美元。货物从香港退回。调查发现，货物外观质量符合中国国家标准要求，产品用于波音公司客机的座位上的电子连接线，货物批号、唛头、货号与出口申报相符，实际出口数量与退运数量一致。除了由于装卸造成的少量外包装变形、破损外，未发现其他异常情况。出口前该批货物未进行第三方检测。现场调查发现部分连接器边缘有明显裂口，而造成批退。连接器为铝合金材质，经与公司工程技术人员对产品进行比对测试，确定为安装过程中由于安装操作人员一次性将一颗螺丝锁紧，再锁紧其他螺丝时，造成挤压变型或残损。

案例九：管理存在漏洞导致产品质量存在问题遭退运案例

2016 年 1 月，广东南海某灯具生产加工企业出口至比利时的灯具共 40 箱 1400 个，在客户收到货物后经检验发现存在与标准不符合的问题，并与 2016 年 9 月退回至该灯具厂进行返修。调查发现产品存在三个问题：一是嵌灯不符合欧盟新 LVD 指令 2014/35/EU，需要重新贴上客人公司信息标签；二是乙方采购的部分嵌灯配备了 G5.3 灯头和 GU10 灯头这两种灯头，但是海关认为这是不可以的，只能两者选其一，所以要移除其中一款灯头；三是部分 LED 嵌灯所配的驱动器，高压输入线不符合安规，必须移除输入线或者在输入线末端加上接线盒。

2. 申报为贸易原因遭退运案例

案例十：铝卷产品因厚度小而遭输往国贸易措施退回

2016 年，广东清远局辖区退货调查 1 批"铝卷"（装饰材料，在薄铝片上印有图案共室内外装饰使用），共 2782 千克，货值 1.3 万美元。该批"铝卷"是 2016 年出口至土耳其，该批货物通关时土耳其海关抽检发现，铝卷的厚度低于 0.21 毫米，属于不准进口的铝型产品，不予通关。调查调查后发现，一是抽查产品的厚度小于 0.21 毫米；二是审核贸易合同，确认客户订购的产品规格未注明是大于 0.21 毫米的，且客户对小于 0.21 毫米的产品也予以接受;三是因土耳其对本国工业的保护,不准予进口小于一定厚度的铝型产品。

案例十一:航模飞机无输往国认证遭退运

2016 年 1 月,番禺区某出口企业一批航模飞机及配件从韩国(首尔)退回南沙口岸,该批货物为航模飞机及配件,总数量 48 个,总货物总值 5986.55 美元。该产品被退运的主要原因为该批货物产品未取得韩国 KC 证书,所出口的产品不符合韩国 KC 认证规定,不允许在韩国销售。调查了解到,被退运的主要原因为该批货物产品未取得韩国 KC 证书,所出口的产品不符合韩国 KC 认证规定,不允许在韩国销售。该批货物属于韩国强制性认证目录产品,由于出口前没有了解相关政策,韩国客户也未说明,导致企业被退货受损。

案例十二:搅拌机因 ROHS 不合格遭遇欧盟批量退货

2016 年 9 月,广东顺德某企业出口荷兰的搅拌机遭批量退货,退货 2 批次、数量共约 6 千多台,退货总值约 8 万多美元。企业申报产品退货原因该批货物的电子元器件焊锡点铅含量与欧盟 ROHS 限值要求不符。调查后发现,多批次的退货中,有些货柜在退货口岸开柜查验时发现为未曾打开过包装的产品,有些货柜在查验时发现为使用过的旧产品。该款搅拌机取得了 TUV 认证,以电机低转速果汁无氧化有益健康为卖点,近几年一直在欧盟市场连续稳健销售,近两年的出口量一直处在高位,由于消费市场趋于饱和,造成了一些尾货的堆积。关于欧盟相关 ROHS 的要求,顺德辖区的出口企业在近几年都几乎没被再通报或退运过,如果真正的退货原因是 ROHS 不达标,应该是要产生欧盟通报的情况,但实际情况是没有欧盟的相关通报。

3. 申报为运输原因遭退运案例

案例十三:运输过程影响出口 CD 机质量引发退运

2016 年 8 月,番禺区某出口企业一批出口 CD 机从香港退运回莲花山口岸,该批货物申报品名为组合收录 CD 机五个品种,数量 3024 台,货物总值 10.4 万美元。企业申报被退运的主要原因为该批货物因运输过程及搬运过程有磕碰,导致外观刮花。调查了解到该批货物(3024 台,600 箱)在出口前产品通过了生产企业自身的质量检验,从装柜离开工厂到产品到达日本客户手上,时间大概是 2 个月。在运输过程和搬运过程,确实存在会有磕碰,造成产品外观刮花的可能,从而导致退运。

案例十四:海运导致线材老化引发退运

2015 年 6 月,某光电制品公司出口到日本的一批货物于香港退回,品名为摄像头,共 2962 个,货值 53079.04 美元。申报退货原因为进水不良。经现场调查,此批货物出口前已经 QC 确认。出现此类问题主要是因为此类产品是新产品,货物经过海上运输后导致线材老化出现开裂现象而造成的退运,现将货物退运回工厂,对产品进行全检,并更换所有货物线材的情况。

4. 检验检疫机构监管案例

案例十五:东莞市不如实申报出口退运货物

2016年4月,东莞检验检疫局在对某印刷企业进行监管时,发现该企业以一般贸易方式进口快递袋,实为客户验货不合格退回,由于以一般贸易方式进口快递袋为表外货物,无须申报检验检疫,如属退运货物,则需批批申报,该企业涉嫌逃漏检。经现场调查,这批快递袋共有364000个,16604公斤,货值20832.5美元。由于粘度不足被客户退回。企业解释这批从美国退运的快递袋由于2015年生产的多批货物拼凑而成,企业最初也打算以退运方式进口,但因原出口报关单有多份,企业及客户都无法逐一提供,故无法向海关解释说明清楚货物来源,因此企业只好以一般贸易进口方式来进口这一批退运货物。

案例十六:广东佛山局首次处罚出口退货企业的案例

佛山某贸易公司从秘鲁退运一批抛光砖(HS编码:6907900000,无型号),重量152.5 KG,货值42.96美元,包装为1木箱,于6月2日经广州机场口岸入境,转至佛山。6月6日,佛山局工作人员在"出口退货信息管理系统"发现该批退货的情况,并在6月7日至15日间多次拨打退运系统中企业的联系电话,均无人接听。后来通过工商局提供的信息,于6月23日联系上该企业。6月24日该企业到佛山局报检。据调查,企业说因对退运货物报检程序不了解,该批退运货物已于6月7日安排强度测试,全部被破坏,属于未经检验擅自使用。佛山检验检疫局依法对该企业进行行政处罚。

二、目录外进出口商品监督抽查结果

2016年,广东局完成目录外进出口商品抽查检验1047批,完成率104.7%,抽查总费用4719568.53元,检出不合格203批,不合格率19.39%;与2015年相比,总抽查检验批次下降2.72%,完成率下降2.33%,抽查总费用上升4.71%,检出不合格批次下降67.83%,不合格率下降67.06%。

按进出口抽查种类统计,2016年度共完成进口抽查检验862批,抽查总费用3706462.53元,检出不合格140批,不合格率16.24%。与去年相比,抽查批次上升35.96%,抽查总费用上升39.04%,检出不合格批次下降67.96%,不合格率下降76.44%;出口抽查检验185批,抽查总费用1013106元,检出不合格63批,不合格率34.05%。与去年相比,抽查批次下降57.76%,抽查总费用下降44.99%,检出不合格批次下降67.53%,不合格率下降23.12%。

按抽查商品类别统计,机电产品抽查检验331批,抽查总费用2500455.32元,检出不合格109批,不合格率32.93%。与去年相比,抽查批次下降37.66%,抽查总费用上升12.00%,检出不合格批次下降57.25%,不合格率下降31.42%;轻纺产品抽查检验617

批,抽查总费用2092161.62元,检出不合格90批,不合格率14.59%。与去年相比,抽查批次上升14.05%,抽查总费用下降8.02%,检出不合格批次下降76.06%,不合格率下降79.01%;化矿产品抽查检验99批,抽查总费用126951.59元,检出不合格4批,不合格率4.04%。因去年抽查资化产品0批,故未与去年数据对比。具体抽查结果见表7-1。

表7-1 广东局2016年度目录外进出口商品监督抽查情况汇总表

一、总体情况统计

序号	抽查种类	抽查检验总批	不合格批次	不合格率	出口抽查检验批	出口不合格批	出口不合格率	出口抽查费用	进口抽查检验批	进口不合格批	进口不合格率
1	机电产品	331	109	32.93%	136	54	39.71%	885983	195	55	28.21%
2	轻纺产品	617	90	14.59%	49	9	18.37%	127123	568	81	14.26%
3	资化产品	99	4	4.04%	0	0	0.00%	0	99	4	4.04%
	总计	1047	203	19.39%	185	63	34.05%	1013106	862	140	16.24%

二、具体产品分类

机电产品

序号	产品分类	抽查检验总批	不合格批次	不合格率	出口抽查检验批	出口不合格批	出口不合格率	进口抽查检验批	进口不合格批	进口不合格率
1	汽车配件	89	43	48.31%	0	0	0	89	43	48.31%
2	家用电器	120	15	12.50%	49	11	22.45%	71	4	5.63%
3	电池	43	10	23.26%	19	2	10.53%	24	8	33.33%
4	机电类其他	79	41	51.90%	68	41	60.29%	11	0	0.00%

轻纺产品

序号	产品分类	抽查检验总批	不合格批次	不合格率	出口抽查检验批	出口不合格批	出口不合格率	进口抽查检验批	进口不合格批	进口不合格率
1	服装	262	33	12.60%	36	5	13.89%	226	28	12.39%
2	轻纺类其他	182	26	14.29%	0	0	0.00%	182	26	14.29%
3	与食品接触金属及其他材料制品	76	9	11.84%	1	0	0.00%	75	9	12.00%
4	一次性使用卫生用品	42	19	45.24%	12	4	33.33%	30	15	50.00%
5	木制品、木家具	38	0	0.00%	0	0	0.00%	38	0	0.00%
6	与食品接触塑料制品	10	3	30.00%	0	0	0.00%	10	3	30.00%
7	仿真饰品	7	0	0.00%	0	0	0.00%	7	0	0.00%

资化产品

序号	产品分类	抽查检验总批	不合格批次	不合格率	出口抽查检验批	出口不合格批	出口不合格率	进口抽查检验批	进口不合格批	进口不合格率
1	成品油	98	4	4.08%	0	0	0.00%	98	4	4.08%
2	金属材料及制品	1	0	0.00%	0	0	0.00%	1	0	0.00%

(一)监督抽查结果

国家总局今年下达给广东局目录外进出口商品监督抽查的任务 1000 批,广东局实际完成了 1047 批工作,超额完成了总局下达的任务。检出不合格 203 批,不合格率 19.39%,不合格率与去年相比有较大降幅。

本次抽查以进口为主,进口抽查批次占总抽查批次的 82.33%。抽查的主要对象是进口吸湿速干服装、抗紫外线服装、抗菌性服装、防水性服装、童鞋、保温杯、卫生湿巾、安全套、壁纸、针织服装、羽绒服装、地毯、高强度螺栓、家用净水机、水龙头、机动车辆制动液、齿轮油、润滑脂、皮鞋、运动鞋、手环、智能手环、木地板、胶合板、纤维板、刨花板、充电宝、直接接触皮肤的仿真饰品(耳环、耳钉等)等和出口钢丝绳、婴幼儿针织服装、皮肤毛发护理器具、电磁炉、纸尿裤、卫生巾、锂电池(含充电宝)、无人机、LED 灯管、LED 筒灯、LED 射灯、LED 天花灯、LED 球泡灯等。共完成进口抽查检验 862 批,检出不合格 140 批,不合格率 16.24%;完成出口抽查检验 185 批,检出不合格 63 批,不合格率为 34.05%。从不合格率来看,进口商品质量明显提高,出口商品的质量情况仍然堪忧。

1. 机电类产品

机电产品抽查检验 331 批,检出不合格 109 批,不合格率 32.93%。其中,进口抽查检验 195 批,检出不合格 55 批,不合格率 28.21%;出口抽查检验 136 批,检出不合格 54 批,不合格率 39.71%。

汽车配件(进口汽车刹车片)。本年度抽查的汽车配件商品全部都是进口汽车刹车片,共 89 批,检出不合格 43 批,不合格率 48.31%。不合格项目为:摩擦系数及允许偏差不合格 10 批,占 11.2%;没有中文标识、或者没有指定摩擦系数及执行的标准 36 批,占 40.4%。涉及品牌有丰田、宝马、大众、(包括奥迪)、斯巴鲁、奔驰、MAPOR、VOLVO、日产、现代、Suzuki、HONDA、三菱。

家用电器。抽查进口家用电器 71 批,检出不合格 4 批,不合格率 5.63%。抽查出口家用电器 49 批,检出不合格 11 批,不合格率 22.45%。不合格项目为标志和说明、骚扰电压、对触及带电部件的防护、输入功率和电流、发热、非正常工作、元件、电源连接和外部软线、接地措施。抽查的商品包括进口空气净化器、电子坐便器、皮肤毛发护理器、烤架、面包片烘烤器及类似便携式烹饪器具、吸尘器、厨房机械、液体加热器、剃须刀、电推剪及类似器具、风扇。

电池。共抽查电池 43 批,检出不合格 10 批,不合格率 23.26%。产品主要为锂电池、充电宝、便携式电池产品用锂离子电池和电池组。其中 24 批次样品为进口产品,19 批次样品为出口产品。按照联合国《关于危险货物运输的建议书》试验和标准手册第 38.3 章,检出 10 批不合格,其中 8 批为标识和警示说明不合格,1 批锂电池样品短路试验发生起火爆炸,1 批充电宝样品过充电试验发生起火。

机电类其他。共抽查包括 LED 照明产品、螺母螺栓等产品 79 批,检出不合格 41 批,不合格率 51. 90% 。其中以抽查出口 LED 照明产品为主,共抽查 68 批,检出 41 批产品出现各类不合格问题,不合格率高达 60. 29% 。出口市场范围广泛,既有美国、加拿大、法国、西班牙、意大利等欧美国家,也有伊拉克、印度、苏丹、马来西亚、越南等新兴市场国家。从检测结果来看,出口的质量状况不容乐观,不合格检出率偏高,但是与 2015 年目录外抽查的 84% 的不合格检出率相比,2016 年的产品合格情况有很大改善,说明我国出口 LED 照明产品的质量呈现逐步提升的趋势。

2. 轻纺产品

轻纺产品抽查检验 617 批,检出不合格 90 批,不合格率 14. 59% 。其中,进口抽查检验 568 批,检出不合格 81 批,不合格率 14. 26% ;出口抽查检验 49 批,检出不合格 9 批,不合格率 18. 37% 。主要抽查家用净水机(输配水部件)、水龙头、一次性使用卫生用品、壁纸、仿真饰品、手机壳、智能手环、木家具、安全套、成人鞋、童鞋、地毯、食品接触材料产品、服装。

服装。共抽查服装 262 批,检出不合格 33 批,不合格率 12. 60% 。产品包括功能性服装、婴幼儿针织服装、针织服装及羽绒服装等四大类,其中进口 226 批,检出不合格 28 批,不合格率 12. 39% ,主要问题有:标识不合格、纤维含量、抗菌效果、防紫外线、抗静水压、滴水扩散时间、蒸发速率,主要从泰国、越南、马来西亚、印尼进口。抽查出口服装 36 批,检出不合格 5 批,不合格率 13. 89% 。不合格项目主要是纤维含量不合格、儿童绳带与小部件接力测试项目不合格。儿童绳带与小部件接力主要是针对童装进行检测,在一些情况下绳带长短、小部件拉力会对儿童的人身安全造成伤害,国内外关于该方面的报导也屡见不鲜。

与食品接触金属材料及其他材料制品。共抽查 76 批,检出不合格 9 批,不合格率 11. 84% 。其中抽查进口 75 批,主要包括家用净水机(输配水部件)、不锈钢保温杯、不粘锅等。抽查出口纸杯 1 批。共抽查 22 批各类进口家用净水机及输配水部件。检出 9 批次不合格,不合格率高达 45. 5% 。不合格项目有浑浊度、pH 值、蒸发残渣和标识;涉及的品牌有爱惠浦、BWT、道尔顿、AQUASANA、恩美特和 GE 6 个品牌,涉及的生产国别有美国、德国、英国和韩国 4 个国家。

一次性使用卫生用品。共抽查一次性使用卫生用品产品(湿巾、卫生巾和纸尿裤)42 批,检出 19 批不合格,不合格检出率 45. 24% ,主要是标志、回渗量、渗透性能、细菌菌落总数、外观整洁不合格,涉及进口国家/地区有德国、美国、日本、韩国和台湾地区。

木制品、木家具。共抽查进口木制品家具类 38 批,测试结果为全部合格。其中木地板 11 批次,人造板板材 24 批次,家具板件 3 批次,涉及进口的国家和地区既有美国、德国、英国、奥地利、澳大利亚、丹麦、台湾和香港等发达国家和地区,也有马来西亚、土耳其、印度、印度尼西亚、泰国和俄罗斯等新兴市场国家,基本包含了木制品家具产品的主要进口国。

轻纺类其他。共抽查 182 批,检出不合格 26 批,不合格率为 14.29%。全部为进口商品,主要包括成人鞋、童鞋、安全套、水龙头、手机壳等。仿真饰品。共抽查进口仿真饰品 7 批,未检出不合格。商品为进口仿真项链、耳环、戒指。原产地为越南、印度、意大利。

与食品接触塑料制品。共抽查进口与食品接触塑料制品 10 批,检出不合格 3 批,不合格率 30.00%。包括净水器滤芯、净水器连接器、婴儿奶瓶刷、婴儿用餐具等。主要不合格项目为标识、PH、蒸发残渣、高锰酸钾消耗量不合格。

3. 资化产品

共抽查资化商品 99 批,检出不合格 4 批,总体不合格率 4.04%。涉及产品有进口制动液、齿轮油、润滑脂、高强度螺栓。成品油共抽查进口成品油 98 批,检出不合格 4 批,总体不合格率 4.08%。涉及产品有制动液、齿轮油、刹车油、润滑脂。主要是检出有 3 批齿轮油泡沫特性项目不合格。金属材料及制品共抽查进口高强度螺栓 1 批,未检出不合格。

（二）不合格原因分析

1. 出口 LED 照明产品

共抽查 68 批,检出 41 批产品出现各类不合格问题,不合格率高达 60.29%。不合格项目主要是电气安全和电磁兼容方面,其中 16 批次的产品电气强度不合格;有 26 批次电磁兼容方面不合格,另外有 3 批次浪涌测试不合格。在光电色性能方面,共有 15 批次相关色温不合格,另外有 8 批次光通量不合格。

标记是用户获取产品信息来源,虽然不涉及技术问题,但也是标准要求的一个重要方面。这次测试中之所以出现大量的标记不合格,一是因为企业对标记这一测试项目不重视,没有认真研究标准要求并严格执行;二是因为企业未满足客户要求,按照客户提供的样式进行标记,但是该样式并不符合标准要求。电气强度测试不合格,说明电器的绝缘无法满足安全要求,给使用者带来触电危险。电源端子骚扰电压不合格容易导致电网的电压和电流波形发生畸变,污染电网,同时会对其他接入到电网的电气设备特别是高灵敏设备的正常工作造成影响。相关色温是 LED 照明产品的颜色特征参数,造成相关色温超过标准要求的原因主要是使用的芯片和荧光粉的质量达不到要求,产品的光学透镜设计不合理等。

2. 进口汽车用制动器衬片

刹车片抽查发现,进口汽车用制动器衬片不合格率仍然很高,最主要的原因是销售主体及总进口商、总代理商生产企业法律意识淡薄,进口商对我国的 GB5763 - 2008 汽车用制动器衬片标准的重要性认识不足导致相当一部分产品中文标识不完整,特别是未标示出衬片的指定摩擦系数,不符合 GB5763 – 2008《汽车用制动器衬片》中 8.1.2 条:"衬片包装箱(盒)的四周侧面应分别印有产品名称、型号规格、制造厂名和/或商标、地址、产品数量、指定摩擦系数、检验包装日期及本标准号"的规定要求,容易导致消费者未能预先知晓产品的具体情况而误使用或错使用的安全风险。

3. 进口家用净水机(输配水部件)

抽查进口家用净水机及输配水部件 22 批,检出 9 批次不合格,不合格率高达 45.5%。不合格项目有浑浊度、pH 值、蒸发残渣和标识。其中,浑浊度最大增加量 35.8NTU、蒸发残渣最大增加量 189mg/L,大大超过我国国家标准浑浊度增加量≤0.5NTU、蒸发残渣增加量≤10 mg/L 的卫生要求。

由于生活水平的不断提高,国内消费者对健康越来越重视,家用净水器这类产品在当前的销量呈快速上升态势。但其所适用的检验标准 GB/T17219 – 1998,一个问题为标准制定时间过久,为 1998 年,已使用将近 20 年,亟待更新;另一个问题在于,家用净水器这类与消费者健康密切相关的产品,其标准依然为推荐性标准,导致最终的抽查结果对抽查不合格企业缺少足够的约束力。建议下一步尽快将该标准依据现在的情况及时修订,并可否考虑转变为强制性标准。

(三)典型案例

案例一:刹车片不合格总经销商配合整改

案例描述:2016 年度南海检验检疫局在铃木南海某 4S 店抽查 2 款汽车用制动器衬片,发现 2 款标志均不合格,其中 1 款产品摩擦系数不合格。

在收到不合格检测报告后,南海局按照规定向经销商送达进口商品不合格通知单,经销商在收到通知后立即下架了相关商品并向总经销商转发了相关通知,铃木总经销商随后向南海局提出了书面的复验申请。经复验,制动器衬片摩擦系数仍然达不到国家标准的规定。

在征得广东局检管处同意后,南海局启动了对铃木(中国)投资有限公司的质量安全约谈。铃木(中国)投资有限公司对于检验检疫部门的约谈进行了积极回应,并派出了包括铃木株式会社、铃木(中国)投资有限公司、制动器衬片生产厂家在内共 11 人的代表团参加了约谈。经过对铃木(中国)投资有限公司宣讲国家目录外抽查政策、讲解相应不合格情况,铃木(中国)投资有限公司表示会积极配合检验检疫部门进行整改。双方就库存产品处理、同类型产品进口等工作达成一致意见。

案例二:进口马来西亚安全套召回案例

番禺检验检疫局在莲花山口岸对进口安全套进行抽查,实验室检测结果为检验不合格,具体不合格项目为:包装与标志(无使用标准号)不符合 GB 7544 – 2009《天然胶乳橡胶避孕套技术要求和试验方法》中条款 11.2.4 的要求;老化前的爆破体积不符合 GB

7544 – 2009《天然胶乳橡胶避孕套技术要求和试验方法》中条款 6.1 的要求。

该批原产于马来西亚的硫化橡胶制安全套共 60000 只,规格为 0.02mm（厚度）,是日本知名品牌（sagami original）的超薄型避孕套。收到检测不合格结果后,番禺检验检疫局多次对进口商负责人进行了约谈,将不合格避孕套将会带来的社会危害性和可能承担法律后果告知企业。最终该公司出于对消费者负责任的态度,于 2016 年 9 月 2 日向国家质检总局提交了缺陷消费品召回计划并得到了国家质检总局的批准,最后已成功召回近 6 万只避孕套,番禺检验检疫局对该批进口的安全套作了退运处理。实现了目录外商品监督抽查不合格,成功地召回并退运的先例。

案例三:出口伊拉克 LED 照明产品存在质量缺陷和隐患

黄埔检验检疫局从口岸抽查某进出口公司报关出口的一批 LED 吸顶灯,出口目的地为伊拉克。经检测后,发现产品存在严重的安全和质量缺陷,共有标记、内部接线、电气强度、相关色温、电源端子骚扰电压、浪涌等 6 个项目不合格,光通量等性能指标也极低。该批次产品涉嫌假冒伪劣商品,其中产品标记中没有任何来源标识,使得使用者无法追踪供应商或生产商,导致无法追究责任;内部接线和电气强度不合格将带来严重的安全隐患,有引起火灾和触电危险。

室内 LED 照明产品是我国出口 LED 照明产品的主要产品,由于目前 LED 产品的进入门槛比较低,后端产品基本无需太多的技术要求,导致目前 LED 照明产品市场鱼龙混杂,形成了无序的价格竞争,企业在价格竞争中为了生存,就不得不偷工减料。再加上很多小型加工型企业,没有基本的产品检测手段,产品能点亮就算合格,根本无法保证产品安全和质量。本产品的不合格项目中,内部接线不合格就是因为企业为降低成本而采用不满足标准线径要求的不合格电线导致,电源端子骚扰电压和浪涌不合格也是因为其采用价低质劣的驱动电源所致,初始光效指标也不到 50lm／W,在 LED 照明产品中属于极低水平,所采用的发光芯片属于市场上最低水平。

案例四:出口美国 LED 照明产品存在质量缺陷和隐患

惠州检验检疫局 2016 年度在对某企业的出口目录外产品（LED 灯管）的监督抽查中发现:该器具检测中电气强度击穿,不符合 IEC60598 – 1:2008《灯具一般要求》第 10.2.2 的要求。如果产品存在上述缺陷,人触碰到带电部件容易遭受电击并可能会引起触电身亡。

惠州局通过对抽样结果进行分析和约谈企业调查了解,该企业出口美国的 LED 灯管在 2016 年 1 月至 9 月期间,因质量问题遭受国外客户多次出口退运,该型号 LED 灯管不合格的主要原因是:一是企业为迎合客户的低成本要求,降低了原材料和关键元器件的采购标准、生产工艺成本、检测成本、安全认证成本等,致使产品本身质量较差甚至存在安全隐患;二是企业对出口国标准和国外最新的检验标准和技术规范不了解,且自身检测能力有限,对产品仅做了外观、寿命测试等基本项目的检测,导致产品不符合进口国标准;三是企业自身质量管理存在问题,技术力量、检测能力欠缺,员工培训不足等造成产品质量偏低;四是产品的关键元器件的采购来源渠道复杂、普遍低价低质,以次充好、以假充真,以至被抽查时被检出不合格。

案例五:进口运动鞋不合格

番禺检验检疫局在辖区某商场对1款女子运动文化鞋进行了抽检,原产国为越南,经过广东局实验室初验和复检,其外底耐磨性能均为不合格,具体不合格结果为:外底磨痕长度分别为13.0mm,13.7mm(初验数据);外底磨痕长度分别为13.0mm,13.9mm(复检数据),不符合产品标注的执行标准GB/T 15107-2013中耐磨性能磨痕长度最大限量12.0mm的要求,番禺局及时将2次检验的结果告知了该公司。

该公司对检测结果提出了异议:一是他们认为一般的鞋底是橡胶底,而此批鞋的材料为IU材料,IU材料为发泡材料的一种,由于IU材料轻质且弹性好,越来越广泛应用于鞋底,一般的发泡材料可以满足大多数产品的耐磨要求。但从产品检测角度看,目前耐磨性能的检测方法和产品标准的指标要求均是基于橡胶材料而定的。耐磨性能的检测方法GB/T3903.2-2008中对于取样的要求是:试样表面平整,面积足够进行磨耗。为了防滑,运动鞋的鞋底一般都有花纹,对鞋底有花纹的鞋进行耐磨测试前,需要先打磨鞋底表面,以满足测试条件。打磨表面对于橡胶材料来说没有什么问题,但对于发泡材料来说,这一操作会对结果产生一定的影响。为此,该公司和全国制鞋标准化技术委员会秘书处进行了沟通,要求对GB/T15107-2013《旅游鞋》中耐磨性能要求略作调整,将发泡材料的耐磨性能修改为"≤14mm",全国制鞋标准化技术委员会同意以修改单的形式对其进行修改,目前正处于征求意见阶段。二是该公司提供了同一款鞋在国家日用品质量监督检验中心进行检验的测试报告,其结果为:外底磨痕长度分别为9.5mm,9.9mm。

收到该公司的情况说明及解释后,广东局轻工实验室的做了回复:一是广东局轻工实验室对初验和复验样品重新按GB/T 3903.2进行了试验,结果显示:不打磨测试的磨痕长度均为13mm~14mm,稍微打磨后测试的磨痕长度为14mm~15mm,所以确定该批产品的耐磨性能不符合GB/T 15107-2013中耐磨性能磨痕长度最大限量12.0mm的要求。二是该公司提出的标准修订的问题属实,但修订标准仅在征求意见阶段,尚未有定论,新标准尚未出台。即便以修订后磨痕长度最大值限量14.0mm的指标来看,耐克公司该款产品耐磨试验结果也在合格与不合格的不确定度范围内。该款产品质量不符合GB/T 15107-2013《旅游鞋》标准,不适合作为旅游和运动鞋使用,只勉强符合QB/T 2955-2008《休闲鞋》标准(耐磨性能指标:磨痕长度最大值限量14.0mm),做一般休闲散步等用途。该公司标称"女子运动文化鞋",也表明了这一点。三是该公司提供的是上市前的质检报告,与此次抽检结果差异很大,有两种可能:一是2015年送检的产品与目前抽检的样品本身差异大;二是该公司存在某些管理的漏洞,例如标注执行标准前未做切合实际的确认和检验。鉴于上述情况,番禺局认定该批货物为抽检不合格产品,目前该公司已对该批进口商品做了下架处理。如果该公司要上架销售,建议其修改使用 QB/T 2955 – 2008《休闲鞋》标准。该公司也接受了这一建议。

案例六:海淘电子座便器不符合我国标准

江门检验检疫局抽查了 9 批电子坐便器,依据 GB4706.1 – 2005 和 GB4706.53 – 2008 实施检验不合格 5 批,不合格率达到 55.6%,均为韩国生产,不合格项目主要集中在标识,电源线及电源插头等项目。所抽不合格电子坐便器均来源于跨境电商。由于近年来我国消费者进入海淘领域的人数以及海淘的商品量均呈大幅增长,海淘产品存在的一些问题日益凸显。最具代表性的问题在于,由于大量海淘商品的原始销售区域为国外特定的国家或地区,因此,其生产所依据的标准也均为国外的标准。由于国内外标准、认证之间存在着诸多差异,导致许多海淘的机电类产品在送检过程中不符合我国强制性标准的要求。

案例七:进口家用净水机(输配水部件)产品卫生指标不合格

顺德检验检疫局于辖区内某商场购买 5 款进口净水直饮机,原产国为英国。经广东检验检疫技术中心化矿金实验室检测,其中有四款(HIP、HCP、HIS、BEP)检测结果不合格,不合格率高达 80%。样品按照 GB/T 17219 – 1998《生活饮用水输配水设备及防护材料的安全性评价标准》附录 A 进行浸泡试验,采用 GB/T 17219 – 1998 和 GB/T 5750.4 – 2006 标准对经浸泡试验后"浸泡水"进行检测,检测项目包括色、浑浊度、pH 值、蒸发残渣和高锰酸钾消耗量(以 O_2 计),其中四款(HIP、HCP、HIS、BEP)样品的检测结果存在多项不合格,浑浊度最大增加量 35.8NTU、蒸发残渣最大增加量 189mg/L,大大超过国家标准浑浊度增加量≤0.5NTU、蒸发残渣增加量≤10 mg/L 的卫生要求。

案例八:皮鞋标识、勾心、耐折性能、摩擦色牢度不合格

佛山出入境检验检疫局消费品科抽查的一批标称产地为意大利,标称品牌为 Pas De Rouge 的皮凉鞋,按照 QB/T 1002 – 2015《皮鞋》标准测试,共发现 4 个项目不合格:内包装未见三包规定标识,未标注生产日期,不符合 QB/T 2673 – 2013《鞋类产品标识》的规定;耐折性能测试后 4 只鞋样品帮底开胶长度分别为 32.6、21.2、30.5、24.5mm,不符合折后不开胶的标准要求;勾心长度 101mm,远远不足标准要求的 115mm 勾心长度下限值;衬里内垫摩擦色牢度结果为沾色 2 级,未达到沾色≥3 级要求。目前进口皮鞋无需经检验检疫机构检验,国内也没有强制性标准,一般采用推荐性标准 QB/T 1002,因此检测出不合格也缺少处置依据。而 GB 28011《鞋类钢勾心》针对勾心刚度、硬度、长度、弯曲性能是强制性要求,适用于跟口高度 >20mm 的含勾心的皮鞋。

案例九:湿纸巾不合格

阳江出入境检验检疫局抽查一批进口韩国湿纸巾,对一次性使用卫生用品卫生标准外观、产品标识、异常气味和异物,微生物指标进行检测,发现产品标识、细菌菌落总数不合格。GB/T 27728 – 2011《湿巾》中规定湿巾卫生/微生物指标应符合 GB 15979 – 2002

《一次性使用卫生用品卫生标准》的要求。该批湿巾经微生物检测,细菌菌落总数检测结果为:1.5×10^4cfu/g。大大超过 GB 15979 - 2002《一次性使用卫生用品卫生标准》中规定(细菌菌落总数≤200cfu/g)的卫生要求,显示这些样品均被受到细菌污染,属于严重的卫生质量不合格项。生产企业消毒不彻底,或者储存、运输、销售过程中出现二次污染是造成样品微生物不合格的主要原因。消费者在使用这些被污染的湿巾后,消费者在使用微生物超标的湿巾后,不仅无法起到清洁、消毒的作用,还有可能引起过敏、皮炎,甚至引发肠道、呼吸道等方面的疾病,危害人体健康安全。

案例十:进口功能性纺织品防紫外线性能不合格

江门出入境检检疫局抽检某知名运动品牌的功能性防紫外线服装:男网球短袖上衣,样品号分别为:AJ1544、AI0729。测试项目为防紫外线,国家现行的纺织品防紫外线标准是《纺织品防紫外线性能的评定》,规定当衣服 UPF(即紫外线防护系数值)大于40,且 UVA(波长为 315nm ~ 400nm)透过率小于 5% 时,才能称为防紫外线产品。正规防紫外线产品的吊牌标签上必须有 3 个内容:一是执行标准为 GB/T18830 - 2009;二是标有 UPF 值;三是提醒长期使用及在拉伸或潮湿的情况下,该产品所提供的防护性能可能减少。本次抽检两批次样品均存在不合格项目。

案例十一:出口童装小部件安全不合格

东莞出入境检检疫局抽检出口美国的某品牌童装产品,经过检测发现小部件拉力测试不合格。目前,国际标准中涉及儿童服装小部件安全性的标准有:16C. F. R. 1610、16C. F. R. 1615、16C. F. R. 1616、EN1811、EN1122 等,规定的小部件安全性要求部件附着力需达到 90N,并持续 10 秒,本次抽检样品中计 6 个小部件,其中 4 个部件附着力能达到 90N,并持续 10s;另外 2 个部件当附着力为 68N、74N 时脱离。由服装附件、小部件引发的机械性危害包括失足、滑倒、摔倒、哽塞、呕吐、窒息死亡、勒伤、缠绊、裂伤和血液循环受阻等,都会使儿童面临危险,威胁到宝贵的生命。

三、跨境电商进出口消费品质量监督抽查结果

广东局辖区有跨境电商业务的有广州局、韶关局、东莞局、广州机场局、南沙局、佛山局、江门局、开平局、中山局、黄埔局等 10 个分支局。2016 年,地方政府为促进产业调整结构,转型升级,大力支持跨境电商新业态的发展。并结合各地实际,按照《广东出入境检验检疫局跨境电商监管区域建设指导意见》的要求,建设各种跨境电商产业园区和集中查验场所,对跨境电商业务进行集中申报和集中监管通关。在新建园区中,依托检验检疫公共服务平台或地方"单一窗口"搭建业务监管平台,实现跨境电子商务业务的检验检疫信息化监管,对跨境电子商务商品实施在入境或入区时实施全申报管理,整批入境的实施集中查验。积极推动关检合作,创新"一机双屏双控"的监管模式,在监管场所实

现"联合查验、一次放行"的一站式服务。在利用老旧场所改造中，结合实际场地尽量按照上述要求实施改造。

2016年，广东局严格贯彻落实《跨境电子商务经营主体和商品备案管理工作规范》（总局2015年第137号公告）、《质检总局关于加强跨境电子商务进出口消费品检验监管工作的指导意见》（国质检检〔2015〕250号）等规定，结合广东地区实际，按照"发展中逐步规范，以规范来促进发展"的监管思路，主动作为，对跨境电商进出口消费品建立了一系列卓有成效的监管制度措施。包括：建立"一二三四"跨境电子商务监管体系；推广升级"质量溯源体系"建设；积极推动关检合作，以信息化为手段，实施依托单一窗口实施"跨境电商全申报"，通过"一机双屏双控"进行监管的新模式等。

表7-2　跨境电商业务统计数据

备案企业（家）	备案商品（种）	直邮进境		保税进境		出区入境		出境	
		包裹数（万件）	货值（万元）	批次	货值（万元）	包裹数（万件）	货值（万元）	包裹数（万件）	货值（万元）
1078	1932996	1612	664595.8	8532	518714.4	1614	365916.7	41	30651.1

2015年12月1日到2016年11月30日，广东地区以跨境电商直邮模式出口消费品411264个包裹，货值30651.1054万人民币。出口国别和地区主要有中国香港和美国，出口商品类别主要为衣服、鞋类、箱包、日用塑胶用品、电脑周边产品、纸巾、织带、鞋带、连接线、灯泡等轻纺和电子电器类消费品。没有检出不合格商品。以B2B方式出口消费品216批次，货值7.36万美元。2015年12月1日到2016年11月30日，广东地区以跨境电商直邮模式进口消费品16118252个包裹，货值664595.7999万人民币。以跨境电商保税模式进口消费品8532批，货值518714.39万人民币，出区入境16139590个包裹，货值365916.71万人民币。主要品种为运动鞋、衣服、鞋子、箱包、饰品、手表、纸尿片、餐厨具用品、工具和小电器等，贸易国家有新西兰、荷兰、美国、德国、法国、英国、日本、香港、澳大利亚、欧盟地区、加拿大等。

（一）监督抽查结果

2016年广东局完成抽查108批，不合格72批，其中品质不合格的13批，59批为标识、标签、警示语、外包装等不合格。品质不合格的说明如下：

玩具有4批为品质不合格。其中1批台湾儿童滑步车测试样品包装袋存在窒息危险，没有标注产品执行标准，测试样品的车轮充气气塞是小零件，没有符合标准要求的小零件警告语，塑料袋十点平均厚度为0.035mm，小于0.038mm，且个别测试点厚度小于0.032mm，不符合标准要求；1批美国香蕉宝宝婴儿牙胶机械物理性能不合格：测试样品可突出测试模板 A 的底部,且在拉力为 22N 时断裂,出现小零件,不符合标准要求;测试样品没有交付中文的使用说明;1 批是产自台湾的休闲健力脚踏车物理机械性能不合格;1 批是产自韩国的海盗木桶玩具存在勒死或者堵塞口鼻腔外部呼吸道而导致的窒息危险。

一次性卫生用品 1 批不合格,为韩国婴儿湿巾手口湿纸巾细菌菌落总数检测结果不合格。

食品接触产品不合格 6 批:其中 ABS 材质的美国双重隔热杯和日本的学生旅游筷子各 1 批,不合格项目是蒸发残渣(正己烷)和丙烯腈单体残留量;1 批为韩国椭圆不锈钢夫妻勺筷套装样品,不合格项目为铅、镉溶出量(具体情况为韩国椭圆不锈钢夫妻勺筷套装样品分为筷子和勺子两部分分别进行测试。筷子和勺子的铅溶出量和镉溶出量均不合格;1 批为日本的手摇磨豆机的橡胶圈,不合格项目是蒸发残渣(正己烷);1 批产自德国 PEARLCO 牌滤水壶整机无中文标识,滤芯部分所检项目中浑浊度检测结果不符合中国国家标准 GB/T17219 - 1998《生活饮用水输配水设备及防护材料的安全性评价标准》的限量要求;1 批产自中国台湾的婴幼儿食品调理组的 ABS 部件蒸发残渣(4% 乙酸)和蒸发残渣(20% 乙醇)不符合中国国家标准 GB 17326 - 1998《食品容器、包装材料用橡胶改性的丙烯腈 - 丁二烯 - 苯乙烯成型品卫生标准》的要求。

进口服装 2 批样品存在附件不合格,具体是 1 批产地为日本的品牌新生儿爬服不符合婴幼儿服装上的耐久性标签缝制要求,1 批产地为日本的 Stample 品牌新生儿爬服不符合婴幼儿服装的绳带要求和婴幼儿服装上的耐久性标签缝制要求。

日常风险监测中通过全申报审单、通过 X 光机审图,对直邮模式出口消费品 411264 个包裹,保税出区入境 16139590 个包裹,直邮模式出口消费品 411264 个包裹,B2B 方式出口消费品 216 批次进行安全风险监测。查获不合格跨境电商产品 4204 批,其中大部分为检疫性不合格商品,3C 认证标识、标签问题的 78 批,品质不合格 9 批。品质不合格的主要是江门口岸抽查抗菌服装 3 批(美国 2 批,日本 1 批),检出不合格 3 批,不合格项目是抗菌性功能不符合标准要求;抽查抗紫外服装 7 批(越南 3 批、韩国、印度尼西亚各 2 批),检出不合格 4 批(越南 3 批,韩国 1 批),不合格项目是防紫外线功能不符合标准要求;抽查羽绒服装 1 批(罗马尼亚),检出不合格 1 批,不合格项目是纤维成分不符合标准要求;抽查地毯 2 批(印度、土耳其各 1 批),检出不合格 1 批(土耳其),不合格项目是燃烧性能不符合标准要求。

根据监督检查情况,跨境电商消费品质量安全方面主要存在问题:一是部分商品的国内外标准不一致无法进口。如最受国内消费者欢迎的进口婴幼儿奶粉因国外标准与国内标准对蛋白质含量的规定不一致,如按国内品质标准检验,只能判定为不合格无法入境。二是部分自用商品无法提供前置准入证明不得入境。自用的保健品及化妆品的个体消费者不可能在跨境网购前办理审批手续,进口电饭锅等小家电产品的自用购买者也不可能为一两件商品专程办理强制产品认证。三是发件人或收件人为了逃避检验检疫,往往采取伪报、瞒报品名的手法,以消费品名义申报,实际上进口的物品是禁止入境物或在消费品中夹带禁止入境物,给国门安全造成隐患。四是部分跨境电商消费品确实存在品质不合格现象。

(二)典型案例

1. 质量不合格案例

案例一:儿童食品接触产品质量不合格

2016 年 4 月,线上抽查 1 批产地为日本的"学生旅游筷子"。经送实验室检测,丙烯腈单体含量不符合标准 GB17326 - 1998《食品容器、包装材料用橡胶改性的丙烯腈 - 丁二烯 - 苯乙烯成型品卫生标准》的相关要求。丙烯腈单体是一种严重危害健康的化学物质,人体一旦摄入过量,轻者出现头晕、恶心症状,重者会直接造成呼吸中枢麻醉,出现四肢阵发性强直抽搐和昏迷。我国和欧美等国均将该物质列为必检项目,严格限制含量。广东局按照不合格进口工业产品处理工作规范,已经将不合格信息通知电商卖家,须做下架处理。

案例二:玩具外包装存在危及儿童生命安全风险

2016 年 10 月,淘宝全球购线上抽查原产韩国的"海盗木桶"1 批,共 6 套样品。经检测发现,一是玩具中的 116mm * 148mm 的塑料包装袋(装公仔的)的十点平均厚度值为 0.022mm,小于标准要求的 0.038mm,且每一测量点厚度均小于标准要求,二是没有中文使用说明,分别不符合标准《GB 6675.1 - 2014 玩具安全第 1 部分:基本规范》第 5.1 条款和 5.7.1 条款要求。玩具外包装存在危及儿童生命安全的风险,广东局按照《不合格进口工业产品处理工作规范》,已经将不合格信息通知网店,要求卖家对产品进行技术整改,整改合格后再销售。

案例三:儿童安全座椅既没有获得强制性产品认证证书、生产企业也未对该产品加施认证标志

2016 年 11 月 1 日,发现一件儿童安全座椅,产地美国,该安全座椅价值 390 元,在中国没有获得强制性产品认证证书,生产企业也未对该产品加施认证标志。《中华人民共和国认证认可条例》和《强制性产品认证管理规定》明确规定:国家规定的相关产品必须经过认证(简称强制性产品认证),并标注认证标志后,方可出厂、销售、进口或者在其他经营活动中使用。本次截获的的产品既没有提供了强制性产品认证证书,实物本体也未加施 CCC 标志。这种产品应认证而未进行认证的产品进入国内市场以可乘之机,给广大消费者选择和购买 3C 产品带来了安全隐患,严重更会维护消费者人体健康和安全。广东局根据相关法律法规已对该货物进行退回处理。

案例四:线上抽样短袖 T 恤耐水色牢度不合格

在 2016 年度跨境电商第一次抽查中,线上抽样美国某品牌莫代尔女士镶钻短袖 T 恤,经实验室检测,耐水色牢度不合格。依据 GB 18401－2010《国家纺织产品基本安全技术规范》GB 5296.4－2012《消费品使用说明 第 4 部分:纺织品和服装》,测试异味、色牢度(耐水、耐汗渍、耐干摩擦)、甲醛、pH、禁用偶氮、标识、纤维含量等项目,该产品有耐久性标签,没有吊牌,没有中文的使用说明,不符合 GB 5296.4 对服装产品的使用说明要求,在耐水色牢度测试中沾色中的沾棉仅 2－3 级,不符合 GB 18401－2010 中直接接触皮肤纺织产品沾色大于等于 3 级的要求。

2. 负面清单内的,有废旧物品、检疫性不知规定的、检疫性明知故犯蒙混过关的

案例五:三次发现废旧物品通过跨境电商直邮入境被退运

2016 年 8 月 5 日,发现 2 包寄自美国,申报为玩具的货物实为陈旧套装塑胶玩具。经调查,该批陈旧玩具是货主通过 E－BUY 电商平台购买的二手玩具,货主购买时并不清楚网上售卖的该玩具为二手玩具,且不知道二手玩具属于废旧物品,不能邮寄快递。2016 年 11 月 10 日,发现 5 台来自中国香港的商品申报为照相机、摄像机的货物实际为陈旧照相机、旧摄像机。经调查,该批陈旧照相机、摄像机是货主通过电商平台购买的二手收藏品,货主购买时很清楚网上销售的货物为二手货物,但是并不知道二手货物属于废旧物品,不得以跨境电商形式入境。2016 年 11 月 21 日,发现申报为"HUGE ORINGINAL XBOX CONSOLE BUNDLE"的货物为陈旧游戏机套装,数量为一台,来自中国香港。经调查,该批旧游戏机套装是货主通过电商平台购买的二手货物,货主购买时很清楚网上售卖的货物为二手货物,但是并不知道二手货物属于废旧物品,不能邮寄快递。根据《广东检验检疫局跨境电子商务检验检疫监督管理实施细则》关于负面清单管理规定,废旧物品不得以跨境电商形式进境,已经按有关规定将该货物作退运处理。

案例六:首次从玩具快件中截获检疫性害虫白条天牛

10 月 14 日,江门检验检疫局对一批来自澳大利亚跨境电商快件进行下线查验时,从快件的玩具的内包装外表截获一只天牛成虫。经送实验室鉴定,确认该天牛成虫为检疫性有害生物——白条天牛(非中国种)Batocera laena。这是江门口岸首次截获该检疫性害虫,又一次成功堵住了有害生物借道工业消费品入侵国门的渠道。白条天牛属(非中国种)的所有种类天牛均被列入中国进境植物检疫性有害生物,该类有害生物一旦入侵,将可能对本地林业生产、生态及旅游资源造成严重危害。江门局根据相关规定,对害虫进行除害处理,有效防止害虫进一步扩散和繁殖,防止外来有害生物入侵,保护我国农林业生产、生态安全。据分析,此次截获的原因可能是,因天牛具有趋光的特性,境外物流企业在晚上包装作业时,天牛飞进快件包裹内。玩具价值虽小,但携带的疫情危害极大,不可疏忽大意。对此,检验检疫部门建议快件经营企业、物流企业要提高国门生物安全意识,加强仓储、物流等各环节的防疫管理,降低疫情风险。

案例七：截获禁止邮寄进境物

2016 年 3 月 16 日，萝岗口岸在对某跨境电商公司申报的进境 B2C 货品抽查监管中，查获藜麦种子及枸杞、有机鼠尾草茶等草本植物产品等禁止邮寄进境动植物及其产品。这些敏感货品均来自欧盟国家，包装/预包装商品标签为法文标签。7 月，广州邮检口岸通过广州口岸"单一窗口"＋检验检疫"智检平台"布控时，发现一个运单英文品名为"poppy seed"的跨境电商直邮快件可疑，引起执法人员警惕，执法人员立刻在"智检平台"上下达查验指令。该快件抵达广州邮政口岸时，执法人员立刻开箱查验，发现包装箱内有 5 个玻璃瓶装有细小颗粒状有机物，呈扁球形，如芝麻大小，青灰色，经鉴定为罂粟籽。每瓶 108 克，每瓶约有 41 万颗。事隔一天，执法人员再次布控时，又发现来自美国同一英文品名和同一收货人快件，开包后发现有 4 个玻璃瓶内装满性状一样的有机小颗粒，经鉴定为罂粟籽，重量为 432 克。罂粟籽俗称御米、大烟籽，长期或过量食用容易使人成瘾，造成慢性中毒，危害身体健康，我国对其实行严格管制。根据我国食品卫生法和卫生部《关于加强罂粟籽食品监督管理工作的通知》（卫监督发〔2005〕第 349 号）规定，罂粟籽除可以被国家指定的企业用于榨取植物油外（全国指定企业只有一个），严禁任何单位和个人进口罂粟籽和罂粟籽调味品，及在市场上销售。

四、援外物资质量检验情况

援外物资检验是由检验检疫部门承担的一项政策性强、政治影响大，涉及范围广、物品繁杂的业务工作。相关物资的质量好坏，直接影响我国与受援方的政经关系，更影响我国的国际声誉和中国制造的国际形象，直接影响国家战略的实施和推进。2016 年广东局共完成援外物资检验 75 批次、4244.18 万美元，75 批申报货物中 94.7% 的批次一次检验合格，检出不合格 4 批次、30.59 万美元，其中不予出口 1 批次、16.35 万美元。全年未发生通报、退货等重大工作质量问题，为援外工程保驾护航的作用明显。受援国主要为非洲、亚洲欠发达国家和地区，援外项目主要集中在基础设施建设、生活用品等方面。相比 2015 年，2016 年援外物资检验批次和货值金额分别下降 56%、31.4%，检出不合格批次和货值金额分别下降 75%、84.4%（表 7－3）。2016 年业务（批）量明显下降主要原因是前期的援外项目都接近验收阶段，属尾货出口。

表 7 - 3　广东局 2011 - 2016 年出口援外物资检验情况对比表

年度	批次（批）	同比增减（%）	货值（万美元）	同比增减（%）	不合格检出/批	检出率（%）	不准出口/批
2011	74	-27.5	670.5	-60.3	7	9.5	无
2012	77	4.1	1447.5	115.9	4	5.2	1
2013	132	71.4	2526.0	74.5	4	3.0	2
2014	202	53.0	1400.18	-44.6	15	7.4	3
2015	172	-14.9	6183.43	342	16	9.3	2
2016	75	-56	4244.18	-31.4	4	5.3	1

（一）检验情况分析

2016 年广东局辖区有 16 个分支局发生相关业务，共完成援外物资检验 75 批次、4244.18 万美元，检出不合格 4 批次、不合格货值 30.59 万美元，总体质量情况较好。

援外物资总体质量较好的原因主要为：一是援外物资较多集中在行业龙头生产企业中采购，这些企业管理完善、质控严格、质量稳定，所出口的援外物资品质也比较有保障。二是我国相关部门对援外物资的各项采购政策执行有力，使得包括承包方在内都比较重视援外物资的产品质量。三是从质检总局、广东局、分支局层层高度重视，检验规程、流程比较完善、规范、明确，检验检疫机构多年来一直严格把关、兼顾效率，有效保证了相关产品的质量。

但仍然存在个别采购商和生产企业的质量意识、责任感不高的情况。只看价格、不看质量，到生产企业直接采购的品质较好、市场采购品质偏低，与检验检疫有过业务往来、做过援外物资的企业意识、质量较好，反之欠佳的情况依然存在。同时还发现本地生产制造的援外物资，一般仓储存放场地和设施较好，便于检验人员开展检验，此类援外物资制造日期较新，出厂质量合格，外包装良好，符合国家援外物资管理规定和国家强制性标准要求。一些从市场采购的援外物资由于在运输过程容易发生碰损或因前期仓储条件不好，运抵口岸后有可能造成货物的外包装不良，甚至一定程度上影响货物外观质量，不符合国家援外物资管理规定，对此给予一次整改机会，经过整改合格的援外物资准予出境。由于《目录》大幅度调整，援外物资基本为表外产品，进一步导致分支局在联系企业、配合检验方面加大了难度。

（二）典型案例

案例：援外陶瓷发现多个不合格项，不予出口。

2016 年 4 月 20 日，南海检验检疫局受理了一批"室内地砖"、"楼梯踏步砖"、"踢脚线"、"室内地砖"、"室内墙砖"和"玻化砖"的报检，总货值 1095995 元人民币，生产厂商同为某公司。

经南海局检验发现：一是《一览表》的第2、3、4、5、8项货物 HS 编码与瓷砖实际对应的 HS 编码不符，《一览表》第2项"室内地砖"产品规格型号为6WLP0035，实际货物型号为6WLP0035CM；二是与申报材料不符，报检单申报包装为胶合板托，实际为木托。三是货物的包装不符合要求，部分纸箱破损严重并有水渍，部分楼梯踏步砖的包装未对棱角进行有效防护。

南海局将检出的上述不符合情况通报企业：与《一览表》不一致的项目需到商务部门作更改；与报检单不一致的项目到南海局检务科更改；针对包装问题，责成企业进行整改。在南海局检出不符合情况并要求企业进行整改、更改后，据总承包企业决定不采购该批货物。上述货物不予出口。出现上述问题的主要原因是：一是总承包商与供货商沟通的问题导致生产企业、产品型号、HS 编码出错，二是报检时包装申报错误，三是生产企业未按照规程要求进行包装和存放。目前，广东佛山地区由销售机构或者中间商中标援外物资业务而由生产企业发货的情况比较普遍，这样容易因交流不畅而出现不合格的情况。克服此类情况一放面需要承包商自律，主动学习相关文件，了解援外物资检验流程，做好相应的报检工作；另一方面建议援外物资的中标商应尽量为生产企业，避开销售商，减少中间环节。

（本章执笔：华南农业大学公共管理学院段静 博士）

第八章　质量风险评价报告

检验检疫部门是出口消费品质量监管的法定机构。监管不仅关注市场秩序,如行业性的质量状况、影响经济安全和总体质量的各项因素等,而且要预防风险,对质量风险进行评价。经过多年的努力,广东检验检疫部门已形成较为完善的质量监管制度、体系与机制,针对主要出口消费品行业,每年向社会发布行业一次性检验不合格率、实验室检验不合格率、退货货值、退货批次、境外召回等数据报告,并在此基础上构建出口消费品质量风险评价体系。

一、行业质量抽检结果

(一)目录外出口商品抽检质量分析

为落实好商检法赋予的职责,促进进出口商品质量提升,根据国家质检总局《关于开展 2016 年目录外进出口商品监督抽查工作的通知》(质检检函〔2016〕72 号),广东局目录外进出口商品监督抽查工作在国家质检总局检验司的正确领导下,努力在改革中求发展,学习借鉴国外先进的监管经验和理念,从制度设计、工作实施、结果运用等方面多方探索,不断完善中国特色进出口商品检验监管体系,圆满完成总局卜达的任务,取得了较好的社会效益,扩大了机构影响力,赢得了消费者认可。

广东局完成目录外进出口商品抽查检验 1047 批,完成率 104.7%,抽查总费用 4719568.53 元,检出不合格 203 批,不合格率 19.39%;与 2015 年相比,总抽查检验批次下降 2.72%,完成率下降 2.33%,抽查总费用上升 4.71%,检出不合格批次下降 67.83%,不合格率下降 67.06%。其中,出口抽查检验 185 批,抽查总费用 1013106 元,检出不合格 63 批,不合格率 34.05%。与去年相比,抽查批次下降 57.76%,抽查总费用下降 44.99%,检出不合格批次下降 67.53%,不合格率下降 23.12%。具体抽检情况见表 8 - 1。

表 8 - 1　广东句 2016 年度目录外出口商品监督抽检完成情况表

产品分类	抽查检验总批	不合格批次	不合格率（%）	出口抽查检验批	出口不合格批	出口不合格率（%）
汽车配件	89	43	48.31	0	0	0
家用电器	120	15	12.50	49	11	22.45
电池	43	10	23.26	19	2	10.53
机电类其他	79	41	51.90	68	41	60.29
服装	262	33	12.60	36	5	13.89
轻纺类其他	182	26	14.29	0	0	0.00
与食品接触金属及其他材料制品	76	9	11.84	1	0	0.00
一次性使用卫生用品	42	19	45.24	12	4	33.33
木制品、木家具	38	0	0.00	0	0	0.00
与食品接触塑料制品	10	3	30.00	0	0	0.00
仿真饰品	7	0	0.00	0	0	0.00

（二）跨境电商出口消费品质量分析

广东局辖区有跨境电商业务的有：广州局、韶关局、东莞局、广州机场局、南沙局、佛山局、江门局、开平局、中山局、黄埔局等 10 个分支局。

2016 年,地方政府为促进产业调整结构,转型升级,大力支持跨境电商新业态的发展。并结合各地实际,按照《广东出入境检验检疫局跨境电商监管区域建设指导意见》的要求,建设各种跨境电商产业园区和集中查验场所,对跨境电商业务进行集中申报和集中监管通关。

在新建园区中,依托检验检疫公共服务平台或地方"单一窗口"搭建业务监管平台,实现跨境电子商务业务的检验检疫信息化监管,对跨境电子商务商品实施在入境或入区时实施全申报管理,整批入境的实施集中查验。积极推动关检合作,创新"一机双屏双控"的监管模式,在监管场所实现"联合查验、一次放行"的一站式服务。在利用老旧场所改造中,结合实际场地尽量按照上述要求实施改造。

2015 年 12 月 1 日到 2016 年 11 月 30 日,广东地区以跨境电商直邮模式出口消费品411264 个包裹,货值 30651.1054 万人民币。出口国别和地区主要有中国香港和美国,出口商品类别主要为衣服、鞋类、箱包、日用塑胶用品、电脑周边产品、纸巾、织带、鞋带、连接线、灯泡等轻纺和电子电器类消费品。没有检出不合格商品。以 B2B 方式出口消费品216 批次,货值 7.36 万美元。具体业务统计数据,见表 8 - 2。

表 8 - 2　2016 年度跨境电商出口消费品业务统计数据

备案企业(家)	备案商品(种)	出区入境		出境	
		包裹数	货值(万元)	包裹数	货值(万元)
1078	1932996	16139590	365916.71	411264	30651.1054

(三)援外物资行业

随着我国外贸出口结构性调整、一带一路建设、人民币国际化等国家战略的实施和推进,对外援助这一重要外交手段必将加大、加强。援外物资检验是一项政策性强、政治影响大、涉及范围广、物品繁杂的业务工作。近年来,对外援助有力地推动了亚投行、一带一路、人民币国际化、过剩产能走出去、外贸出口结构性调整等国家战略的实施和推进,大大充实了中国 - 东盟合作机制、亚太经合组织、上海合作组织、中非合作论坛等对外交往的合作内容。

1. 出口规模

质检总局的有关文件精神,紧紧围绕质检总局"抓质量、保安全、促发展、强质检"十二字方针,狠抓对援外物资质量的综合监管和有效控制,优质完成 75 批次、4244.18 万美元援外物资的检验监管,检出不合格 4 批次、30.59 万美元,其中不予出口 1 批次、16.35 万美元,有力地保证了相关援外项目的质量和进度,又有效防止部分不合格援外物资出口,为提升中国产品的声誉和中国工程的国际形象做出了贡献。2016 年广东局辖区有 16 个分支局发生相关业务,共完成援外物资检验 75 批次、4244.18 万美元,检出不合格 4 批次、不合格货值 30.59 万美元。受援国主要为非洲、亚洲欠发达国家和地区,援外项目主要集中在基础设施建设、生活用品等方面。广东检验检疫局 2015—2016 年度出口援外物资检验情况对比如表 8 - 3。

表 8 - 3　广东局 2015—2016 出口援外物资检验情况对比表

项目　年度	批次(批)	货值(万美元)	不合格检出(批)	不合格检出货值(万美元)	不准出口批次(批)
2015 年	172	6183.43	16	195.61	2
2016 年	75	4244.18	4	30.59	1
同比增减(%)	-56	-31.4	-75	-84.4	-50

2. 抽批检验

2016 年业务(批)量明显下降主要原因是前期的援外项目都接近验收阶段,属尾货出口。近几年我国与非盟、东盟以及上合组织等的合作不断扩大和加深,随着我国综合国力的不断增强,特别是在全球经济持续低迷的这几段周期内,国家鼓励并实施有实力的企业"走出去"的战略,我国对非洲、东南亚等欠发达地方的援助力度也不在断加大,一些援助项目纷纷得到落实,特别集中于援助学校、医院、体育场馆、政府大楼等公共设施项目。援外物资质量直接关系到中国的外交形象和国家荣誉。广东局和各分支局把援外物资检验作为检验检疫工作的特别关注点,采取多种办法切实提高工作质量,75批申报货物中94.7%的批次一次检验合格,检出不合格4批次、30.59万美元,其中不予出口1批次、16.35万美元。全年未发生通报、退货等重大工作质量问题,为援外工程保驾护航的作用明显。

二、出口消费品质量风险评价

(一)质量风险评价的相关概念

1. 风险与风险评价

风险的传统定义是:风险是损失的不确定性。GB/T 24353 - 2009对风险的定义是:不确定性对目标的影响。国际标准化组织(ISO/IEC73)对风险也有定义:风险是引起损失的事件发生的可能性及其后果的综合。风险评价(Risk Assessment)是进行风险管理必不可缺的环节,是对引发风险的可能性和风险造成的后果的评价,包括三个方面内容:一是风险因素引发风险事件的可能性,二是风险事件给发风险利益关联者造成风险损的可能性,三是风险损失程度的量化评价。

2. 消费品质量风险

质量风险(Quality Risk)是质量风险事件发生的可能性及其产生负面影响的综合。对质量风险概念和内涵的确定,必须明确质量、质量安全和质量风险直接的相互关系。从概念入手,质量可理解为"满足一定用途的各种性能的综合及其满足使用者需求的程度"。而质量安全(Quality Safety)强调商品质量在"健康"领域的特殊内涵,是以"不伤害"为前提的规范要求。质量安全以质量伤害为对立面,但这种伤害应是建立在客观基础上的与消费品质量有直接关联的损伤,如商品中所含有害物质对消费者及其后代身心健康造成实际损害的程度或隐患水平,而不仅仅是一种主观的自我评价。① 质量风险涉及到三个相关概念:风险损失、风险事件和风险因素。质量风险损失是指损失质量。质量风险事件是引起损失质量发生的偶然事件,如:"重金属超标"是质量风险事件,但该事件产生的质量损失还涉及到很多因素。质量风险因素是指导致质量风险事件发生的各

---

① 程虹. 宏观质量管理[M]. 武汉:湖北人民出版社,2009年.

类因素,包括:技术装备、人员素质、质量管理体系、环境保护要求等等。

3. 消费品质量风险评价

质量风险评价是对质量风险事件发生的可能性和风险事件产生的影响的量化评价。评价内容包括:一是分析和明确引发质量事件的因素,并且评定各风险因素引发质量事件的可能性;二是归结引发质量损失的风险事件总类,评定各类风险事件引发质量损失的可能性;三是评定各种质量损失对消费者或社会产生影响的程度或效应。对消费品的质量风险评价和质量安全评价,可视为从不同的角度来评测消费品符合消费者和社会利益的水平情况,是促进质量监督、确保质量安全、提高质量水平的重要手段。质量安全评价主要是对需求的符合性和不伤害性的整体评定;而质量风险评价是从揭示危害和损失的角度,对消费品存在的或潜在的各类危害进行评定。对消费品质量风险的评价有三个层面:对某类产品的质量风险评价、对行业的质量风险的评价、对地区的质量风险评价,行业与地区的质量风险是宏观层面的质量风险,是建立在微观层面的产品质量风险基础上的。

(二)出口消费品质量风险评价技术体系

评价技术体系是由评价指标、指标权重、指标评分标准的相互关联而形成的有机整体。在评价目标导向下,依据相关关系和隶属关系,评价指标被构造成一个多目标、多层次、有序的递阶层次结构体系。在出口消费品质量风险评价技术体系中,我们按照自上而下的原则,综合运用层次分析法和专家咨询法等方法,针对评价的目标和内容,从宏观层面到微观层面逐层建立评价指标,确定个指标对应的权重和指标的评分标准,最后组织实施评价工作。

1. 指标及权重系数

本项研究将出口消费品质量评价指标体系构建为一个在揭示质量风险程度目标导向下的三个层级架构,或称为三级指标体系,一级指标分别为 Z_1 质量风险诱因指数、Z_2 质量风险原发指数、Z_3 质量风险损失指数,分别评价出口消费品质量的风险因素、风险事件、风险损失的程度和水平。同时,针对出口消费品质量风险评价指标体系进行了小范围的专家咨询调查,征询了相关领域部分专家,经统计分析,得出下表所示的权重结构。

表 8-4　质量风险指标体系指数权重系数（%）

一级指标		二级指标		三级指标	
名称	权重	名称	权重	名称	权重
质量风险诱因指数	38.6	质量标准	18.7	Z_1质量控制标准	6.8
				Z_2产品认证情况	6.6
				Z_3质量控制成本	5.3
		检验方式	10.6	Z_4原材料检测方式	5.5
				Z_5产品质量检测方式	5.1
		制造资源水平	9.3	Z_6制造装备水平（主观评分）	4.5
				Z_7熟练工人流失率	4.8
质量风险原发指数	33.7	官方质量检出	17.5	Z_8抽检比率	5.2
				Z_9质量事件检出率	5.8
				Z_{10}质量事件风险触发率	6.5
		企业自检检出	16.2	Z_{11}成品抽查比例	8.0
				Z_{12}成品抽查合格率	8.2
质量风险损失指数	27.7	官方质量风险损失评价	18.5	Z_{13}出口退运	4.5
				Z_{14}出口通报事件	4.6
				Z_{15}出口召回案例数	4.5
				Z_{16}风险损失程度	4.9
		企业质量风险损失	9.2	Z_{17}质量事故投诉	4.5
				Z_{18}出口召回应对态度	4.7

2. 指标评分标准

指标评分标准是风险评价的依据,直接影响指标的得分。在实际评分标准设计过程中,往往先对评价指标进行无量纲化处理,然后使用统一的评分标准。本项研究中,我们对三级指标采用 100 分制(满分为 100 分),对一级指标和二级指标采用 1 分制(满分为 1分)。在评价过程中三级指标为实际评价指标,采用 100 分制,通过问卷或检验检疫数据得到三级指标得分;二级指标评分是对三级指标进行归一化处理,将 100 分制转换为 1 分制,然后将 1 分制的三级指标评分进行逐级加权得到二级和一级指标得分。因此,在设计指标评分标准时,只需给出三级指标的评分标准,一级和二级指标的评分通过对三级指标得分数据处理得到,三级指标的评分标准如下表所示。

表 8 – 5　质量风险评价指标评分标准

标识	指标	选项或评分说明	评分标准
Z_1	质量控制标准	① 客户标准 ② 输入国技术法规及标准 ③ 国家标准 ④ 行业标准 ⑤ 企业标准 ⑥ 合同协议 ⑦ 客户口头要求 ⑧ 无执行标准	评分计算方式:(1)选⑦、⑧,得 0 分,选②、③,每个得 20 分;选①、④每个得 15 分;选⑤、⑥每个得 10 分;(2)对全部选中项的得分求和,然后用 100 分减去求和分值,得最终总得分
Z_2	产品认证情况	①输入国认证　②国际认证　③国家强制性认证　④其他认证　⑤无认证	评分计算方式:(1)选①、②得 10 分;选③、④得 20 分;选⑤得 100 分(2)最终得分为两项的得分和。
Z_3	质量控制成本	自填比例	评分计算方式:控制成本占企业总成本为 0 得 100 分, 10% 以下得 80 分,10% ~ 30% 得 60 分,30% ~ 60% 得 40 分,60% ~ 80% 得 20 分,80% 以上得 0 分。
Z_4	原材料检测方式	①每次按进货批进行,②随机按批次抽样进行,③定期抽样进行,④不进行检测但要求提供检测报告,⑤不进行检测也不要求提供检测报告	选①得 30 分,②得 40 分,③得 60 分,④得 80 分,⑤得 100 分。
Z_5	产品质量检测方式	①QC 企业自检,②客户检验,　③第三方权威机构检验,④检验检疫部门检验,⑤无	评分计算方式:(1)选⑤或不选,计 0 分;选③、④,每个计 30 分;选①、②得 15 分;(2)对全部选中项的得分求和,然后用 100 分减去求和分值,为最终总得分。
Z_6	制造装备水平	①十分先进,②先进,③中等,④较落后,⑤很落后	选①得 40 分,②得 60 分,③得 70 分,④得 80 分,⑤得 90 分
Z_7	熟练工人流失率	① 10% 以下　② 11 – 30%　③ 31 – 50%　④ 51 – 70%　⑤ 71% 以上	选①得 40 分,②得 60 分,③得 80 分,④得 90 分,⑤得 100 分;统计各个行业的得分均值,即为最终得分。
Z_8	抽检比率	以行业为评价单位,以抽检批次数量占出口总批次的比例为评价依据。	比例在 5% 以下,得分 90 分;比例在 5% ~ 10%,得分 70;比例在 10% ~ 15%,得分 60;其他情况得分 40。
Z_9	质量事件检出率	以行业为评价单位,以检疫检验检出率为评价依据。	检出率在 2% 以下,得分 40 分;检出率在 2% ~ 5%,得分 60;检出率在 10% ~ 15%,得分 80;其他情况得分 100。
Z_{10}	质量事件风险触发率	(1)将质量事件归为 9 类:标识不符合要求、物理机械性能不合格、化学性能不合格、电气性能不合格、耐燃和耐热要求不合格、设计与制造不良、外观不符合要求、卫生条件不合格、其他类型不合格,(2)统计这些类型事件在本年度退运、通报、召回等事件中所占的比例,根据比例大小等距划分 4 个区域,将质量事件分为Ⅰ、Ⅱ、Ⅲ、Ⅳ四类。	评分计算方式:(1)单个事件计分:Ⅰ类 20 分,Ⅱ类 15 分,Ⅲ类 10 分,Ⅳ类 5 分;(2)计算所有质量事件计分总和,然后再加上 40 分,为最终总得分,最高分为 100 分。

标识	指标	选项或评分说明	评分标准
Z_{11}	成品抽查比例	企业成品检验抽查比例	不抽查得 100 分,0~10% 得 20 分,11~30% 得 40 分,31~80% 得 60 分,81~100% 得 80 分。
Z_{12}	成品抽查合格率	自填比例	成品抽查合格率在 98%~100% 得 20 分,95%~97% 得 40 分,90%~94% 得 60 分,80%~89% 得 80 分,70%~79% 得 90 分,70% 以下得 100 分。
Z_{13}	出口退运	根据退运情况评定	评分计算方式:(1)没有出现退运情况,总分计 20 分;(2)出现出口退运情况,则考察相对去年出口退运增减情况:若增长 20% 以上,总分为 100 分;若增长 20% 以下,总分 80 分;若减少 20% 以下,总分 60 分;若减少 20% 以上,总分 40 分
Z_{14}	出口通报事件	根据通报情况评定	评分计算方式:(1)没有出现通报情况,总分计 20 分;(2)出现通报情况,则考察相对去年通报数量增减情况:若增长 20% 以上,总分为 100 分;若增长 20% 以下,总分 80 分;若减少 20% 以下,总分 60 分;若减少 20% 以上,总分 40 分
Z_{15}	出口召回案例数	统计行业召回案例总数	评分计算方式:(1)没有出现召回情况,总分计 20 分;(2)出现召回情况,则考察相对去年召回数量增减情况:若增长 20% 以上,总分为 100 分;若增长 20% 以下,总分 80 分;若减少 20% 以下,总分 60 分;若减少 20% 以上,总分 40 分
Z_{16}	风险损失程度	根据通报和退运的风险损失程度分为 I、II、III、IV 四类。	评分计算方式:(1)单个事件计分:I 类 20 分,II 类 15 分,III 类 10 分,IV 类 5 分;(2)计算所有通报与退运计分总和,然后再加上 40 分,为最终总得分,最高分为 100 分。
Z_{17}	质量事故	统计各个行业出口产品召回宗数、产品事故处理宗数、企业经济合同纠纷数,并求其总数为行业的质量事故总数。	质量事故总数最高的行业得最高分 90 分,最底的得 60 分,其他行业运用线性计算方法打分。
Z_{18}	出口召回应对态度	①启动已有危机应急机制 ②临时组建应对小组 ③求助检验检疫部门 ④积极与客户沟通,找出原因及时补救 ⑤顺其自然 ⑥其他	评分计算方式:(1)选⑤、⑥,总分为 100,否则按以下方式计算:若选①、④,每个得 10 分;选②、③、⑥,每个得 20 分;(2)对全部选中项的得分求和,为最终总得分。

注:1. 风险指标得分是以行业为基本评价单位的;2 各行业风险指标得分即为:行业内企业得分均值。

(三) 出口消费品质量风险评价结果

1. 总体评价结果

根据广东检验检疫局提供的 2016 年度各行业出口产品质量检验检疫报告以及收集的问卷数据,按照上述的风险指标评分体系对 12 个行业的质量风险进行评价,并将各级指标得分以百分制形式呈现。评价结果如表 8 - 6 所示。

表 8 - 6　12 个行业质量风险评价指标评分表

	权重(%)	家用电器	照明设备	音视频设备	仿真饰品	信息技术设备	玩具	纺织品服装	家具	与食品接触品	箱包	鞋类	加工食品
Z_1 质量控制标准	6.8	52.67	55.02	55.36	55.68	52.79	51.78	55.28	54.80	53.08	54.08	55.66	53.26
Z_2 产品认证情况	6.6	45.87	48.02	52.08	58.19	45.47	62.51	73.03	58.44	63.44	60.98	74.82	56.95
Z_3 质量控制成本	5.3	28.14	27.05	36.53	42.91	34.73	38.05	33.57	33.99	38.12	44.00	40.57	32.38
Z_4 原材料检测方式	5.5	57.44	54.37	56.24	57.35	56.95	56.91	56.47	59.53	60.28	56.37	58.61	57.58
Z_5 产品质量检测方式	5.1	61.98	62.00	61.06	65.10	57.70	60.68	62.08	61.26	61.49	63.71	61.96	61.70
Z_6 制造装备水平	4.5	61.83	62.68	65.32	60.81	65.83	60.73	64.02	62.06	61.18	64.13	64.22	57.18
Z_7 熟练工人流失率	4.8	62.73	60.97	66.42	56.36	70.00	63.43	67.84	60.65	63.57	51.00	69.74	63.65
Z_8 抽检比率	5.2	70.00	70.00	70.00	70.00	70.00	60.00	70.00	70.00	70.00	70.00	70.00	60.00
Z_9 质量事件检出率	5.8	80.00	80.00	80.00	80.00	80.00	80.00	80.00	20.00	80.00	40.00	40.00	40.00
Z_{10} 质量事件风险触发率	6.5	85.00	75.00	70.00	80.00	70.00	85.00	75.00	75.00	80.00	75.00	75.00	80.00
Z_{11} 成品抽查比例	8.0	54.75	50.59	48.84	51.11	58.92	57.30	58.43	60.38	48.49	42.11	63.61	54.01
Z_{12} 成品抽查合格率	8.2	48.08	40.92	47.33	28.00	35.12	46.40	43.44	50.55	39.83	31.11	42.33	31.21
Z_{13} 出口退运	4.5	80.00	40.00	40.00	40.00	40.00	40.00	40.00	40.00	80.00	40.00	40.00	60.00
Z_{14} 出口通报事件	4.6	80.00	20.00	20.00	40.00	20.00	40.00	40.00	40.00	40.00	20.00	20.00	40.00
Z_{15} 出口召回案例数	4.5	20.00	40.00	60.00	60.00	80.00	60.00	60.00	60.00	60.00	60.00	60.00	60.00
Z_{16} 风险损失程度	4.9	75.00	40.00	60.00	65.00	65.00	60.00	55.00	80.00	70.00	60.00		60.00
Z_{17} 质量事故	4.5	83.85	65.73	62.94	60.00	62.31	90.00	77.97	89.51	72.94	60.63	64.62	88.32
Z_{18} 出口召回应对态度	4.7	30.71	30.15	33.71	29.42	36.95	28.48	36.71	35.18	30.69	28.65	32.66	33.15

为方便对各行业的质量风险进行比较,我们根据行业质量风险评价体系将表 8 - 6 中各指标得分按其对应权重进行逐级加权综合,并将总体得分用指数形式表示(满分为 1),得到 12 个行业出口消费品质量风险指数。表 8 - 7 为近两年 12 个行业出口消费品的质量风险指数。

表 8 - 7　12 个行业出口消费品质量风险指数(一分制)

行业	2016 年风险指数	2015 年风险指数	增长率(%)	年均风险指数
家用电器	0.594	0.554	7.25	0.574
照明设备	0.508	0.537	-5.48	0.522
音视频设备	0.549	0.533	2.94	0.541
仿真饰品	0.530	0.524	1.09	0.527
信息技术设备	0.530	0.557	-4.89	0.543
玩具	0.557	0.599	-7.03	0.578
纺织品服装	0.584	0.563	3.78	0.574
家具	0.570	0.547	4.17	0.558
与食品接触产品	0.572	0.632	-9.50	0.602
箱包	0.471	0.536	-12.04	0.504
鞋类	0.519	0.554	-6.26	0.537
加工食品	0.543	0.523	3.77	0.533

由表可知,2016 年度,广东 12 个行业出口消费品质量风险指数介于 0.471 ~ 0.594 之间,行业总体质量风险处于中等水平,与往年相比有所降低。从行业质量风险指数的区间分布来看,质量风险指数最高的是家用电器行业(0.594),质量风险指数最低的是箱包,为 0.471,其余行业的质量风险指数均处于 0.500 ~ 0.600 的区间内。

据表 8 - 7 进一步对 12 个行业按样本量进行加权平均,得到 2016 年广东出口消费品质量风险指数为 0.544,相较于 2015 年的质量风险指数 0.555 下降 0.011,意味着近两年广东出口消费品风险水平相较前两年均有所降低。

2. 按指标分类评价结果

出口消费品行业质量风险评价采用三级指标评价体系,为比较各层级指标得分情况及差异,将评价结果按指标层级结构进行分析。

(1)按三级指标分类

行业质量风险评价采用 18 项三级指标,12 个行业三级评分结果见表 8 - 6。行业三级指标得分均值与标准差如表 8 - 8 所示。

表 8 - 8　12 个行业质量风险三级指标得分均值及标准差

三级指标	风险均值	行业标准差	三级指标	风险均值	行业标准差
Z_1 质量控制标准	54.12	1.35	Z_{10} 质量事件风险触发率	77.08	4.98
Z_2 产品认证情况	58.32	9.56	Z_{11} 成品抽查比例	54.04	6.08
Z_3 质量控制成本	35.84	5.29	Z_{12} 成品抽查合格率	40.36	7.46
Z_4 原材料检测方式	57.34	1.57	Z_{13} 出口退运	48.33	15.86
Z_5 产品质量检测方式	61.73	1.75	Z_{14} 出口通报事件	35.00	17.32

三级指标	风险均值	行业标准差	三级指标	风险均值	行业标准差
Z_6 制造装备水平	62.50	2.40	Z_{15} 出口召回案例数	46.67	24.62
Z_7 熟练工人流失率	63.03	5.46	Z_{16} 风险损失程度	55.83	19.52
Z_8 抽检比率	68.33	3.89	Z_{17} 质量事故投诉	73.23	12.06
Z_9 质量事件检出率	55.00	22.76	Z_{18} 出口召回应对态度	32.21	2.98

由表 8 - 8 可知,在行业质量风险三级评价指标中,风险均值最高的三项指标分别是 Z_{10} 质量事件风险触发率(77.08)、Z_{17} 质量事故投诉(73.23)与 Z_8 抽检比率(68.33)。风险均值最低的三项指标则是 Z_{18} 出口召回应对态度(32.21)、Z_{14} 出口通报事件(35.00)与 Z_3 质量控制成本(35.84),说明行业出口消费品质量风险在不同评价指标上存在着较大的差异。就得分离散程度而言,得分最为离散的指标是"出口召回案例数",标准差高达 24.62。受行业影响程度较大的还有质量事件检出率、出口通报事件、风险损失程度三项指标,标准差均在 15.00 以上。风险得分离散程度最小的是"质量控制标准",标准差为 1.35;其次,原材料检测方式、产品质量检测方式指标得分标准差均小于 2.00,表面这些风险指标评价加过受行业影响程度相对较小。

(2)按二级指标分类

行业质量风险评价采用 6 项二级指标,分别为质量标准、检验方式、制造资源水平、官方质量检出、企业自检检出、官方质量风险损失评价以及企业质量风险损失。将以上指标的权重得分转换为百分制,得到 12 个行业的二级指标评价结果,详见表 8 - 9。

表 8 - 9 12 个行业质量风险二级指标得分情况一览表(百分制)

	质量标准	检验方式	制造资源水平	官方质量检出	企业自检检出	官方质量风险损失评价	企业质量风险损失
家用电器	43.32	59.63	62.29	78.89	51.38	64.08	56.70
照明设备	44.62	58.04	61.80	75.17	45.69	30.16	47.55
音视频设备	48.87	58.56	65.88	73.31	48.08	45.19	48.01
仿真饰品	52.95	61.08	58.52	63.77	39.41	51.49	44.38
信息技术设备	45.09	57.31	67.98	60.06	46.87	51.38	49.35
玩具	51.67	58.73	62.13	62.66	51.79	50.16	58.57
纺织品服装	55.39	59.17	65.99	75.17	50.84	48.84	56.89
家具	50.18	60.36	61.33	55.29	55.40	60.32	61.76
与食品接触品	52.50	60.87	62.41	77.03	44.10	52.81	51.36
箱包	53.66	59.90	57.35	61.91	36.54	24.86	44.29
鞋类	58.15	60.22	67.07	61.91	52.84	24.86	48.29
加工食品及其他	48.65	59.56	60.52	60.80	42.47	55.03	60.14

	质量标准	检验方式	制造资源水平	官方质量检出	企业自检检出	官方质量风险损失评价	企业质量风险损失
均值	50.42	59.45	62.77	67.16	47.12	46.60	52.27
标准差	4.53	1.14	3.33	8.09	5.72	13.09	6.21

由上表可知,12 个行业的质量风险二级指标多数得分介于 50~60 之间,其中得分最高的二级指标是官方质量检出(67.16),得分最低的指标是官方质量风险损失评价(46.60),极差为 20.56。在二级指标中,得分离散程度最大的是官方质量风险损失评价,行业标准差为 13.09,反映出不同企业对官方质量风险损失评价反馈水平不同。受行业影响较大的指标还有企业质量风险损失和官方质量检出,标准差大于 5.00。指标得分离散性最小的是检验方式,12 个行业均值的标准差为 1.14,其次是制造资源水平(标准差为 3.33)和质量标准(标准差为 4.53)。

(3)按一级指标分类

行业质量风险评价采用 3 项一级指标,分别是质量风险诱因指数、质量风险原发指数、质量风险损失指数,将以上指标的权重得分转换为百分制,得到 12 个行业一级指标评价结果,如表 8 - 10 所示。

表 8 - 10　12 个行业质量风险一级指标得分情况一览表(百分制)

	质量风险诱因指数	质量风险原发指数	质量风险损失指数
家用电器	52.37	65.66	61.63
照明设备	52.45	61.00	35.94
音视频设备	55.63	61.18	46.12
仿真饰品	56.52	52.06	49.13
信息技术设备	53.96	53.72	50.71
玩具	56.13	57.43	52.96
纺织品服装	58.98	63.47	51.51
家具	55.66	55.34	60.80
与食品接触品	57.18	61.20	52.33
箱包	56.26	49.72	31.32
鞋类	60.87	57.55	32.65
加工食品	54.50	51.99	56.72
均值	55.88	57.53	48.48
标准差	2.46	5.06	10.23

上表反映,12 个行业质量风险一级指标得分均值最高的是质量风险原发指数(57.53),其次是质量风险诱因指数(55.88),得分均值最低的是质量风险损失指数

(48.48),极差为 11.05,三项一级指标得分均值差距较大。从指标得分情况来看,12 个行业中得分较为集中的质量风险一级指标是质量风险诱因指数,标准差为 2.46,反映该指标受行业类型影响较小;得分较为分散的是质量风险损失指数,标准差为 10.23,其中,家用电器行业得分最高(61.63),箱包行业得分最低(31.32),反映该项指标受行业类型影响较大。

3. 按行业分类评价结果

(1)家用电器行业。评价指标得分如表 8 - 11。

表 8 - 11　家用电器行业质量风险评价指标得分(百分制)

一级指标	得分	二级指标	得分	三级指标	得分
质量风险诱因指数	52.37	质量标准	43.32	质量控制标准	52.67
				产品认证情况	45.87
				质量控制成本	28.14
		检验方式	59.63	原材料检测方式	57.44
				产品质量检测方式	61.98
		制造资源水平	62.29	制造装备水平	61.83
				熟练工人流失率	62.73
质量风险原发指数	65.66	官方质量检出	78.89	抽检比率	70.00
				质量事件检出率	80.00
				质量事件风险触发率	85.00
		企业自检检出	51.38	成品抽查比例	54.75
				成品抽查合格率	48.08
质量风险损失指数	61.63	官方质量风险损失	64.08	出口退运	80.00
				出口通报事件	80.00
				出口召回案例数	20.00
				风险损失程度	75.00
		企业质量风险损失	56.70	质量事故投诉	83.85
				出口召回应对态度	30.71
均值	59.89	均值	59.47	均值	59.89
标准差	6.82	标准差	11.11	标准差	19.76

由上表可知,家用电器行业质量风险三级指标得分均值为 59.89,风险最低的三项指标分别是质量控制成本、出口召回案例数与出口召回应对态度,风险最高的三项质量事故投诉、质量事件检出率和质量事件风险触发率。从二级指标来看,风险最高的指标是官方质量检出,风险最低的是企业自检检出;在一级指标中风险最高的指标是质量风险原发指数。在三级质量风险指标中,三级指标的标准差较大,反映家用电器行业不同指标的质量风险差异较大。2016 年行业抽检中,家用电器行业存在较为严重的质量问题,

因此,2016 年的质量风险指数高于其他行业。

(2)照明设备行业。评价指标得分如表 8 – 12。

表 8 – 12　照明设备行业质量风险评价指标得分表(百分制)

一级指标	得分	二级指标	得分	三级指标	得分
质量风险诱因指数	52.45	质量标准	44.62	质量控制标准	55.02
				产品认证情况	48.02
				质量控制成本	27.05
		检验方式	58.04	原材料检测方式	54.37
				产品质量检测方式	62.00
		制造资源水平	61.80	制造装备水平	62.68
				熟练工人流失率	60.97
质量风险原发指数	61.00	官方质量检出	75.17	抽检比率	70.00
				质量事件检出率	80.00
				质量事件风险触发率	75.00
		企业自检检出	45.69	成品抽查比例	50.59
				成品抽查合格率	40.92
质量风险损失指数	35.94	官方质量风险损失	30.16	出口退运	40.00
				出口通报事件	20.00
				出口召回案例数	20.00
				风险损失程度	40.00
		企业质量风险损失	47.55	质量事故投诉	65.73
				出口召回应对态度	30.15
均值	49.80	均值	51.86	均值	50.14
标准差	12.74	标准差	14.49	标准差	18.23

由表 8 – 12 可见,照明设备行业三级指标的风险得分从 20 ~ 80 不等,均值为 50.14,标准差为 18.23,相当于平均值的 36.36% 。风险较高的三级指标为质量事件检出、质量事件风险触发率以及抽检比率,其中,质量事件检出得分 80 分,根据广东检验检疫局提供的报告,将照明设备行业通报、退运的损失划分为四类事件,虽然事件大部分为风险程度较低的 IV 类,但因其累加次数较多,因此风险程度也较高。行业风险较低的三项指标为出口通报事件、出口召回案例数、出口召回应对态度。7 项二级指标的均值为 51.86,标准差为 14.49,为均值的 27.94% 。从一级指标来看,指标得分均值为 49.80,标准差为 12.74,风险指数与 2015 年相比有了明显进步。

(3)音视频设备行业。广东地区音视频产品涉及产品较多,主要包括电视机、家用组合音响、DVD 播放机、车载 DVD、车载液晶显示器、音箱、喇叭、扬声器、无线扩音机、收音机、CD 机等,除极少数大中型企业比较注重研发原创生产外,其余中小型企业多以组装和 OEM 居多,产品结构简单、技术门槛低、产品附加值偏低、产品同质化严重等,均在一定程度上导致该行业的风险水平略高。音视频行业风险评价指标得分如表 8 – 13 所示。

表 8 – 13 音视频行业质量风险评价指标得分(百分制)

一级指标	得分	二级指标	得分	三级指标	得分
质量风险诱因指数	55.63	质量标准	48.87	质量控制标准	55.36
				产品认证情况	52.08
				质量控制成本	36.53
		检验方式	58.56	原材料检测方式	56.24
				产品质量检测方式	61.06
		制造资源水平	65.88	制造装备水平	65.32
				熟练工人流失率	66.42
质量风险原发指数	61.18	官方质量检出	73.31	抽检比率	70.00
				质量事件检出率	80.00
				质量事件风险触发率	70.00
		企业自检检出	48.08	成品抽查比例	48.84
				成品抽查合格率	47.33
质量风险损失指数	46.12	官方质量风险损失	45.19	出口退运	40.00
				出口通报事件	20.00
				出口召回案例数	60.00
				风险损失程度	60.00
		企业质量风险损失	48.01	质量事故投诉	62.94
				出口召回应对态度	33.71
均值	54.31	均值	55.41	均值	54.77
标准差	7.61	标准差	10.77	标准差	14.97

由表可知,音视频产品行业的三级指标风险得分最低的两个指标是出口通报事件与质量控制成本,风险得分较高的是质量事件风险触发率(80 分),平均得分为 54.77 分,标准差为 14.97,占平均值的 27.33%。二级指标的平均得分为 55.41 分,标准差为 10.77,相当于均值的 19.44%。从一级指标来看,3 项指标平均得分为 54.31,其中仅质量风险原发指数得分超过 60 分。一级指标得分的标准差为 7.61,表明该行业一级质量风险指标得分差异逐渐缩小。

(4)仿真饰品行业。仿真饰品一般是指不含天然或养殖珍珠、宝石或半宝石(天然、合成或再造)及贵金属或包贵金属(仅作为镀层或小零件、小装饰品的除外)的个人佩戴的小物品类饰品。2016 年度广东仿真饰品行业质量风险评价指标得分见表 8 – 14。

表8-14　仿真饰品行业质量风险评价指标得分(百分制)

一级指标	得分	二级指标	得分	三级指标	得分
质量风险诱因指数	56.52	质量标准	52.95	质量控制标准	55.68
				产品认证情况	58.19
				质量控制成本	42.91
		检验方式	61.08	原材料检测方式	57.35
				产品质量检测方式	65.10
		制造资源水平	58.52	制造装备水平	60.81
				熟练工人流失率	56.36
质量风险原发指数	52.06	官方质量检出	63.77	抽检比率	70.00
				质量事件检出率	40.00
				质量事件风险触发率	80.00
		企业自检检出	39.41	成品抽查比例	51.11
				成品抽查合格率	28.00
质量风险损失指数	49.13	官方质量风险损失	51.49	出口退运	40.00
				出口通报事件	40.00
				出口召回案例数	60.00
				风险损失程度	65.00
		企业质量风险损失	44.38	质量事故投诉	60.00
				出口召回应对态度	29.42
均值	52.57	均值	53.08	均值	53.33
标准差	3.72	标准差	8.88	标准差	13.98

由表可知,从三级指标来看,仿真饰品行业的风险得分均值为53.33,标准差为13.98,相当于均值的26.21%。风险得分最低的三项指标分别为出口退运、出口通报事件、出口召回应对态度,风险得分最高的三项指标则为质量事件风险触发率、抽检比率、产品质量检测方式。从二级指标来看,得分最低的指标为企业自检检出(39.41),得分最高的为检验方式(61.08),7项二级指标的平均得分是53.08分,标准差为8.88,相当于平均值的16.73%。从一级指标来看,三项一级指标得分均值为52.57,标准差为3.72,表明该行业质量风险一级指标差异较小。

(5)信息技术设备行业。评价指标得分见表8-15。

表 8 - 15 信息技术设备行业质量风险评价指标得分(百分制)

一级指标	得分	二级指标	得分	三级指标	得分
质量风险诱因指数	53.96	质量标准	45.09	质量控制标准	52.79
				产品认证情况	45.47
				质量控制成本	34.73
		检验方式	57.31	原材料检测方式	56.95
				产品质量检测方式	57.70
		制造资源水平	67.98	制造装备水平	65.83
				熟练工人流失率	70.00
质量风险原发指数	53.72	官方质量检出	60.06	抽检比率	70.00
				质量事件检出率	40.00
				质量事件风险触发率	70.00
		企业自检检出	46.87	成品抽查比例	58.92
				成品抽查合格率	35.12
质量风险损失指数	50.71	官方质量风险损失	51.38	出口退运	40.00
				出口通报事件	20.00
				出口召回案例数	80.00
				风险损失程度	65.00
		企业质量风险损失	49.35	质量事故投诉	62.31
				出口召回应对态度	36.95
均值	52.80	均值	54.01	均值	53.43
标准差	1.81	标准差	8.18	标准差	16.19

由上表可知,就三级指标而言,信息技术设备行业质量风险平均值为 53.43,标准差为 16.19,相当于其平均值的 30.30%。就二级指标而言,得分最低的指标是质量标准(45.09),得分最高的指标是制造资源水平(67.98),平均值为 54.01,标准差为 8.18。就一级指标而言,三项一级指标得分相距不大,其均值为 52.80,标准差为 1.81。

(6)玩具行业。评价指标得分如表 8 - 16 所示。

表 8 - 16 玩具行业质量风险评价指标得分(百分制)

一级指标	得分	二级指标	得分	三级指标	得分
质量风险诱因指数	56.13	质量标准	51.67	质量控制标准	51.78
				产品认证情况	62.51
				质量控制成本	38.05
		检验方式	58.73	原材料检测方式	56.91
				产品质量检测方式	60.68
		制造资源水平	62.13	制造装备水平	60.73
				熟练工人流失率	63.43

续表

一级指标	得分	二级指标	得分	三级指标	得分
质量风险原发指数	57.43	官方质量检出	62.66	抽检比率	60.00
				质量事件检出率	40.00
				质量事件风险触发率	85.00
		企业自检检出	51.79	成品抽查比例	57.30
				成品抽查合格率	46.40
质量风险损失指数	52.96	官方质量风险损失	50.16	出口退运	40.00
				出口通报事件	40.00
				出口召回案例数	60.00
				风险损失程度	60.00
		企业质量风险损失	58.57	质量事故投诉	90.00
				出口召回应对态度	28.48
均值	55.51	均值	56.53	均值	55.63
标准差	2.30	标准差	5.24	标准差	15.61

由表可知,玩具行业 18 项质量风险三级指标得分较为离散,均值为 55.63,标准差为 15.61。从二级指标来看,得分最高的指标为官方质量检出(62.66),得分较低的两项指标为官方质量风险损失评价(50.16)与质量标准(51.67)。从一级指标得分情况来看,均值为 55.51,标准差为 2.30。

(7)纺织品服装行业。评价指标得分如表 8 – 17 所示。

表 8 – 17　纺织品服装行业质量风险评价指标得分(百分制)

一级指标	得分	二级指标	得分	三级指标	得分
质量风险诱因指数	58.98	质量标准	55.39	质量控制标准	55.28
				产品认证情况	73.03
				质量控制成本	33.57
		检验方式	59.17	原材料检测方式	56.47
				产品质量检测方式	62.08
		制造资源水平	65.99	制造装备水平	64.02
				熟练工人流失率	67.84
质量风险原发指数	63.47	官方质量检出	75.17	抽检比率	70.00
				质量事件检出率	80.00
				质量事件风险触发率	75.00
		企业自检检出	50.84	成品抽查比例	58.43
				成品抽查合格率	43.44

续表

一级指标	得分	二级指标	得分	三级指标	得分
质量风险损失指数	51.51	官方质量风险损失	48.84	出口退运	40.00
				出口通报事件	40.00
				出口召回案例数	60.00
				风险损失程度	55.00
		企业质量风险损失	56.89	质量事故投诉	77.97
				出口召回应对态度	36.71
均值	57.99	均值	58.90	均值	58.27
标准差	6.04	标准差	9.11	标准差	14.60

由表可知,从三级指标来看,得分最高的三项指标为产品认证情况、质量事件风险触发率、质量事故投诉,得分最低的三项指标为出口通报事件、质量控制成本和出口召回应对态度。18 项三级指标的平均得分为 58.27 分,标准差为 14.60,反映各指标间得分差异较大。从二级指标来看,得分最高的指标为官方质量检出(75.17),得分最低的指标是官方质量风险损失评价(48.84);7 项二级指标的均值为 58.90,标准差为 9.11,相当于均值的 15.47%。从一级指标来看,3 项指标的均值为 57.99,标准差为 6.04,相当于均值的 10.42%。2016 年,质量抽检中,儿童服装存在质量问题,因此,年度风险指数相比上年度有所提高。

(8)家具行业。评价指标得分如表 8 - 18 所示。

表 8 - 18　家具行业质量风险评价指标得分(百分制)

一级指标	得分	二级指标	得分	三级指标	得分
质量风险诱因指数	55.66	质量标准	50.18	质量控制标准	54.80
				产品认证情况	58.44
				质量控制成本	33.99
		检验方式	60.36	原材料检测方式	59.53
				产品质量检测方式	61.26
		制造资源水平	61.33	制造装备水平	62.06
				熟练工人流失率	60.65
质量风险原发指数	55.34	官方质量检出	55.29	抽检比率	70.00
				质量事件检出率	20.00
				质量事件风险触发率	75.00
		企业自检检出	55.40	成品抽查比例	60.38
				成品抽查合格率	50.55

一级指标	得分	二级指标	得分	三级指标	得分
质量风险损失指数	60.80	官方质量风险损失	60.32	出口退运	40.00
				出口通报事件	40.00
				出口召回案例数	80.00
				风险损失程度	80.00
		企业质量风险损失	61.76	质量事故投诉	89.51
				出口召回应对态度	35.18
均值	57.27	均值	57.81	均值	57.30
标准差	3.06	标准差	4.30	标准差	18.28

由表可知,从三级指标来看,家具行业得分最高的三项指标为风险损失程度、出口召回案例数和质量事件风向触发率,得分最低的三项指标则为出口通报事件、出口召回应对态度和质量控制成本。18 项三级指标的平均得分为 57.30,标准差为 18.28,三级指标离散程度较大。从二级指标来看,得分最高的指标为企业质量风险损失评价(61.76),得分最低的指标为质量标准(51.08)。7 项二级指标的评价得分为 57.81,标准差为 4.30。家具行业质量风险一级指标的平均得分为 57.27,标准差为 3.06,行业内差异较小。

(9)与食品接触品行业。评价指标得分见表 8 - 19。

表 8 - 19　与食品接触品行业风险评价指标得分(百分制)

一级指标	得分	二级指标	得分	三级指标	得分
质量风险诱因指数	57.18	质量标准	52.50	质量控制标准	53.08
				产品认证情况	63.44
				质量控制成本	38.12
		检验方式	60.87	原材料检测方式	60.28
				产品质量检测方式	61.49
		制造资源水平	62.41	制造装备水平	61.18
				熟练工人流失率	63.57
质量风险原发指数	61.20	官方质量检出	77.03	抽检比率	70.00
				质量事件检出率	80.00
				质量事件风险触发率	80.00
		企业自检检出	44.10	成品抽查比例	48.49
				成品抽查合格率	39.83

续表

一级指标	得分	二级指标	得分	三级指标	得分
质量风险损失指数	52.33	官方质量风险损失	52.81	出口退运	80.00
				出口通报事件	40.00
				出口召回案例数	20.00
				风险损失程度	70.00
		企业质量风险损失	51.36	质量事故投诉	72.94
				出口召回应对态度	30.69
均值	56.90	均值	57.30	均值	57.40
标准差	4.44	标准差	10.65	标准差	17.82

从上表可知,就三级指标而言,与食品接触品的风险指数较高,得分最高的三项指标分别是出口退运、质量事件检出率和质量事件风险触发率。得分较低的三项三级指标分别为出口召回案例数、质量控制成本和出口召回应对态度。从二级指标来看,最高的是官方质量检出(77.03),得分最低的是企业自检检出(44.10),7项指标的平均得分为57.30,标准差为10.65。从一级指标来看,三项指标得分均值为56.90,标准差为4.44。2016年,与食品接触品行业抽检情况良好,风险水平能到明显控制。

(10)箱包行业。评价指标得分如表8-20所示。

表8-20　箱包行业风险评价指标得分(百分制)

一级指标	得分	二级指标	得分	三级指标	得分
质量风险诱因指数	56.26	质量标准	53.66	质量控制标准	54.08
				产品认证情况	60.98
				质量控制成本	44.00
		检验方式	59.90	原材料检测方式	56.37
				产品质量检测方式	63.71
		制造资源水平	57.35	制造装备水平	64.13
				熟练工人流失率	51.00
质量风险原发指数	49.72	官方质量检出	61.91	抽检比率	70.00
				质量事件检出率	40.00
				质量事件风险触发率	75.00
		企业自检检出	36.54	成品抽查比例	42.11
				成品抽查合格率	31.11

一级指标	得分	二级指标	得分	三级指标	得分
质量风险损失指数	31.32	官方质量风险损失	24.86	出口退运	40.00
				出口通报事件	20.00
				出口召回案例数	20.00
				风险损失程度	20.00
		企业质量风险损失	44.29	质量事故投诉	60.63
				出口召回应对态度	28.65
均值	45.77	均值	48.36	均值	46.76
标准差	12.93	标准差	13.75	标准差	17.70

由表 8 - 20 可知,从三级指标来看,得分最高的三项指标分别是质量事件风险触发率、抽检比率和制造装备水平,得分较低的三项指标分别为出口通报事件、出口召回案例数、出口召回应对态度。18 项三级指标的平均得分为 46.76 分,标准差为 17.70,反映该行业三级指标风险水平存在较大差异。从二级指标来看,二级指标得分介于 20 ~ 60 分之间,得分最高的是官方质量检出(61.91),最低的是官方质量风险损失评价(24.86),所有二级指标的平均得分为 48.36,标准差为 13.75。从一级指标来看,三项指标得分均值为 45.77,标准差为 12.93。

(11)鞋类行业。评价指标得分如表 8 - 21 所示。

表 8 - 21　鞋类行业风险评价指标得分(百分制)

一级指标	得分	二级指标	得分	三级指标	得分
质量风险诱因指数	60.87	质量标准	58.15	质量控制标准	55.66
				产品认证情况	74.82
				质量控制成本	40.57
		检验方式	60.22	原材料检测方式	58.61
				产品质量检测方式	61.96
		制造资源水平	67.07	制造装备水平	64.22
				熟练工人流失率	69.74
质量风险原发指数	57.55	官方质量检出	61.91	抽检比率	70.00
				质量事件检出率	40.00
				质量事件风险触发率	75.00
		企业自检检出	52.84	成品抽查比例	63.61
				成品抽查合格率	42.33

续表

一级指标	得分	二级指标	得分	三级指标	得分
质量风险损失指数	32.65	官方质量风险损失	24.86	出口退运	40.00
				出口通报事件	20.00
				出口召回案例数	20.00
				风险损失程度	20.00
		企业质量风险损失	48.29	质量事故投诉	64.62
				出口召回应对态度	32.66
均值	50.35	均值	53.34	均值	50.77
标准差	15.43	标准差	13.96	标准差	19.13

由表可知,从三级指标来看,鞋类行业得分较低的三项指标为出口通报事件、出口召回案例数以及风险损失程度,得分最高的三项指标为产品认证情况、抽检比率和熟练工人流失率,18 项三级指标风险得分均值为 50.77,标准差为 19.13,相当于均值的 37.68%。从二级指标来看,得分最低的指标为官方质量风险损失(24.86),得分最高的为制造资源水平(67.07),二级指标的平均得分是 53.34 分,标准差为 13.96,相当于平均值的 26.17%。从一级指标来看,三项一级指标得分均值为 50.35,标准差为 15.43,相当于平均值的 30.65%。

(12)加工食品或其他行业。评价指标得分见表 8 – 22。

表 8 – 22　加工食品或其他行业风险评价指标得分(百分制)

一级指标	得分	一级指标	得分	二级指标	得分
质量风险诱因指数	54.50	质量标准	48.65	质量控制标准	53.26
				产品认证情况	56.95
				质量控制成本	32.38
		检验方式	59.56	原材料检测方式	57.58
				产品质量检测方式	61.70
		制造资源水平	60.52	制造装备水平	57.18
				熟练工人流失率	63.65
质量风险原发指数	51.99	官方质量检出	60.80	抽检比率	60.00
				质量事件检出率	40.00
				质量事件风险触发率	80.00
		企业自检检出	42.47	成品抽查比例	54.01
				成品抽查合格率	31.21

续表

一级指标	得分	二级指标	得分	三级指标	得分
质量风险损失指数	56.72	官方质量风险损失	55.03	出口退运	60.00
				出口通报事件	40.00
				出口召回案例数	60.00
				风险损失程度	60.00
		企业质量风险损失	60.14	质量事故投诉	88.32
				出口召回应对态度	33.15
均值	54.41	均值	55.31	均值	54.97
标准差	2.37	标准差	7.17	标准差	15.30

由表可知,加工食品或其他行业的三级指标评价得分介于30~80分之间,风险得分较高的是质量事故投诉(88.32分),平均得分为54.97分,标准差为15.30,占平均值的27.83%。二级指标的平均得分为55.31分,标准差为7.17,相当于均值的12.96%。从一级指标来看,质量风险原发指数最低,为51.99,3项指标平均得分为54.41,标准差为2.37。

(本章执笔:华南理工大学公共管理学院林婧庭 硕士生)

第九章 认证认可对出口消费品质量的影响

认证认可是国际公认的质量技术基础工作,也是保障国民经济健康运行的技术措施和突破贸易壁垒、促进出口贸易、改进宏观管理的重要手段。通过实证研究认证认可对广东出口消费品质量的影响作用,从宏观和微观层面检验其作用机制,对于推动我国出口消费品行业质量进步、产业转型升级具有重要意义。

一、商品质量的认证认可概述

(一)认证认可概念及内涵

认证和认可均属合格评定[①]的范畴,是对与产品、过程、体系、人员或机构有关的规定要求得到满足的证实活动。ISO/IEC 17000《符合性评定—词汇和基本原理》(2004)对认证的定义是:"有关产品、过程、体系或人员的第三方证明"。ISO/IEC 17011:2004《合格评定 认可机构通用要求》标准对认可的定义是:"正式表明合格评定机构具备实施特定合格评定工作的能力的第三方证明"。《中华人民共和国认证认可条例》第一章第二条规定:"认证是指由认证机构证明产品、服务、管理体系符合相关技术规范、相关技术规范的强制性要求或者标准的合格评定活动;认可是指由认可机构对认证机构、检查机构、实验室及从事评审、审核等认证活动人员的能力和执业资格,予以承认的合格评定活动。"

认证与认可是两个不同层面的合格评定活动,二者在实施主体、对象、内容等方面都有着重要的相互区别。在认可与认证的实施主体方面,认可是由权威机构(认可机构)实施的活动,我国《认证认可条例》规定:"除国务院认证认可监督管理部门确定的认可机构外,其他任何单位不得直接或变相从事认可活动",中国合格评定国家认可委员会 CNAS 是国家批准设立并授权的唯一国家认可机构。而认证是由第三方(认证机构)实施的活动,认证机构一般属于社会中介组织,认证机构依靠自身的专业技术能力取得市场信任。在认可认证的对象方面,认可的对象是认证机构、检查机构和实验室,认证的对象是产品、服务、管理体系。在认可认证的活动内容上,认可是证明和评定能力,认可的内容是依法对认证机构、检查机构、实验室和认证工作者的管理、技术和运作的能力和资质进行

---

① 世界贸易组织《技术性贸易壁垒协定》(WTO/TBT)中规定:"合格评定是指与直接或间接确定相关要求是否被满足的一切有关的活动。"合格评定包括检测、检查和认证,以及对合格评定机构的认可活动。

评定;认证是证明和评定符合性,认证的内容是对产品、服务、管理体系等是否符合相关技术规范、技术规范的强制性要求或标准进行评定。

同时,认证和认可本质上都是一种质量管理活动,它们的目标和工作性质是相同的,二者相互影响、相互统一,形成以质量保障为基本职能的认证认可体系。认可是认证的前提和保证,认可的主要职能是依法对认证机构、检测机构、实验室的授信、监督和管理,进而保障认证的有效性和公信力;认证是对认可的质量保障职能的延续和体现,是在获得认可之后从事对企业各项经营事物的符合性进行证明,获认可的认证机构出现任何差错都会影响认可的权威性。

(二)认证认可发展历程

1. 国际认证认可的发展历程

质量认证起源于英国,1903 年英国标准化协会推出风筝标志认证,以国家标准为依据对英国钢轨进行质量认证,由不受供需双方利益所支配的独立第三方对钢轨质量进行合格评定,开创了国家认证制度的先河。此后一些老牌工业化国家为规范市场、促进贸易,纷纷效仿跟进,建立起以本国技术法规、标准为依据的国家认证制度,对在本国市场上流通的本国产品实施质量认证。第二次世界大战之后,世界各国贸易往来密切,开始产生了国与国之间认证制度的双边、多边互认,进而发展到以区域标准和法规为依据的区域认证制度,如:原欧共体国家以欧洲标准为依据建立的电工产品认证制度。从上世纪 80 年代起,国际标准化组织 ISO 与国际电工委员会 IEC 在国际认证工作中的协调作用日渐突出,它们致力于指导建立认证技术规范和标准,并且以国际电工标准为依据,在电子元器件和电工产品领域开始建立国际认证制度的试点工作,带动和推进其他产品领域的认证活动,形成了世界各国普遍参与的国际认证制度,目前全球已有近 70 个国家建立了国家认证认可制度,认证机构超过 3000 家(不含中国)[①]。

二十世纪 80 年代到 90 年代后期,多数国家建立了本国的国家认可制度,由政府授权的认可机构按照国际标准化组织和国际电工委员会联合发布的统一标准对认证机构、实验室、检查机构进行认可和对认证从业人员进行考核、注册,以保证各国认证结果的等同性,目前全球认可机构数量已达 80 多家。在国家认可制度的基础上,各国认可机构加强合作,进一步推动质量认证的双边、多边互认,相续诞生了欧洲认可合作组织(EAC)、太平洋认可合作组织(PAC)、中美洲认可合作组织(IAAC)和南部非洲认可合作组织(SA-RAC);在各区域认可合作的基础上,建立了世界性的认可机构合作组织:国际认可论坛(IAF)、国际实验室认可组织(ILAC),并相续建立了相应的国际组织和国家间的互认制度,一定程度上达到消除技术壁垒、促进世界贸易的效果。

---

① 张佳军. 我国产品认证及其规制研究[D]. 西北大学, 2009.

2. 我国认证认可的发展情况

在改革开放以前,中国实行计划经济,对产品质量的评定实施严格的合格证制度和抽查制度,认证认可在我国国民经济中基本处于空白状态。改革开放以后,我国开始从高度集中且严格的合格证制度和抽查制度,转变到市场调节下的认证认可制度,随着我国国际贸易的不断发展,认证认可事业在我国高速发展起来,极大推动了我国商品质量的提高和经济发展,纵观改革开放后认证认可发展整个过程,可以将其分为三个阶段①。

第一阶段为试点起步阶段(1978—1991年)。1978年9月我国加入国际标准化组织(ISO),开始认识到认证认可的保障质量、促进国民经济健康运行方面的基础性作用。1981年4月,我国以电子元器件行业为对象开始认证试点工作,成立了中国第一个产品认证机构——中国电子元器件认证委员会,1984年成立的中国电工产品认证委员会(CCEE),该委员会于1985年9月成为国际电工产品认证组织(IECEE)管理委员会成员,并于1989年6月成为认证机构委员会(CCB)成员,1990年6月中国电工产品认证委员会9个实验室被批准为IECEE的CB实验室。此后,我国开始在更广泛的领域推行认证制度,相继推进了家用电器、电子娱乐设备、医疗器械、食品等众多领域的认证制度发展,逐步形成依托原国家技术监督局系统以CCEE为标志和依托原国家商检局系统以CCIB为标志的两套认证系统。

第二阶段,全面推行阶段(1991—2001年)。1991年5月国务院第83号令正式颁布了《中华人民共和国产品质量认证管理条例》,标志着我国的质量认证工作由试点进入了全面推行的新阶段。这一阶段,我国全面建立和实施针对国内市场进行CCEE认证和针对进出口进行CCIB认证、全面推广强制性产品认证,并且在管理体系认证领域也取得了重要进展。1992年10月,我国按照等同采用的原则发布了GB/T 19000质量管理体系系列标准,并在全国范围内进行宣传贯彻;1996年ISO 14000环境管理体系系列标准发布后,我国将其等同转化为国标GB/T 24001 - 1996,并于1997年成立了中国环境管理体系认证指导委员会,负责统一指导和管理我国的环境管理体系认证工作。1999年参照OHSAS18001《职业健康安全管理体系规范》的要求,我国发布了《职业安全卫生管理体系试行标准》,并在安全生产领域实施职业健康安全管理体系认证活动。随着认证领域的不断拓展和广泛开展,我国认可制度在这一时期得到快速发展。

第三阶段,统一的认证认可制度建设阶段(2001年至今)。2001年8月29日,国家认证认可监督管理委员会正式成立,标志着我国认证认可发展进入了统一管理和监管的新阶段,开始建立了集中统一的认可制度。2003年11月1日起,我国开始施行《中华人民共和国认证认可条例》,2006年3月31日正式成立中国合格评定国家认可委员会(CNAS),CNAS根据《中华人民共和国认证认可条例》的规定统一负责对认证机构、实验

---

① 质检干部质量安全知识读本. 中国质检出版社(原中国计量出版社),2009.

室和检查机构等相关机构的认可工作。在此阶段,我国认证认可的国际化程度日益提高,逐步融入了国际认可互认体系,并在国际认可互认体系中有着重要的地位。CNAS 是国际实验室认可合作组织(ILAC)和亚太实验室认可合作组织(APLAC)正式成员,并签署了多边互认协议 ILAC – MRA 和 APLAC – MRA。我国已与其他国家和地区的 35 个质量管理体系认证和环境管理体系认证认可机构签署了互认协议,与其他国家和地区的 54 个实验室认可机构签署了互认协议。目前,我国认证认可发展已经位居国际同行前列,走上了规范化、市场化、法制化、国际化的健康发展道路。

(三)近几年出口消费品国际认证认可标准变动情况

标准是认证认可体系的基础和技术支撑,是开展认证认可活动的重要评定依据,也是认证认可发挥市场引导和服务社会的重要手段;出口消费品要达到输入国相关市场准入标准才能进入该国市场,认证认可是向输入国传递"符合市场准入标准"信任信息的重要手段。近年来随着经济全球化的不断深入,世界各国贸易壁垒措施日趋加剧,在技术要求、环境保护、社会责任等方面的认证认可标准越来越严格,致使我国出口消费品质量风波不断,令"中国制造"在国际市场上、特别是在发达国家市场遭遇了改革开放以来最大的公共形象危机,使得我国出口消费的质量进步无法被正向传递和感知,出口消费品的品质形象也受到不良导向,表 9 – 1 是近年来我国出口消费品涉及的认证认可相关标准变动情况。

表 9 – 1　近年国外各类日趋严格的标准变动情况

行业名称	国外标准变化动态情况
家用电器(冰箱、洗衣机、空调等)	欧盟《ErP 指令空调和舒适风扇生态设计实施条例草案》G/TBT/N/EEC/36 俄罗斯《关于低电压设备安全的技术法规》 墨西哥发布洗衣机最低能效标准草案 智利发布洗衣机能效认证程序法规 韩国 2011 年 1 月 1 日批准和通过了洗衣机新的安全标准
照明设备(灯具产品)	2012 年欧盟新版 WEEE 指令——指令 2012/19/EU 欧盟的新版 ROHS 指令(2011/65/EU)从 2013 年 1 月 2 日起开始实施 美国 G/TBT/N/USA/624 通报提议修订《能源政策与节约法案》中规定的荧光灯镇流器能源节约标准。 3、2012 年墨西执行新的 LED 灯泡能效标准(NOM – 030 – ENER – 2012) 日本对 LED 灯和灯具实行 PSE 认证。 2011 年欧洲议会通过《电器及电子设备废料指令》(WEEE)修订案

续表

行业名称	国外标准变化动态情况
音视频设备	欧盟 RoHS 指令 欧盟 WEEE 指令 欧盟 ErP 等能效指令 滥用 CE 标志,将受欧盟重罚 美国两个州通过新的能效法律议案 进入俄罗斯市场须通过 GOST 认证 显示设备进入瑞典需符合 MPR II 和取得 TCO 认证
信息技术设备	2011 欧盟发布指令 2011/65/EU(RoHS 2.0)
玩具	美国华盛顿州儿童安全保护法(CSPA 法规) 欧盟发布欧洲玩具标准 EN71−1:2011/A2 2012 年欧盟在其官方公报上发布了 2012/7/EC 指令。 2012 年欧盟新修订的手推车和婴儿车标准 EN1888:2012。
纺织品服装	埃及实施服装纺织进口新标准。 印度尼西亚发布婴儿及儿童服装新法令。 欧盟宣布将全面禁止进口含环境激素的纺织产品。 韩国修订纺织品安全和质量标志标准的通告草案。 俄罗斯《少年儿童用产品安全技术规程》实施。 国际环保纺织协会发布百种纺织品有害物质检验标准。
家具	欧盟国家提出森林认证(FSC)和生态标签认证要求 2012 年欧盟正式通过了《木材及木制品规例和新环保设计指令》。 2012 年美国开始施行《中国木制工艺品输美检疫要求最终法案》。 美国《复合木制品甲醛标准法案》从 2012 年开始实施。 澳大利亚要求永久性防腐剂处理证书。
与食品接触品	欧洲委员会发布了关于修订食品接触材料中铅和镉限量的建议。 2012 年泰国向 WTO 秘书处通报了与食品接触的不锈钢产品标签草案。 巴西推进金属厨具产品技术和合格认证要求。

从表 9−1 可以看出,海外国家以环境保护、消费者保护等为目标的各类标准日趋严格,尤其是在 2011 年至 2013 年美国次贷危机和希腊借贷危机连续发酵时期,新的标准、法规、指令呈现出集中发布和实施状态,涉及的领域不断扩大,从机械性能、电气性能到化学成分要求,再到职业健康要求,几乎无所不及。在此环境下,我国出口消费品各类质量事件持续不断,涉及的内容形形色色,如:规格尺寸偏差、外观划痕缺陷、跌落碎片小零件、材料阻燃性能不达标、电压不稳定、耐水色牢度不良、增塑剂超标、纤维成分不符、吊牌及包装不符合要求等等,通报、退运、投诉等无时无刻不在对出口消费品企业敲着警钟,"倒逼"企业主动实施认证认可,按照认证认可的标准要求不断改进制造工艺技术、完善质量管理措施,努力提高产品质量水平。

二、认证认可对出口消费品质量影响的理论分析

ISO9000:2000 标准术语中对质量的定义为："质量就是一组固有特性满足需求能力。"对消费品而言，其质量可理解为"满足一定用途的各种性能的综合及其满足消费者需求的程度"，消费品质量可视为固有质量、感知质量和损失质量三个方面的综合反映和体现。固有质量是指消费品生产完成后，其"一组特性"与相关的法律法规、标准以及设计目的之间的符合程度，是判断消费品质量的客观依据，是消费品质量的核心内容。感知质量是产品质量的适用性特征，反映消费者对于产品质量的主观感受，反映感知质量水平最直接的指标是"顾客满意度"。损失质量为产品质量的外部性特征，是从经济社会的宏观视角出发，反映消费品生产后给社会经济带来的损失。近年来，海外国家不断发布更加严格的认证标准，技术壁垒、"绿色"壁垒、"蓝色"壁垒层出不穷，这些标准本身就是对消费品的固有质量、感知质量和损失质量严格定义，我国出口消费品正是在利用认证认可突破各种贸易壁垒的过程中，不断提升质量安全水平和增强竞争力的。

1. 认证认可推动出口消费品"固有质量"水平不断提升

固有质量体现的是出口消费品质量的符合性特征，反映出口消费品的相关特性与进口国或地区的法律法规、标准等之间的符合程度。固有质量包括产品安全性、标准符合性和技术先进性，产品安全性是最根本的要求，标准符合性是政府质量监管的准则，技术先进性是体现国家和企业科技水平和创新能力的标尺。改革开放后，随着我国对外贸易的高速发展，认证认可如雨后春笋般地迅速发展起来，极大地推动了出口消费品质量水平的提高，尤其是认证所依据的各类标准规定的各项技术指标要求，使得出口消费的固有质量水平显著提升，得到了世界各国的认可，进而进一步促进了外贸的增长。

近年来，要求日趋苛刻的各类产品认证标准，如：欧洲 REACH 指令对出口家用电器、灯具等提出高度关注物质（SVHC）含量要求，美国 ASTM F963 标准对出口玩具的物理和机械性、易燃性、重金属含量提出了具体要求标准，欧盟 EU 10/2011 法规对食品接触材料的技术指标标准，IEC60950－1 标准对手机等电子类消费品的电气安全技术指标标准，等等，这些标准所提出各类规定和技术指标本身就是一种以法律法规、标准形式所确定的"一组特性"，是对出口消费品固有质量的详细描述。由于出口消费品面对的是海外市场，其固有质量水平普遍高于我国国内，并且日趋严格、甚至苛刻，如：欧盟 REACH 指令规范的 SVHC 清单从 2008 年 10 月 28 日发布的 15 项，持续增加到 2016 年 6 月 20 日的 169 项，这些技术指标每一次提高都要求出口消费品制造企业从原材料供、生产工艺、检测技术等各个方面改进产品制造流程，提升产品固有质量水平，正式这种技术壁垒、"绿色"壁垒不断地"倒逼"，不断地推动着出口消费品固有质量持续进步。

在质量体系认证方面，ISO9000 系列标准是集世界先进质量管理之精华，具有很强通

用性、指导性和智慧性的国际先进质量管理模式。出口消费品制造企业通过 ISO9000 质量管理体系认证，建立以"顾客"为中心的国际标准化的先进质量体系，树立起质量第一、顾客至上、不断改进、重预防、重证据、民主管理等 6 种核心质量思想，并综合应用目标管理技术、系统管理技术、管理控制技术、信息管理技术、程序化管理技术、动态管理技术、质量螺旋管理技术构建起先进的质量保障技术体系，使企业质量管理走上规范化、程序化、法制化的轨道，为保障出口消费品的固有质量建立了体系基础，使得日趋苛刻的各类技术壁垒、绿色壁垒所规范的出口消费品"一组特性"的符合性有了保障基础。

2. 认证认可不断提升出口消费品"感知质量"水平

出口消费品的感知质量是指海外消费者按自身对产品的使用目的和需求状况，综合市场信息，对我国出口消费品所做的抽象的主观的评价。认证认可制度在西方国家已经成功应用了 100 多年，认证认可对广大海外消费者有着很好的公信力，以国际标准或输入国标准为对我国出口消费品进行认证，其结果能够得到广泛的认同和信任，能够改善和提高海外消费者对我国出口消费品的主观感受，因此认证认可能够有效提高我国出口消费品的感知质量水平。

改革开放以来，借助认证认可建立信任、传递信任的桥梁作用，我国出口消费品质量不断提升其固有质量水平的同时，海外消费者对我国消费品感知质量水平也在不断提升，"中国制造"的品质正不断地得到世界各国的普遍认可，推动我国消费品对外贸易的不断增长。伴随着认证认可推动我国出口消费品感知质量的增强，国内出口企业的品牌知名度也在不断提升，一批国际知名品牌已经被世界各国消费者感知认同，"海尔"、"格力"、"美的"等品牌已经得到美日欧等西方发达国家的普遍认可，我国出口消费品固有质量的进步得到了应有的认同。

随着我国检验检测认证认可事业的全面发展，当前我国认证认可行业的规模已居国际前列，并加入国际认可的多边协议，担任国际区域认可组织的各级职务。可以说，认证认可已经成为我国出口消费品的国际通行证，可以很好地起到建立信任、传递信任的作用，使得我国出口消费品获得了更多的被海外消费者感知的机会，以不断提升固有质量为基础，海外消费者对我国出口消费品的感知质量不断提升，中国制造品质正在由量变转向质变。

3. 认证认可不断降低出口消费品的损失质量

损失质量体现的是出口消费品质量的外部性和社会性特征，是从经济社会的宏观视角出发，反映消费品质量给社会经济带来的损益。从损失造成的结果看，包括有形损失和无形损失；有形损益反映出口消费品对消费者的直接损害，主要体现在出口消费品的召回率、投诉率等方面，无形损益主要体现在对社会、对环境的直接伤害或潜在伤害等方面。近年来，各种日趋加剧的技术壁垒、"绿色"壁垒、"蓝色"壁垒的主要依据，就是保护本国消费者免受质量伤害、保护社会与环境不受伤害，出口消费品通过 ISO14000、SA8000、ISO18000、HACCP 等标准的认证，使得出口消费品符合保护消费品、保护环境以及社会责任等方面的要求，是向各进口国传递不会带来相关损失质量的信任，获得市场准入资质。

ISO14000 环境管理系列标准是国际标准化组织（ISO）继 ISO9000 标准之后推出的又一个管理标准，有 14001 到 14100 共 100 个号，统称为 ISO14000 系列标准。通过 ISO14000 标准认证，树立污染预防和持续改进意识，建立职责明确、运作规范、文件化的监控管理体系，通过合理有效的管理方案和运行程序来达到环境目标和指标，有利于出口消费品生产企业改善环境行为、提高环保管理水平和人员素质，降低环境保护方面的损失质量，消除贸易壁垒。

职业健康安全管理体系标准 ISO18001 和企业社会责任标准 SA8000 是道德规范的国际标准，强制要求我国企业以达到社会责任标准作为贸易的前提，要求企业完善人力资源管理制度，重视劳工权益的保护，被称为"蓝色壁垒"。表面上来看，SA8000 认证和 ISO18001 认证的实施提高了产品成本，削弱出口消费品的国际竞争力；但从长期看，基于 SA8000 标准或 ISO18001 标准建立人力资源管理体系，却是我国出口消费品企业综合竞争力的一次提升机遇，能够促使企业更加真正树立以人为本的科学发展观，增强企业对员工的凝聚力，形成持续改进的学习型团队，进而保障持续的质量进步；并且通过 ISO18001 认证或 SA8000 认证可以促使企业提高履行社会责任的自觉性，促进社会的和谐发展。

当前，认证认可已经渗透到消费者保护、社会责任、职员健康、环境保护、低碳技术、绿色贸易等领域，既要求保护消费者，又要求保护从事生产的劳动者，更要求保护人类生存环境，成为促进经济社会可持续发展的重要手段。通过认证认可，引导和敦促企业树立环境意识和人本精神，建立有效的环境管理体系、自觉履行社会责任，促使企业在其生产、经营活动中保护员工身心健康、节约能源、保护环境，进而维护人与自然、经济与社会的和谐，促进经济社会的可持续发展。

三、认证认可对广东出口消费品质量影响的实证分析

（一）研究说明

理论上认证认可对出口消费品质量有着重要的影响，为此我们以广东出口消费品质量评价为例，对认证认可促进出口消费品质量进步的作用机理、作用领域和影响程度进行验证分析。

2016 年广东出口消费品质量水平调查共收到 3012 家企业数据，我们以企业产品认

证情况作为评测认证认可水平的依据,参照三级指标"产品认证情况 X_5"的评分标准,按百分制对企业的认证认可水平进行评分。在此基础上,分析认证认可对出口消费品宏观和微观质量的影响作用,其中,对微观质量影响分析采用相关性分析法,对宏观质量影响分析采用灰色关联度分析法;并进一步采用相关性法和多元线性回归分析法,分析行业协会作用、环境保护、企业规模等 7 个因素对广东出口消费品认证认可水平的影响作用。基于相关性分析法和多元线性回归分析法已在前面章节有详细介绍,以下对邓氏灰色关联分析法进行阐述。

灰色关联度分析法是根据因素之间发展趋势的相似或相异程度,来评判因素之间的关系密切程度、相互影响作用大小等,并将这种发展趋势的相似或相异程度量化为一个关联度,进而利用关联度反映了两个事物在发展过程中的关联程度。由于灰色关联度分析法只需要少量的样本数据(4 个以上)就能取得较好的分析效果,倍受广大研究者的青睐,目前在经济管理领域得到广泛的应用。本项研究采用邓聚龙教授提出邓氏灰色关联分析模型来计算关联度,利用 12 个样本行业数据计算行业认证认可水平与宏观质量指数之间的关联关系,分析模型如下:

$$\gamma\big(T(k), Y(k)\big) = \frac{\min_{k}\big|T(k)-Y(k)\big| + \rho \max_{k}\big|T(k)-Y(k)\big|}{\big|T(k)-Y(k)\big| + \rho k \max_{k}\big|T(k)-Y(k)\big|} \tag{9-1}$$

$$\gamma = \frac{1}{12}\sum_{k=1}^{12}\gamma\big(T(k), Y(k)\big) \tag{9-2}$$

其中:

γ 是认证认可与宏观质量指数的关联度,一般认为:

1)关联度达到 0.8 以上,关联双方关系非常密切,视为显著相关;

2)关联度为 0.6~0.8,关联双方关系一般密切,相关性尚待谈论;

3)关联度为 0.4~0.6,关联双方关系密切性偏弱,相关性不显著;

4)关联度为 0.4 以下,关联双方关系不密切,相关性不显著。

$\gamma\big(T(k), Y(k)\big)$ 为第 k 个样本行业的宏观质量指数与认证认可的关联系数;

$k = 1, 2, 3 \cdots\cdots, 12$,代表 12 个样本行业;

ρ 为分辨系数

$T(k)$ 表示行业 k 的认证认可水平评价值;

$Y(k)$ 表示行业 k 的宏观质量指标指数。

(二)实证分析结果

1. 认证认可对广东出口消费品质量的影响分析

第一、认证认可与出口消费品微观质量指数的相关性分析

认证认可对出口消费品微观质量的影响分析采用相关性分析方法,通过相关系数来判定认证认可与微观质量总指标、一级指标、二级指标的关系密切程度。2016 年度出口消费品质量调查共收集了 3012 家样本企业的微观质量数据,计算得到各个样本企业的认证认可水平得分和各级指标得分,在此基础上将认证认可分别与微观总指标、微观一级指标、微观二级指标进行相关性分析。首先,在对微观质量总指数影响分析上,计算得到认证认可与微观总指标在 0.01 水平上显著相关,相关系数达到 0.382,说明认证认可对出口消费品的微观总质量有明较强的影响作用。进一步解剖微观总指数指标,对微观一级指标和二级指标逐层分析与认证认可的相关性,如表 9-2 所示。

表 9-2　认证认可与 2016 年出口消费品微观质量指数相关性情况表

一级指标相关性			二级指标相关性		
一级指标	Pearson 相关系数	显著性 (双侧)	二级指标	Pearson 相关系数	显著性 (双侧)
微观质量总指数	0.382＊＊	.000			
满足标准	0.738＊＊	.000	标准采用	0.231＊＊	.000
			标准执行	0.795＊＊	.000
产品合格	0.121＊＊	.000	原材料质量	0.214＊＊	.000
			半成品质量	0.094＊＊	.000
			成品质量	0.045＊＊	.013
顾客满意	0.113＊＊	.000	顾客层次	0.054＊＊	.003
			顾客服务	0.110＊＊	.000
社会责任	0.129＊＊	.000	资源环境	0.133＊＊	.000
			社会职责	0.072＊＊	.109

注:＊＊表示在 0.01 水平上显著相关

从表 9-2 可以看出,四个微观一级指标与认证认可都在 0.01 水平上显著相关。其中一级指标"满足标准"相关系数较大达到 0.738,说明认证认可对提高出口消费品的固有质量方面有非常显著的影响,值得注意的是其对应的二级指标"标准执行"的相关系数达到 0.795,呈现出一定的自相关性,主要原因在于三级指标"产品认证情况"是"标准执行"的下级指标。认证认可与一级指标"产品合格"的相关系数为 0.121,其对应的三个二级指标"原材料质量"、"半成品质量"、"成品质量"都与认证认可在 0.01 水平上显著

相关,但从相关系数可以看出,认证认可对生产前段(原材料质量)的影响最大,与生产终端(成品质量)相关作用有所减弱。认证认可与一级指标"顾客满意"相关系数为0.113,说明认证认可对于感知质量也存在一定程度的相关性,相对而言其对应二级指标"顾客服务"受认证认可影响程度更强一些。认证认可与一级指标"社会责任"的相关系数为0.129,说明认证认可对损失质量也存在一定的影响力,但其对应二级指标"社会职责"与认证认可的相关性不显著。

第二、认证认可与出口消费品宏观质量指数灰色关联度分析

宏观质量水平分析是以行业为样本展开的,由于出口消费品质量调查的样本行业只有12家,样本量难以满足相关性分析的要求,为此采用灰色关联分析方法来研究认证认可对出口消费品宏观质量的影响。根据公式(9-1)和(9-2)所述计算模型,将认证认可水平分别与宏观总指数、宏观一级指标、宏观二级指标进行灰色关联分析,可以得到认证认可与各级指数的灰色关联度,如表9-3。

表9-3 认证认可与出口消费品宏观质量指数灰色关联分析情况表

一级指标关联度		二级指标关联度	
一级指标	邓氏关联度	二级指标	邓氏关联度
宏观质量总指数	0.6097		
行业结构水平	0.6291	规模结构	0.6173
		人才结构	0.6375
行业质量水平	0.6229	领袖企业	0.5852
		配套能力	0.6347
		质量控制	0.6333
行业市场竞争	0.5989	现实竞争力	0.5857
		潜在竞争力	0.6115
行业社会贡献	0.5974	经济贡献	0.5831
		社会责任	0.6076

表9-3数据显示,认证认可与宏观质量总指数的关联度为0.6097,说明二者之间有一定的关联,但密切程度不高。进一步深入剖析认证认可与一级指标的关联性,可以发现,一级指标"行业结构水平"和"行业质量水平"与认证认可之间关系相对而言更为密切,但其关联度分别为0.6291和0.6229,说明它们与认证认可之间关系紧密性并不高;而一级指标"行业市场竞争"和"行业社会贡献"与认证认可关联度小于0.6,落入弱密切性区域。在二级指标关联性分析方面,"人才结构"、"配套能力"、"质量控制"三个指标与认证认可关系更为密切,关联度分别为0.6375、0.6347、0.6333,关系密切程度尚可;而"经济贡献"、"领袖企业"、"现实竞争力"与认证认可关系密切程度相对更弱,关联度均小于0.6,落入关系弱密切性区域。总体而言,认证认可与各级指标都存在一定的关联关

系,整体上对出口消费品宏观质量的影响力度不是很强,在"人才结构"、"配套能力"、"质量控制"等三个领域相对较强,反映出当前我国认证认可体制与产业发展的融合程度不高、认证认可行业结构和市场机制有待进一步完善的基本现状。

2. 影响广东出口消费品认证认可发展的相关因素分析

认证认可的发展受到多方面的因素影响,包括外部环境因素、企业自身因素,宏观因素、有微观因素,针对广东出口消费品,我们选择行业协会作用、环境保护、市场档次、政府监管力度、企业对海外消费者保护法律法规了解程度、企业规模、企业制造工艺技术水平共7个因素来分析对认证认可的影响作用,其中外部环境因素有行业协会作用、市场档次、政府监管力度,其他为企业自身因素。2016 年出口消费品质量问卷调查中已获取企业对着7个因素的评估数据,这里根据适度性和等值性原则,按照100分制计算7个因素的评价得分,在此基础上将认证认可水平与7个影响因素进行相关性分析,结果如表9-4所示。

表 9 - 4   认证认可与各影响因素相关性分析情况表

影响因素	Pearson 相关性	显著性(双侧)
行业协会作用	0.121 * *	0.000
海外消费者权益保护的法律法规了解程度	0.131 * *	0.000
市场档次	0.073 * *	0.000
监管类别	0.086 * *	0.000
企业规模	0.134 * *	0.000
制造工艺水平	0.118 * *	0.000
环境保护	0.133 * *	0.000

注: * *. 在 0.01 水平(双侧)上显著相关。

第一、行业协会作用对认证认可发展的影响作用。调查显示,能够借助行业协会帮助解决实际问题的企业和能够从行业协会获得有用信息的企业,其产品认证水平普遍较高,两类企业产品认证水平得分均值分别达到 74.86 和 75.65,而那些没有和行业协会发生实质性业务往来的企业,产品认证水平得分均值相对而言普遍较低,如图 9 - 1 所示。显然,行业协会作用发挥越好,企业认证认可水平越高。详细的相关性分析结果如表 9 - 4 所示,可以发现行业协会作用与认证认可在 0.01 水平上显著相关,相关系数为 0.121,进一步说明强化行业协会的作用能够很好地推动出口消费品认证认可发展。

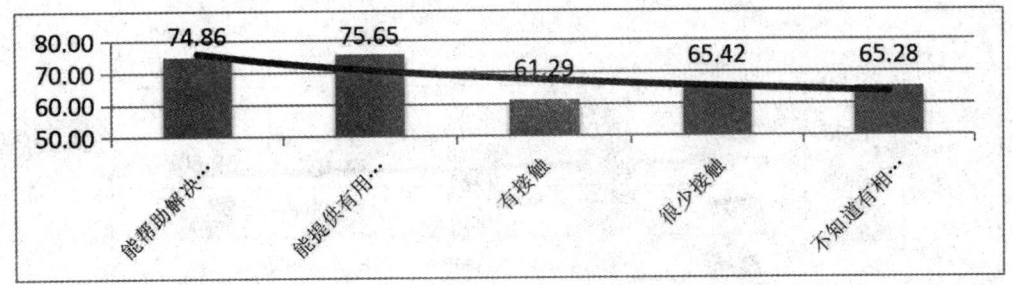

图 9-1 行业协会作用对推动出口消费品认证认可的影响

第二、环境保护因素对认证认可的影响。环境保护是企业的环境保护意识和环保措施。调查显示,环保意识和环保措施越好的企业,其认证认可水平得分越高,如图 9-2 所示,说明环境保护因素对于提升企业认证认可水平有着明显的积极作用。相关性分析发现(表 9-4),二者在 0.01 水平上显著相关,相关系数为 0.133,说明环境保护因素对出口消费品的认证认可发展起到较好的促进作用。

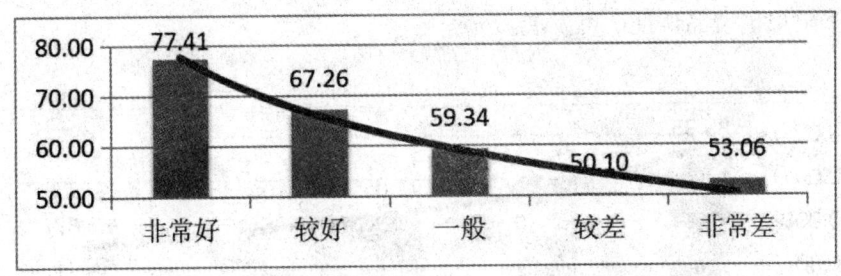

图 9-2 环境保护因素对推动出口消费品认证认可的影响

第三、市场档次对认证认可发展的影响。市场档次企业主要出口产品在出口目标市场的市场档次,是出口消费品面对消费者的层次,反映了顾客特征和市场特征情况。调查显示,面对高档市场的出口消费品企业对认证认可并不是很重视,其认证认可水平得分均值仅为 54.73,低于中档市场甚至低档市场企业得分均值,如图 9-3 所示;然而,从中高档市场到抵挡市场区域,市场企业得分均值伴随市场档次的提高而提升,表现出较强的规律性,说明在这些市场档次,出口消费品的认证认可水平是受消费者层次特征影响的,提升企业的市场档次有助于认证认可发展;但综合高档市场气压的低认证认可水平影响,市场档次对认证认可的影响现代非常微弱。进一步对市场档次因素与认证认可进行相关性分析,如表 9-4 所示,可以发现市场档次与认证认可在 0.01 水平上显著相关,但相关系数非常小为 0.073,说明市场档次因素对广东出口消费品的认证认可发展有一定的影响作用,但这作用的力度不强,主要原因在于面向高档市场的出口消费品企业对认证认可重视度不高。

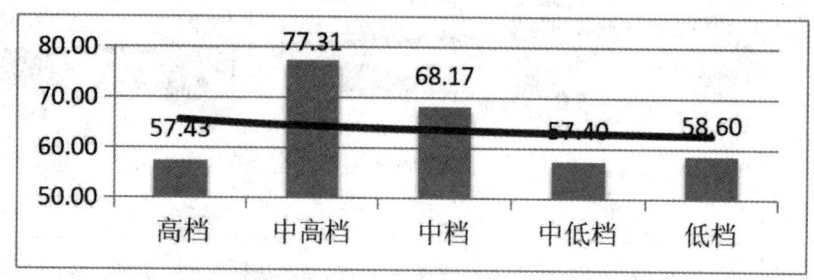

图 9-3 市场档次对推动出口消费品认证认可的影响

第四、企业规模对认证认可发展的影响。企业规模是指企业的生产规模,包括资金、员工、占地面积等,可以分为超大型、大型、中型、中小型和小型企业。分析结果如图 9-4 所示,可以发现,企业规模越大,企业认证认可水平越高。进一步,相关性分析发现,企业规模与认证认可在 0.01 水平上显著相关,其相关系数为 0.134,说明规模因素对广东出口消费品的认证认可发展有相对较强的影响作用,当前促进中小企业上规模的政策措施,有助于出口消费品认证认可发展。

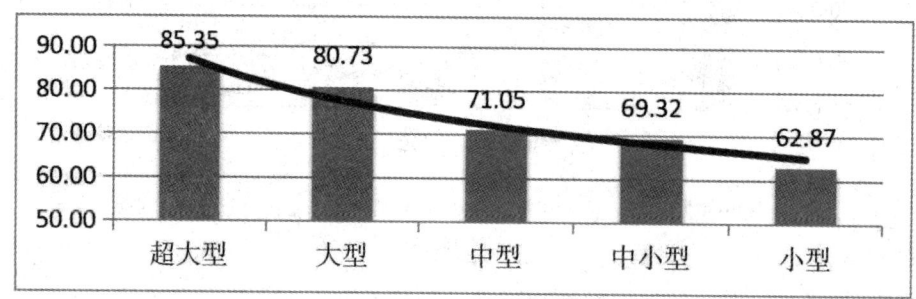

图 9-4 企业规模对推动出口消费品认证认可的影响

第五、对海外消费者权益保护的法律法规了解程度的影响。对海外消费者权益保护的法律法规了解程度是指,出口消费品生产企业对海外国家制定消费者保护相关法律、技术标准、产品规范等的了解和掌握程度。调查数据统计如图 9-5 所示,可以发现企业对海外消费者权益保护的法律法规了解程度越高,其认证认可水平也越高。进一步,相关性分析发现,对海外消费者权益保护的法律法规了解程度与认证认可在 0.01 水平上显著相关,其相关系数为 0.131,说明该因素对认证认可发展有相对较强的影响作用,加强对企业消费者保护意识的培育、增强企业对海外消费品相关法律法规的了解,有助于出口消费品认证认可发展。

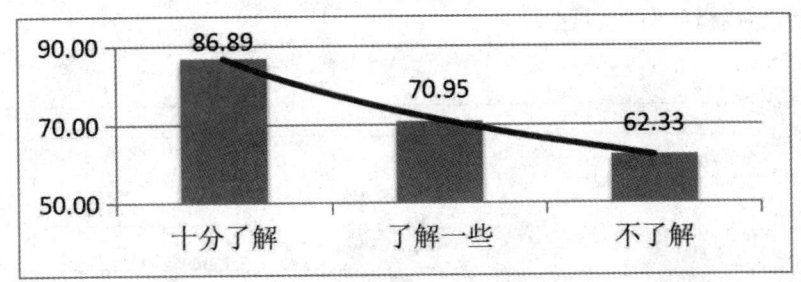

图9-5 企业对海外消费者权益保护的法律法规了解程度对认证认可发展的影响

第六、政府监管对认证认可的影响。政府监管是指企业接受政府对其质量监管措施的强度,总体上可以划分为监管企业和非监管企业,受监管出口企业根据CIQ监管级别分为一类企业、二类企业、三类企业、四类企业,其中一类企业是指监管措施和效果相对最好的企业。统计结果如图9-6所示,从趋势曲线可以看出,监管企业随着监管力度的加强,其认证认可水平不断提升。进一步分析可以发现,一类企业认证认可水平得分均值为82.16分,但二类、三类、四类企业的得分均值快速下降,分别为69.19、61.53、52.23,甚至低于非监管企业得分均值69.34;全部监管企业均值为69.32,比非监管企业的均值略低,说明当前政府对出口企业质量监管措施提升空间较大。进一步分析发现,政府监管力度因素与认证认可在0.01水平上显著相关,其相关系数为0.086,加强政府监管力度对广东出口消费品的认证认可发展有一定的影响作用。

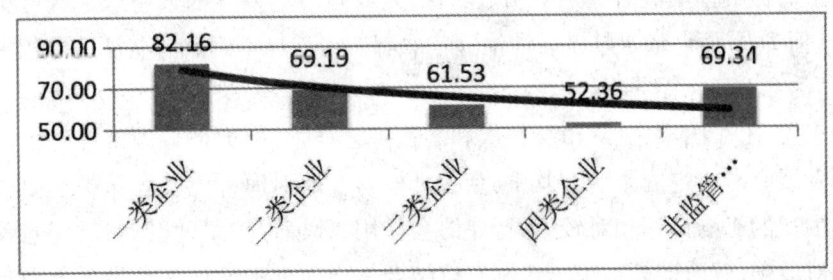

图9-6 政府监管力度对推动出口消费品认证认可的影响

第七、制造工艺水平对认证认可的影响。制造工艺水平是指产品制造过程中涉及的加工方法、技术装备、工艺路线等方面的先进程度,先进的制造工艺是出口消费品优良品质的基础保障。调查数据统计分析显示,如图9-7所示,随着制造工艺水平先进程度的增高,企业认证认可水平得分均值不断提升,说明制造工艺水平对认证认可有着一定的正向影响,制造工艺水平先进的企业更加重视产品和质量体系的认证。相关性分析显示(如表9-4),制造工艺水平因素与认证认可在0.01水平上显著相关,其相关系数为0.118,说明提高制造工艺水平先进程度能够增强企业对认证认可的需求,一定程度上促进出口消费品认证认可的发展。

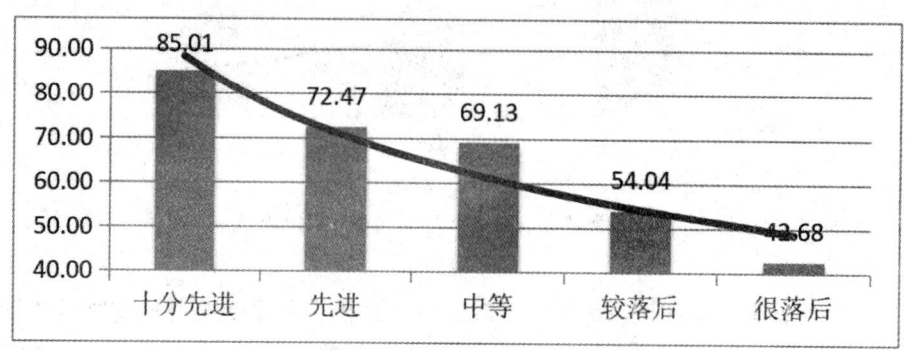

图9-7 制造工艺水平对推动出口消费品认证认可的影响

进一步采用多元线性回归分析方法,对比分析7个因素对认证认可发展的影响程度,统计计算得到各影响因素的回归系数如表9-5所示,回归方程的R方值为0.125,说明影响趋势回归曲线有一定的可靠性。从表9-5可以看出,行业协会作用、环境保护、政府监管、企业对海外消费者保护法律法规了解程度、企业规模、环境保护等五项因素,对出口消费品认证认可的影响在0.01水平上显著,从回归系数看它们的影响程度强弱顺序为:企业规模、企业对海外消费者保护法律法规了解程度、行业协会作用、环境保护、政府监管。同时从表9-5可以看出,在多因素综合影响作用时,市场档次、制造工艺技术两个因素的影响作用显著性别被明显弱化,尤其是市场档次因素与认证认可相关的显著水平sig值为0.756,未通过显著性检验。而制造工艺技术因素与认证认可相关的显著水平sig值为0.082,相关性不显著。

总的来看,七个因素中,除市场档次和制造工艺技术外,大部分因素都对出口消费品认证认可发展有着一定的影响。其中,企业规模与企业对海外消费者保护法律法规了解程度两项因素的影响作用相对较大,行业协会作用、环境保护紧随其后,政府监管因素影响作用相对最弱,政府监管与市场机制有机结合是当前推动认证认可发展急需解决重要问题。

表9-5 多因素线性回归分析结果

模型	非标准化系数		标准系数	t	Sig.
	B	标准误差			
(常量)	−3.724	7.527		−0.495	0.621
行业协会作用	2.961	0.719	0.084	4.118	0.000
海外消费者权益保护的法律法规了解程度	8.41	1.607	0.106	5.232	0.000

续表

模型	非标准化系数		标准系数	t	Sig.
	B	标准误差			
市场档次	-0.308	0.993	-0.007	-0.31	0.756
政府监管	2.321	0.645	0.074	3.601	0.000
企业规模	4.38	0.861	0.112	5.084	0.000
制造工艺技术	2.238	1.408	0.038	1.589	0.082
环境保护	0.304	0.076	0.079	3.994	0.000

注:$R^2 = 0.125$ 调整 $R^2 = 0.120$

(三)广东出口消费品认证认可发展趋势与策略建议

1. 广东出口消费品认证认可发展趋势分析

自 2011 年以来,我们对广东出口消费品质量水平发展进行了持续的跟踪调查和评价。调查数据显示,2011—2016 年广东出口消费品认证认可发展不容乐观,企业在产品认证、标准认知等方面表现不如人意。

在产品认证方面,2011 年到 2016 年对产品认证水平的评价得分一直处于波动状态,从趋势曲线看,产品认证水平有微弱下降,如图 9-8 所示。具体而言,2011 年出口消费品的产品认证水平得分为 73.70,2012 年上升到 78.90 分,2013 年快速回落到 72.76,到 2016 年得分跌落进入低绩效区 69.60,总体上呈现出波动下降的趋势。这种波动现象,一定程度上反映出广东出口消费品认证认可发展现状,以及认证认可行业在政策导向与市场机制方面存在的困境。

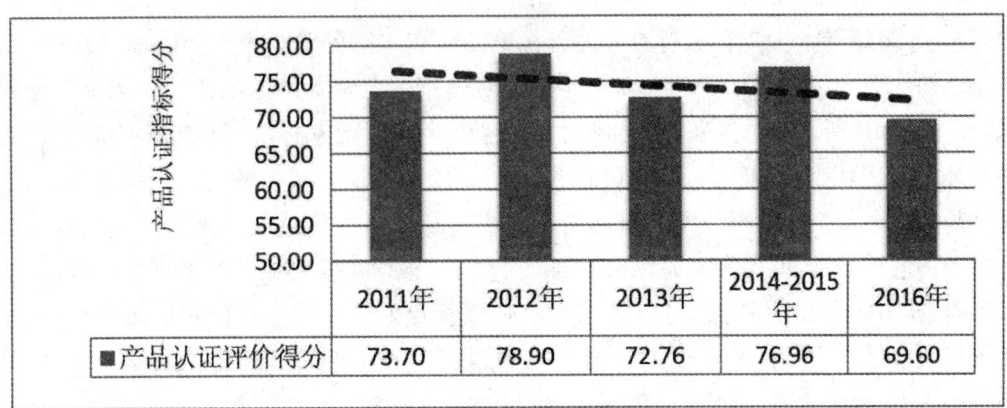

图 9-8 2011—2016 年出口消费品产品认证水平评价得分情况

进一步对出口消费品产品认证的类型进行分析,如图 9 - 9 所示,可以发现,2011 年到 2016 年在出口消费品企业实施的各种产品认证类型中,通过国家强制性认证的企业比例基本维持在 40% 以上,各年比例均值为 42.76% ,是各种认证类型中最大的;各年通过国际认证的企业比例均值为 39.18% ,整体上呈现出一定上升的变动趋势;各年通过输入国认证的企业比例为 36.56% ,但比例变动呈现出一定的下降趋势,说明世界各国强化各类贸易壁垒,使得产品认证难度不断加强。相对而言,没有通过任何产品认证的企业,在整个出口消费品行业中占比是比较小的,2011 年到 2016 年各年企业比例均值为 13.36% ,2014—2015 年度比例最少为 10.15,整体上无认证企业比例呈现出下降的趋势,这种现象进一步印证了日趋苛刻的贸易壁垒措施正在不断倒逼更多的出口消费品企业拿起认证认可工具,以获得市场准入资格。

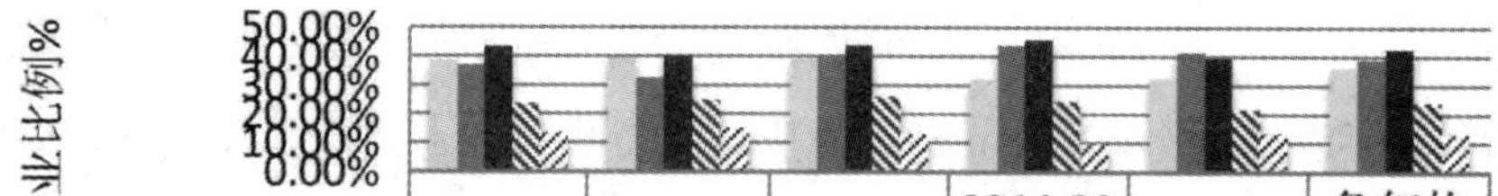

企业比例%	2011年	2012年	2013年	2014-2015年	2016年	各年均值
▦ 输入国认证	38.60%	39.53%	39.36%	32.52%	32.80%	36.56%
▪ 国际认证	37.05%	32.91%	40.34%	44.18%	41.40%	39.18%
■ 国家强制认证	43.70%	40.28%	43.89%	46.18%	39.77%	42.76%
▨ 其他认证	23.83%	25.06%	26.25%	24.94%	21.87%	24.39%
▱ 无认证	13.74%	15.34%	13.27%	10.15%	13.67%	13.23%

图 9 - 9　2011—2016 年出口消费品产品认证情况

在对标准认知方面,广东出口消费品企业也正在经历一段类 U 型曲线发展阶段,2011 年到 2013 年企业对国家标准和海外标准的认知水平处于一个下降阶段,2013 年是企业认知水平的谷底,2013 年到 2016 年企业对国家标准和海外标准的认知水平开始回升,如图 9 - 10 所示。总体来看,出口消费品生产企业对国家标准的认知水平要普遍高于海外标准,但由于国家标准是等同采用国际标准,两种认知水平的变化趋势基本一致,这种趋势是出口企业对海外国家日趋苛刻各类贸易壁垒措施感受的真实体现。受全球性的经济危机影响,世界各国为保护本国产业发展,相续实施更加严格的市场准入标准,2011 年至 2013 年期间是新技术标准、新法规、新指令的发布和实施的集中爆发期,增加了出口消费品企业对各类标准认知的难度,随着工艺技术和管理措施的不断改进,出口企业也开始逐渐适应各类新的壁垒措施,2013 年以来对各类标准认知水平也在逐渐提升。

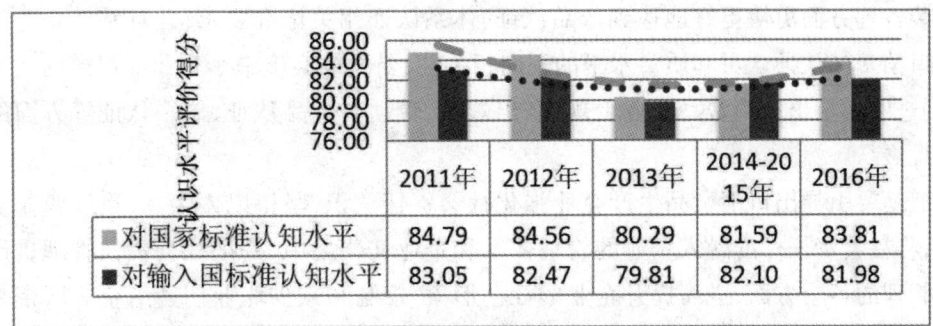

	2011年	2012年	2013年	2014-2015年	2016年
■ 对国家标准认知水平	84.79	84.56	80.29	81.59	83.81
■ 对输入国标准认知水平	83.05	82.47	79.81	82.10	81.98

图9-10 2011—2016年出口消费品认证认可水平评价得分情况

总体来说,2011年到2016年调查数据显示,企业对认证认可的认知及实施都存在诸多的不稳定、不确定因素,需要从产业政策、市场机制、政府规制等多方面入手,建立良好的认证认可发展机制和环境。

2. 认证认可促进广东出口消费品质量进步的建议

实证研究表明,认证认可与多数微观质量评价指标显著相关,但与二级指标社会职责相关性不显著;同时,与各级宏观质量评价指标存在一定的关联度,但程度有限,尤其是宏观质量二级指标"经济贡献"、"领袖企业"、"现实竞争力"与认证认可关联性较弱。说明推动广东出口消费品质量认证发展,需要在微观层面进一步加强消费者保护、员工权益保护等方面的标准认知、标准采用、体系认证,同时在宏观层面建立和完善认证认可制度和市场运行机制,推动认证认可机制建设与产业转型升级的融合发展。针对影响广东出口消费品认证认可发展的现实状况,我们提出以下建议。

一是以市场为导向,深化认证认可制度改革,建立"统一规范、公平竞争、有效监督、高效诚信、国际互认"的产业服务体系,以及认证认可制度机制和发展模式,充分彰显认证认可的"传递信任,服务发展"核心职能,使认证认可发展方向符合国家质量强国战略目标需求,成为促进出口消费品产业转型升级的质量技术基础保障。

二是积极推进政府职能转变,把促进市场公平公正作为政府认证认可工作的重点,构建"法律规范、行政监管、认可约束、行业自律、社会监督"的认证执法监管体系,促使认证机构真正按照"客观独立、公开公正、诚实信用"原则规范地开展认证活动,促进形成良性市场竞争机制。

三是发挥行业协会的纽带和服务作用,积极宣传和通报海外消费者保护法律法规、技术标准、环保措施等的新动向和新要求,努力推进国际先进技术标准在出口消费品行业的应用和认知水平,促进行业内企业形成良好的消费者保护意识和环境保护意识,形成出口消费品认证认可正确发展导向。

四是积极引导和推动企业技术改造、提升制造工艺技术水平,促使企业在工艺方法、技术装备等方面更快更好地达到产品认证、体系认证相关标准要求;并且基于企业规模与出口消费品认证认可和质量水平的正向相关性,要积极实施中小企业上规模的政策措施,促进中小型出口消费品企业上规模、出效益,带动对产品认证、体系认证等方面的需求和发展。

五是要引导出口消费品生产企业强化社会责任意识,坚持以人为本,重视职业健康安全,将社会责任标准融入企业的管理体系和企业文化之中,并把社会责任管理贯彻到企业管理的各个方面,进而提升企业的社会形象,控制和减少职业伤害给企业所带来的损失质量。

(本章执笔:东莞理工学院管理学院曾洪鑫副教授)

第十章　年度质量监管发展报告

我国已为全球最大的进出口贸易国别市场。在社会经济转型过程中,出口贸易被视为经济发展的三驾马车之一。放眼今天的国际市场,中国商品以物美价廉得到普遍认同,背后的原因多样,其中离不开政府出口质量监管。但随着经济转型及国际环境改变,自"中国制造"走向"中国创造",原有的监管思维与方式已不适应新的形势要求。过去一年来,我国进一步改革出口监管体制及方式,坚持"抓质量、保安全、促发展、强质检"的工作方针,推动各项任务措施得到落实,取得明显成效。

一、全国出口商品监管的总体状况

2016 年,国家质检总局组织开展了日用及纺织品、电子电器、轻工产品、农业生产资料、机械及安防、电工及材料、建筑和装饰装修材料、食品相关产品等 8 大类产品质量国家监督抽查。全国共抽查 23152 家企业生产的 23851 批次产品,国家产品质量监督抽查合格率为 91.6%。从近 5 年的抽查情况看,产品抽查合格率分别为 89.8%、88.9%、92.3%、91.1% 和 91.6%,整体呈现波动上升态势,2016 年同比 2015 年提高了 0.5 个百分点,并连续第三年达到 90% 以上。其中,2016 年加强了食品相关产品的监督抽查力度,全年共抽查 2413 家企业生产的 2919 批次产品,抽查合格率为 97.6%。主要措施如下:

一是实施消费品质量提升工程。2016 年 4 月,国家发改委、质检总局等 24 个部门联合出台《关于促进消费带动转型升级的行动方案》,启动实施"十大扩消费行动"。我国产品质量国家监督抽查合格率提高到 91.6%,电子商务产品合格率达到 82.7%。质检总局盯住消费需求旺盛、与老百姓日常生活息息相关的一般消费品领域,开展空气净化器、电饭煲、智能马桶盖、智能手机、儿童纸尿裤、儿童玩具、婴幼儿童装、厨具、床上用品、家具等老百姓普遍关心的 10 种消费品质量提升行动和"质检利剑"消费品专项打假活动,完善安全标准体系,加大监督抽查力度,推动建立商品质量惩罚性赔偿制度。力争使这些重点产品质量国家监督抽查合格率达到 90% 以上,切实提升市场竞争力。

2016 年共查处各类违法案件 3.6 万起,召回缺陷消费品 618.4 万件、汽车 1133.5 万辆,同比分别增长 8.2 倍和 103%。通过开展"质检利剑"行动,严厉查处大案要案,保持严厉打击质量违法行为高压态势。另外,质检总局还将会同环保部建立机动车和非道路移动机械环保召回制度。同时,强化质量第一的强烈意识,开展质量提升行动,提高质量标准,加强全面质量管理。质检总局组织研究制定质量提升行动计划,秉承找准"发力点"、牵住"牛鼻子"、打好"组合拳"的总体思路。全面推行内外销产品"同一生产线、同一标准、同等质量"工程,将实施范围从出口食品农产品扩大到消费品,加快转化先进适用的国际标准和合格评定程序,消除国内市场与国际市场的"质量高差",完善配套措施,顺应我国经济新常态,积极响应供给侧结构性改革。

二是加强质量管理。2016 年 3 月,《中华人民共和国国民经济和社会发展第十三个五年规划纲要》(以下简称"十三五"规划)正式发布,加快建设质量强国、制造强国明确写入"十三五"规划,意味着我国将在今后的 5 年中,大力实施质量强国战略。基于"十三五"规划,质检总局采取措施全面强化企业质量管理,开展质量品牌提升行动,解决一批影响产品质量提升的关键共性技术问题,加强商标品牌法律保护,打造一批有竞争力的知名品牌。

5 月,中共中央、国务院正式印发《国家创新驱动发展战略纲要》,首次发文提出"建设质量强国"、"推动质量强国和中国品牌建设",将质量强国建设上升为"十三五"时期的重要国家战略。2016 年 4 月 19 日,国务院办公厅印发《贯彻实施质量发展纲要 2016 年行动计划的通知》,其中质检总局分工负责的工作多达 17 项。以"纲要"为指导,2016 年质检总局在加强重点领域质量安全监管、推动外贸优进优出、促进电子商务产业提质升级、完善"风险监测、网上抽查、源头追溯、属地查处、信用管理"电子商务产品质量追溯机制,充分发挥质量技术基础的支撑作用。同时加强与"一带一路"沿线国家在标准、认证的互认与合作等方面,重视质检工作的重要性,依法严厉打击质量违法和侵权盗版行为,开展中国制造海外形象维护"清风"行动。

质检部门重点关注,着力于输非商品、输中东商品跨境电商产品的质量提升,促进我国企业按照更高的技术标准提升出口商品质量,并以标准提升为引领,加快国内消费品质量安全标准与国际标准或出口标准并轨,促进内外销产品"同线同标同质"。包括:进一步加强消费品质量监管。加大监督抽查和风险监测力度,突出抽查与消费者人体健康密切相关的安全指标,加大抽查结果信息公开力度,严格抽查后处理工作,严厉查处质量违法行为。对重点区域存在的突出质量问题,专题报告地方政府组织综合治理,规范消费品质量市场秩序。进一步完善监督制度。根据企业质量保障能力和质量安全状况,对消费品生产企业实施分类监管,落实对不同类别企业、不同风险产品的差别化监管措施,建立和完善消费品生产企业长效监管机制。加快建设消费品质量安全风险快速预警系统,建立消费品质量安全风险快速响应和联动处置机制。探索建立消费品质量安全追溯体系,实现消费品来源可追溯,去向可查询,责任可追究。

三是深化质检体制机制改革创新。2016 年,全国质检系统继续做好有关行政审批事项的取消下放工作,加快推进行政审批标准化试点,推进网上办事大厅和电子监察系统建设,促进许可事项全部实现"网上审批";严格规范中介服务收费,实施进出口收费正面清单制度;将研究出台加强基层质监工作指导意见,加强对基层质量和市场监督工作的指导;健全和完善检验检疫一体化制度体系,大力推进实施全国一体化;不断推进检验检测机构行政法规立法,研究出台国家质检中心改革意见;继续贯彻实施《深化标准化工作改革方案》,加快构建新型标准体系。同时,依据国务院 2016 年印发的《关于做好自由贸易试验区新一批改革试点经验复制推广工作的通知》,质检总局为了进一步创造条件、扎实推进,确保改革试点经验落地生根,产生实效,在全国范围内复制推广"原产地签证管理改革创新""国际航行船舶检疫监管新模式""免除低风险动植物检疫证书清单制度""入境维修产品监管新模式""保税展示交易货物分线监管、预检验和登记核销管理模式"等由检验检疫部门大胆探索、实践形成的试点经验,在促进贸易便利化方面发挥的重要作用。

四是服务发展大局。推进实施"互联网 + 质检"行动计划。"互联网 + 质检"是质检总局党组贯彻中央决策部署的重大举措。通过推行"互联网 + 质检技术 + 质量监管服务,把互联网思维、技术与质量监管融合,形成合力促进进出口通关服务水平提升,实现质检大数据资源共享,启动了质检大数据资源建设工程,不断拓宽商品条码在电子商务、消费品、进出口食品等重点领域的应用。组织建立全国产品防伪溯源验证公共平台,实现产品质量追溯、防伪查询验证和行业信息的互联互通。

着力推广自贸试验区贸易便利化措施,按照便利通关要求,规范和统一不同关区、口岸业务标准,简化查验手续。坚持改革当先,坚决贯彻"放管服"改革部署,继续取消下放行政审批事项,推进工业产品生产许可证改革;中国电子检验检疫(e – CIQ)主干系统全面上线运行,无纸化报检企业覆盖率达 98%,检验检疫电子平台申报收费全面取消,促进全国通关一体化;推动平行井口车试点范围扩大至 8 各省市;借鉴国际经验,加强自贸试验区质检制度创新和复制推广。

加强多边双边磋商,有效服务国家对外工作大局。一年来 5 次配合高访,6 次参加领导人外事会谈,12 次配合接待国外元首,6 项质检协议被纳入高访成果。这些成果涵盖国家质量技术基础、动植物检验检疫、进出口食品安全、消费品安全以及标准化等质检领域。特别是推动中加油菜籽贸易合作取得新进展,体现了质检工作的重要作用,加强了与美洲国家质检合作。质检系统充分发挥质检职能作用,积极推动"一带一路"沿线国家质量技术基础互联互通,建立中欧班列沿线检验检疫区域合作机制,实施技术性贸易措施能力提升工程,国际法制计量组织(OIML)在中国设立全球首个培训中心,成功举办 APEC 食品安全合作论坛大会、第五届中国 – 东盟质检部长会议、中国 – 亚欧口岸出入境卫生检疫合作论坛。质检部门认真参与 G20 峰会服务保障工作,为 G20 峰会的成功召开保驾护航。

五是实施标准化战略。实施标准化战略正是质量工作的"重头戏"之一。2016 年 8 月 1 日,质检总局、国家标准委、工业和信息化部 3 部委正式印发《装备制造业标准化和质量提升规划》，提出了到 2020 年，工业基础、智能制造、绿色制造等标准体系基本完善，质量安全标准与国际标准加快接轨，重点领域国际标准转化率力争达到 90% 以上；到 2025 年，系统配套、服务产业跨界融合的装备制造业标准体系基本健全，装备制造业标准和质量的国际影响力大幅提升的主要目标。质检系统作为标准化工作牵头单位，在大会指导下综合抓总，协调推进，把大会提出的任务逐一分解细化，全面实施标准化战略，构建服务发展的"大标准"，广泛开展"标准化"行动。全面深化标准化工作改革，建立由政府主导制定的标准与市场自主制定的标准共同构成的新型标准体系。

六是夯实国家质量技术基础。2016 年 9 月质检总局印发了《国家质量技术基础建设服务示范工程行动计划（2016）》，该行动计划以服务企业，创新发展，试点引领，以点带面，统筹各方，凝聚合力为原则，立足于提升质量技术基础综合服务和应用水平，加强质量与经济的联系，既注重当前实际操作，同时也考虑长远发展。质检总局出台该行动计划旨在加快建设质量强国，贯彻中央关于提高经济发展质量和效益，着力加强供给侧结构性改革的总体要求，落实全国质量监督检验检疫工作会议的安排部署，加快培育以技术、标准、品牌、质量、服务为核心的经济发展新优势。

二、广东出口商品质量监管与质量提升

（一）广东出口商品质量监管

2016 年广东省全年实现货物贸易进出口总值 6.3 万亿元人民币，比 2015 年同期微降 0.8%（同期全国下降 0.9%），占同期全国进出口总值的 25.9%；其中，出口货物贸易值为 3.94 万亿元，同比下降 1.3%，同期全国下降 2%；进口货物贸易值为 2.36 万亿元，与 2015 年基本持平（同期全国增长 0.6%）；进口和出口表现好于全国平均水平。货物贸易结构得到进一步优化，由"外资企业 + 加工贸易"向"民营企业 + 一般贸易"转变的趋势明显；同时，机电产品和劳动密集型产品仍为外贸主力。数据显示，2016 年，广东省一般贸易实现进出口 2.73 万亿元，增长 2.2%，占全省的 43.4%，首次超过加工贸易（38.8%）。2016 年，广东省检验检疫局具体举措如下：

1. 聚焦业务改革和公共服务

一是完善现有自贸区创新制度，创造更多经验，推广复制至全省。2016 年广东局对现有自贸区 11 项制度进行优化完善，继续推进出口商品质量溯源体系，实现所有进出口产品国内、国外全链条溯源；将"无水港"应用到更多商品，辐射到省内更多区域。在此基础上，将自贸区的"智检口岸"、第三方采信、跨境电商商品溯源平台、进口食品快速放行模式、检验检疫审批无纸化等成熟、通用的改革举措推广复制到全省所有分支机构，将市场采购出口集中检管区、"无水港"等创新制度推广复制到全省有条件的分支机构，进一

步释放改革红利。进一步推动高端服务业聚集。加快推进南沙国家检测集聚区建设,积极吸引国际检验检测力量落户南沙,促进南沙自贸区发展成为与国际对接的战略高地和标准输出地。

二是促进开放发展,加强国内外交流合作。广东局进一步打造粤港澳合作新平台,充分利用CEPA协议框架,进一步推进粤港澳检验检测认证合作,提高了粤港澳通关便利化水平。同时国际上加强与"一带一路"沿线国家检验检疫密切合作。应用专业技术优势,推动检验检测结果互认、标准、认证认可等国际合作,推进国际间多国互认制度,构建高效便捷的口岸通检环境,共建互信之路;加强在市场采购商品出口、打击假冒伪劣等方面的合作与交流,完善信息通报机制,推进跨境执法协作,共同推动"一带一路"战略实施,实现合作共赢。

三是从信息化、便利化、一体化等多个方面加强口岸建设。广东局通过继续优化完善智检综合业务管理系统,建设完成智检公共服务平台,积极探索"互联网+"在"智检口岸"的运用。通过加大培训和宣传力度,总结试点经验,在广东局辖区所有分支局全面推广应用"智检口岸",加快"智检口岸"和ECIQ等信息化建设。便利化方面,深入推进"三互"建设,提升通关便利化水平。进一步加强与口岸管理相关部门的沟通协作,积极推进查验机制创新、健全信息共享机制,推动口岸查验监管设施共享共用、"一站式作业",争取实现口岸电子闸口放行,努力营造高效、便利的口岸通关环境。同时根据中央降低进出口查验比例要求,降低口岸开箱率、口岸查验率,压缩货物滞港时间;积极开展电子支付试点,推进通关、报检无纸化运作,降低企业通关成本。继续推进检验检疫通关一体化,协同推进直属局内"三通"和直属局之间的"两直",优化提升检验检疫通关一体化工作机制;建立区域审单中心、实施统一的审单规则和监管措施,实现检验检疫业务一体化。并加快"单一窗口"和电子口岸建设,加快推进检验检疫业务系统与其对接;加大第三方合作力度,优化监管机制。

四是积极发挥研究评议基地作用、推进公共技术服务平台建设。广东局通过首批4个技术性贸易措施研究评议基地的建设,将研究评议基地打造成为国内领先的WTO/TBT研究评议机构,打造成广东地区产业转型升级的服务平台。加强现有各平台的互联互通,开展公共技术服务平台深入走访企业活动,提升公共服务针对性和服务效能。

2. 切实保障国门安全

一是提升口岸卫生检疫能力、加强动植物检疫工作、推进检验检疫分类管理。2016年广东局实施动态管理、确保持续提升口岸核心能力,继续做好埃博拉、中东呼吸综合征、疟疾、登革热、人感染H7N9禽流感等重点传染病疫情防控工作。加快推进口岸动植检规范化建设,开展以旅客携带物、邮寄物查验为重点的口岸"绿蕾行动",深化与农林、邮政、环保等部门协作,强化野生动植物进出口管理,严防外来有害生物入侵。继续推进出境动植物及其产品检验检疫分类管理,提升出境动植检管理的科学化、规范化、精准化水平。

二是开展重点产品专项治理、进一步完善进出口食品安全监管。开展进口肉类、乳制品、食用植物油、粮食及制品、酒类和冰鲜水产品等重点敏感产品专项治理。落实"进口食品放心工程",实施国家进出口食品安全监督抽检和风险监测计划,严格落实不良记录企业约谈制度和企业凭第三方检测报告报检管理措施,完善进口食品全过程追溯体系,强化事后监管。梳理优化出口食品备案程序,提高采信 HACCP 认证比例。进一步帮促出口食品企业提质增效升级,形成出口、内销竞争新优势。

三是通过项目引进、体系构建、模式创新来加强口岸检验检疫监管。构建前伸后移的进口消费品闭环监管体系。继续优化进口机动车闭环监管体系,开展跨境电子商务产品质量抽查监测,加强对影响生态环境特别是大气质量的进口商品有毒有害物质、节能环保项目监测。创新进口大宗资源性商品检验监管模式。充分运用技术性贸易措施服务国家宏观调控,持续抓好进口煤炭检验监管工作,加强进口铁矿环保项目监测。严格落实废物原料、危险货物及其包装、散装商品在卸货口岸施检制度。继续开展"清风行动",加强输非及出口商品打假,严厉打击跨境制售假冒伪劣商品违法行为,加强与其他行政执法机关的联合执法及系统内跨区域执法协作,维护公平竞争的外贸秩序和中国制造的国际声誉。支持省政府推进进境澳洲屠宰活牛指定口岸项目落地,加强港口、隔离场和屠宰场等规划建设的指导。

3. 进一步推动进出口领域质量发展

一是通过联合地方政府有关部门和行业协会,共同推动出口商品质量安全共治。以质量安全示范区为主要载体,加大示范区建设、宣传和推荐力度,发挥示范区品牌效应,形成助推我国优质产能走出去的质量共治合力。积极参与省政府对地级以上市人民政府的质量工作考核,推动各级地方政府加大质量安全监管力度,完善质量发展配套政策和配套机制,提升区域总体质量水平。主动联合质监等相关部门开展质量安全监管和执法联合行动,积极探索与质监部门联合发布区域性质量分析报告,推动质检两局检验机构"资质互通、业务互联、技术互助、资源共享、数据互信"。

二是通过内部创新、外部宣传,加强质量安全监管。以标准提升为引领,积极参与国家标准制定,加快国内消费品质量安全标准与国际标准或出口标准并轨,促进内外销产品"同线同标同质",倒逼企业技术进步,增加高质量、高水平有效供给。加强内部数据统计分析、整合和利用,抓好以对外发布为导向的进出口商品质量分析工作,提升质量分析影响力。加强质量安全宣传教育。积极开展"质量月"活动,广泛开展质量安全宣传教育活动,普及质量安全意识。按照总局统一部署,开展空气净化器等老百姓普遍关心的 10 种消费品质量提升专项行动。实施出口食品竞争力提升工程,发挥技术性贸易措施的倒逼作用,促进水产品等广东优势食品企业提高出口竞争力。经统计,2016 年广东局出口工业产品退货共 7038 批,货值约 48231.1 万美元,同比分别增加 8.1% 和 28.8%。其中出口法检退运货物 284 批,货值约 840.9 万美元,分别占总批次、金额的 4%、1.7%,同比分别增长 8.8% 和 49.5%;出口非法检退运货物 6754 批,货值 47390.18 万美元,分别占总批次、金额的 96%、98.3%。

三是不断完善风险管理。完善质量安全风险监测、风险研判、风险预警和风险快速处置体系,特别要加强跨境电商产品、消费品、进出口食品、口岸疫情疫病等风险监测,规范风险信息采集、汇总、分析、评估、发布和应用工作,拓宽风险评估结果应用范围,推行分类分级管理。健全区域和行业质量安全预警制度,完善质量安全突发事件应急处理预案和联动机制,防范于未然。完善风险预警体系,做好风险信息监测采集,探索企业风险报告制度,开展检验鉴定机构风险信息监测试点。加强企业信用管理,丰富便利惩戒措施,做好信用信息采集和周期评定工作。

(二)广东出口商品质量提升与打假

2016 年,广东局紧紧围绕国家质检总局"抓质量、保安全、促发展、强质检"和"高起点推进自贸区建设"的要求,切实推进质量强国战略,努力提高质量管理工作的针对性和有效性,全面深化改革,突出创新驱动,以全国首创"智检口岸"一体化综合服务平台为依托,打造检验检疫工作新模式,构建与国际惯例接轨的全球领先的检验检疫创新制度体系,以市场采购出口商品外贸新业态为切入点,在促进出口商品质量提升和打击假冒伪劣商品方面取得显著成效,有力促进外贸"优进优出"。

1. 市场采购出口商品检验监管情况

在市场采购出口商品查验方面。2015 年 12 月 1 日—2016 年 11 月 30 日,市场采购出口商品申报 311662 批,货值 223.19 亿美元;主要出口至非洲尼日利亚、塞内加尔、肯尼亚和东南亚的马来西亚、印度尼西亚等国家;主要商品类别为服装、鞋帽、箱包、汽车、摩托车配件,电子产品,五金制品,家具、建材等。查验与实验室检测不合格 678 批,货值 4152.21 万美元。实验室检测不合格 50 批,其中不符合国家强制标准 5 批,不符合推荐标准等标准 45 批;不合格商品和项目主要为纺织品的纤维含量、电器的防触电保护、箱包制品的耐振荡冲击性能、木制品的甲醛含量;查验不合格原因主要为木质包装无 IPPC 标识、部分货物未申报(包括了目录内货物申报为目录外)。市场采购出口商品查验不合格率 18.5%、实验室检测不合格率 7.4%;去年同期查验不合格率 19.2%、实验室检测不合格率 31.8%,实验室检测不合格率降低 24.4 个百分点。广东局 2016 年针对市场采购出口商品质量提升采取的具体措施如下:

一是积极贯彻落实国务院和总局的工作要求,抓住广东市场采购出口商品及输非商品特点,探索对市场采购出口商品"全方位、全链条"的有效监管,在南沙港区建立全国首个"市场采购出口商品集中检管区",创新市场采购出口商品口岸检验监管"线上公共服务平台"和"线下集中检管场"的"南沙模式"。二是依托"智检口岸"平台进行"大数据"

分析,对企业实施诚信管理。对从业企业全备案,实时采集日常监管信息,建立企业诚信数据库。对诚信经营、商品质量稳定、无违法违规行为的组货代理企业设定较低的开柜查验比例,引导和鼓励企业守法经营、诚信经营。依托"智检口岸"平台对商品实施合格假定、风险评估。在对日常的监管信息进行统计和分析的基础上,建立商品质量信息库。根据监管抽查结果,对风险较高的商品种类自动布控,自动设定较高的抽查比率。如箱包类和灯具类商品合格率只有 15% 和 25%,对该两类商品设定了较高的抽查比率;而对合格率较高的一次性卫生用品类和纺织品服装类商品,则设定较低的抽查比率。三是在诚信管理和风险评估的基础上,对企业和商品实施分类管理,其分类评级作为检验检疫查验规则设置(抽查比率)的首要依据。创新市场采购原产地签证模式,共享"市场采购联网信息平台"数据,对市场采购商品作归类分析。结合原产地证敏感清单,在风险评估的基础上,对国产化程度高的产品直接备案,随报随签;对敏感产品,快审快签。简化备案和申报等手续,促进签证便利化。加快建立公共技术服务平台,为企业提供检测技术和国外标准法规信息、咨询、研究、评议、培训、应对等"一站式"服务。

在出口商品打假方面。2016 年共发现涉嫌逃避法定检验商品 88 起(其中 2 起出口危险品瞒报及未能提供危险货物包装容器使用检验证书);发现出口木包装不符合要求 136 起;查获出口假冒伪劣商品案件共 96 起;总涉案金额共计 473.94 万元,总处罚金额共 134.8 万元,其中成功移送公安机关 2 起。

依托"智检口岸"平台,广东局配套开发舱单管理模块,将航运物流信息同步纳入监管,出境船舶舱单信息与企业申报的信息对碰,有效打击了虚报目的国的违规行为。通过以出口舱单数据和运抵报文相比对,实现出口数据全掌握,信息更充分,定位更准确,为打击出口假冒伪劣商品提供了有力抓手。与广州港公安局签署《执法协作备忘录》,形成联合打击假冒伪劣、联合执法互动机制。目前,广东局已将查获的出口假冒伪劣商品的案件成功移送公安机关。开展"清风行动",积极提升输非市场采购出口商品质量,推动企业质量责任意识和守法诚信意识进一步提高,全面提升出口产品质量总体水平。

2. 监管成效

市场采购"南沙模式"为市场采购商品出口铺平了一条阳光通道,并形成集聚效应,吸引大批市场采购商家落户南沙,社会效益凸显。内联珠三角制造中心,外接"一带一路"全球市场,产品出口至全球 177 个国家和地区,涵盖了巴基斯坦、埃及、南非、埃塞俄比亚等"一带一路"沿线国家,直接推动南沙港区新增 20 条国际航线,极大助力南沙港区建设 21 世纪海上丝绸之路枢纽港。目前该模式已推广到广东出入境检验检疫局辖区内其他有相关业务的口岸。从整体的监管过程分析,市场采购出口商品的表内商品占比较低,绝大部分为表外商品,而表外商品的整体质量情况堪忧,为实现中国制造走出世界,打造中国制造的良好形象,实现供给侧改革,应加大对表外商品的质量管理探索和实现相关管理办法。实验室检测不合格项目中,纺织品纤维含量占 54%,箱包制品耐振荡冲击性能占 16%,电器防触电保护占 16%,木制品甲醛占 10%。

经过便利高效通检的模式试行以来,市场采购出口商品监管模式达到严密、科学、高效和廉政监管效果。随着形势不断变化和发展,广东局对市场采购出口商品的监管重心,由"表像"提升至"品质",由以前的感官检验为主,转变为现在以品质检验、实验室检测为主。依托"智检口岸"平台,结合诚信管理,科学设置质量监控规则,探索构建"大数据"、"大质量"、"大质检"机制,实现自动布控和全方位、全过程的闭环监管,促使市场采购出口商品总体质量水平不断提升。同时,开展技术性贸易措施影响调查,通过调查获取客观、准确的数据,了解国外技术性贸易壁垒对辖区企业出口影响程度,实地了解并帮助企业解决实际问题,构建更为紧密的检企信息互通渠道。

3. 存在问题与建议

由于市场采购商品出口环节多,国内的实际发货人常常就是国外的收货人,实际发货人出口时委托货运代理办理出口手续,第一手货运代理常常转手给第二、三甚至是更多级代理办理手续,所以要了解国外技术性贸易措施对其出口的影响存在困难。为此,一是深化全球质量溯源体系应用,从国家层面,把从生产商到销售商到采购商到货运代理到发货人等涉及市场采购出口的全部环节纳入溯源体系。出口商品质量共治,各地检验检疫部门共同发力,同步出口商品的申报、检验、检测、放行政策;二是建立信息共享质量数据平台。依托该平台检验检疫部门与质监和工商等部门信息共享,发布出口产品质量情况,兼具查询、统计、布控、抽检、风险分析功能。全国质量监督部门可通过该系统实现信息录入与共享,提升监管有效性,共同打击假冒伪劣产品;三是建立多方位收集信息渠道,鼓励商会、行业协会等民间组织和一般消费者提供线索,并视情况予以奖励,做到全民参与打假,让假冒伪劣产品在市场上无立足之地;四是主动通过网络公开平台向社会公开查处的不合格产品信息,提高执法的透明度和检验检疫部门的公信力;五是加快推进检验检疫法律体系制修订工作,理顺法律法规的关系,统一规范检验检疫系统打击出口假冒伪劣工作,提高打击出口假冒伪劣产品违法行为工作的有效性。

4. 典型案例

【案例1】出口鞋子假冒品牌

描述:2016 年 10 月 25 日,佛山市德亚佰贸易有限公司向广东局南沙口岸申报出口一批市场采购货物(报检号 ICIP4434200316102550402;柜号 GESU1120113),申报货物名称为鞋子。2016 年 10 月 26 日,广东局工作人员对该批货物进行查验时发现实际有 150 箱、1800 双鞋子,鞋子上有"Timberland"标识,涉案货值 8280 美元(5.49 万人民币)。该公司无法提供上述货物的相关授权证明等材料。

分析:在本案中,出口商企图在假冒商品打上"Timberland"的标签,冒用品牌欺骗消费者来获取利益。

处理:该公司的行为属出口商品以假充真,根据《中华人民共和国进出口商品检验法》第三十五条的规定,广东局对该公司实施行政处罚,处以人民币贰万柒仟伍佰元的罚款。

【案例2】出口假冒品牌商品

描述:2016年5月2日,佛山市巨合贸易有限公司向广东局南沙口岸申报出口一批市场采购货物,申报货物名称为女套装、鞋子等。2016年5月3日,广东局工作人员对该批货物进行查验时发现实际有66箱鞋子,每箱12双,鞋子上印有"VERN'S",鞋盒上印有"MADE IN MALAYSIA"的标识,涉案货值2.67万元人民币。

分析:在本案中,出口商企图在假冒商品打上"VERN'S"和"MADE IN MALAYSIA"的标签,冒用品牌和产地欺骗消费者来获取利益。

处理:该公司不能提供相关授权证明等材料,当事人的行为属出口商品以假充真,根据《中华人民共和国进出口商品检验法》第三十五条的规定,广东局对该公司实施行政处罚,处以人民币壹万叁仟伍佰元的罚款。

【案例3】查获以旅游购物方式出口到尼日利亚的假冒伪劣眼镜

描述:2016年7月,广东局在白云国际机场货站对市场采购出口货物实施查验时,查获一批以旅游购物方式出口到尼日利亚的假冒伪劣眼镜。该批眼镜共1772副,涉及Dior、Chanel、Gucci、LV、Prada等29种国际品牌41个款式,标注产地为法国、美国、意大利等六个国家。经送广东局轻工实验室做质量检测鉴定,该批眼镜质量均不符合相关的国家标准;同时通过品牌厂家鉴定,该批货物为假冒侵权货物,涉案货值近千万。

分析:在本案中,出口商实际采购出口的是披着名牌外表的劣质商品,欲利用知名品牌迷惑海外消费者获取高额利润,这种弄虚作假行为已经违反了相关法律法规。

处理:由于该案涉嫌逃避进出口商品检验、生产销售假冒伪劣产品,性质较为恶劣,广东局依据广东省行政执法与司法衔接工作要求,将该批涉嫌出口假冒伪劣眼镜案件移交给广州白云机场公安局。目前,机场公安局已对该案进行立案调查。

【案例4】输苏丹LED吸顶灯质量不合格案例

描述:2016年7月,佛山某贸易公司报检一批出口至苏丹的LED吸顶灯,数量400个,货值1240美元。经抽样检验,该批货物属于典型的三无假冒伪劣产品,且货物本身存在严重的安全隐患。

分析:该发货人为降低成本,采购了质量低劣的次品,意图不经检验检疫蒙混过关,而贸易公司又只顾赚取报关报检等服务费用,不重视产品质量。为维护政府间协议的权威,保证输非产品的质量安全,广东局严格按文件要求对不合格产品进行处理,严打违法行为。

处理:根据《中华人民共和国进出口商品检验法》第三十五条规定,广东局对该公司实施行政处罚,并对货物进行销毁。

【案例5】广东局联合市场监管局查获生产侵犯注册商标专用权案

描述:2016年6月,广东局联合市场监管局对市场反馈问题较多的电声器材行业进行联合执法稽查。发现恩平市某公司尚未在广东局备案,且在辖区内无进出口商品记录,其出口的音响器材外包装和铭牌无中文标签及说明,却用韩文标注韩国制造。

分析:目前,国内很多生产商、贸易商法律意识淡薄,为了获取出口份额牟取利润,无视法律法规的规定,随意编造虚假信息。

处理:该企业涉嫌生产侵犯注册商标专用权、编造虚假生产企业名称、原产地,冒用CE和RoHS标识的电声产品,广东局及时将涉案材料移交至市场监管局,该局随即立案调查。

三、全国其他代表性省份出口商品质量监管

2016年,江苏省、浙江省、上海和山东省等几个代表性省份的外贸进出口增长率总体优于全国,尤其是出口同比均实现增长,外贸份额稳步提升。同时,作为国内出口外贸的重地,各省的检验检疫部门在出口商品质量方面亦不断加强质量监管,持续推动改革和创新,根据本省出口外贸变化情况实时推出或更新本年度具体监管举措,不断优化提升本省外贸服务水平。如江苏省创建了全国检验检疫系统首个检验检疫无纸化示范窗口,建成占地近2万平方米的全国首个口岸联合查验中心等;浙江局建设全省首个特殊物品查验监管平台,率先实现出口直放和无纸化通关和上海口岸进口直通等;上海局不断出台促进自贸区改革发展的举措,通过持续加大信息化应用着力打造智慧国检等;山东局首创原产地备案检商"两证合一"改革并在全国复制推广,建成山东检验检疫绿色安全数据中心等等。

(一)江苏

2016年江苏省外贸进出口33634.4亿元,同比下降0.7%,连续十四年居全国第二。其中,出口21062.8亿元,同比增长0.2%;进口12571.6亿元,下降2.1%。一般贸易进出口16103.2亿元,逆势增长8.6%,占江苏省外贸总值的47.9%,同比提升4.1个百分点。在外贸进出口规模减少的同时,江苏省对外贸易发展也呈现月度进出口稳中有升、贸易结构进一步优化、产品"优进优出"进展良好、"一带一路"战略稳步推进、与兄弟省市差距缩小、新兴贸易业态快速发展等亮点。2016年江苏局在质量监管方面的主要做法如下:

1. 进一步深化业务改革

江苏局作为全国检验检疫全程无纸化试点任务的牵头单位,自主研发无纸化系统和检验检疫自助一体机,实现了无纸化系统与e-CIQ主干系统的无缝对接,创建了全国检

验检疫系统首个检验检疫无纸化示范窗口。目前江苏省通过主干系统受理出入境报检业务 32.65 万批/390.97 亿美元,企业无纸化报检覆盖率达 92%。同时 2014 年、2016 年江苏局分步分批组织了两轮简政放权。历经三轮简政放权,该局实施的行政许可事项共计七大类 8 个子项 16 个小项全部下放至分支局,为企业节省大量成本及时间。连云港自主研发的行政许可"网上审批"系统在当地试行成功后向全省推广。系统应用范围涵盖全省检验检疫系统所有行政许可事项,对行政许可从申请与受理到审核决定等主要环节进行标准化、信息化管理,实现流程统一化、时限预警化、办理高效化、告知智能化、档案电子化。

2. 继续推进通关便利化

江苏局联合南京海关致力于打造关检合作示范区,2016 年张家港口岸建成占地近 2 万平方米的全国首个口岸联合查验中心,关检双方经过流程再造业务衔接,实现"一个界面申报,一个场地查验,一个指令放行"。目前,江苏 80% 的口岸现场已建成关检联合查验场地,"一站式作业"覆盖面扩大到口岸全口径进口货物。江苏首个国际贸易"单一窗口"成功上线试行,江苏局推动建立的国际贸易'单一窗口',彻底改变了企业报检模式,一次录入数据可同时向多家口岸管理部门申报,极大地缩短了申报时间。江苏局与省贸促会签署备忘录,明确自去年 7 月起,《原产地企业备案登记证书》和《对外贸易经营者备案登记表》实现"两证合一",签证企业只要一次办理即可完成全部备案工作,平均登记备案时间减少一半以上。2016 年 1 月至 11 月,双方签发各类原产地证书 57 万份,涉及货值 277 亿美元,为企业争取关税减免 6.3 亿美元。

3. 积极开展"三同"工作

2016 年 9 月,江苏局会同食品安全监管相关部门和 24 家出口食品企业,在南京举办了出口食品"三同"推介活动,并拉开了江苏出口食品"三同"工程的序幕。11 月 10 日,江苏局正式启动上线全国首个消费品"三同"公共服务平台,开创性地将"三同"工程由食品领域推广至消费品领域,平台集"三同"企业评定审核、国际标准差异对比、消费者质量状况反馈等功能于一体,实现了对"三同"产品的有效溯源管理。2016 年 12 月 23 日,江苏省经济工作会议在南京召开,省长石泰峰在工作报告中提出:"扩大内外销产品'同线同标同质'实施范围,增加高质量、高水平产品和服务供给。"三同工作的开展有利于解决江苏实体经济产业层次不高,产品附加值低等问题,促进江苏省建设质量强省。

4. 加强平台基地建设

2016 年 5 月,江苏局与常州市政府签署合作备忘录,标志着长三角地带的检验检测认证格局又有新突破。目前园区已与 21 家知名检验检测认证企业签署入驻协议,同时挂牌成立了我国首个检验检测认证学院,将为社会培养和输送检验检测认证领域的高级应用型技术人才。截至 2016 年末,江苏省省检验检疫系统共建成 4 个国家级技术性贸易措施评议研究基地和 8 个省级基地;建成 6 个国家级检验检测认证公共服务平台、30 个省级平台,继续实施"优企、优品、优测"计划,推动建设检验检测认证产业园和"一带一路"国家检验检测联盟,并成立全国首个质量促进联盟,支持江苏企业"增品种、提品质、创品牌",促进"江苏制造"走向世界。同时由江苏局协助质检总局开发的"检验检疫实验室资源管理平台"经过不断完善,在全国检验检疫系统 1300 余家实验室推广使用。

(二)浙江

2016 年浙江省进出口 2.22 万亿元人民币,增长 3.0%。其中,出口 1.77 万亿元,增长 2.9%;进口 0.45 万亿元,增长 3.7%。全省进出口、出口、进口份额占中国比重分别为 9.1%、12.7% 和 4.3%,较上年分别提高 0.3、0.6 和 0.1 个百分点,外贸份额稳步提升,尤其是外贸出口正向拉动中国出口增速 0.33 个百分点,继续保持对中国出口增长贡献最大省份地位。外贸仍是浙江经济增长重要引擎。2016 年,浙江省外贸依存度为 48.1%,高出中国 15 个百分点,其中外贸出口依存度达 36.7%。2016 年浙江局具体监管措施如下:

1. 着力加强质量监管

2016 年浙江局联合省食安委开展进出口食品"三大一严"专项行动,整改安全隐患 76 个,建设全省首个特殊物品查验监管平台。与省商务厅等共建国家跨境电商技贸措施研究中心;建成国家级、省级质量安全示范区各 17 家,支持杭州建设全国首个生物医药产品质量安全示范区,与省农业厅联合推进出口农产品生产示范基地建设并首次认定 13 家,106 家企业获评"2016 年中国质量诚信企业";核查处置出口食品国外通报 70 起,上报不合格信息 4239 条、重大风险预警信息 9 条,"清风行动"查处假冒伪劣工业品案件 23 起、装运前检验不合格 255 批,从严"双打",查处违法案件 156 起。"口岸天平行动"为进口企业挽回经济损失 1300 多万元。

2. 优化提升外贸服务水平

浙江局率先实现出口直放和无纸化通关,率先实现上海口岸进口直通,率先实现辖区"通报、通检、通放",跨境电商、义乌市场采购贸易等领域率先实现"单一窗口"功能;降低企业成本近 5000 万元,节约通关时间 194 万小时,对 177 家企业实施原产地"信用签证",签发原产地证书 92.73 万份,减免企业关税 13.89 亿美元;57 家出口食品企业入驻"同线同标同质"平台,企业内销金额增加 9.27 亿元,同比增长 22.5%,帮扶浙江水产、衢州柑橘等特色产业突破技贸壁垒,重返发达国家市场,帮扶入境维修/再制造用途机电新业态实现"零的突破"。

2016 年浙江局出台 19 条举措助推舟山江海联运服务中心发展,全力支持宁波舟山港检验检疫一体化建设,成功帮扶杭州、金华、义乌进口肉类指定口岸获批筹建,有效服务"义新欧"班列扩容增效和义乌国际邮政互换局全面运营;全面落实总局16条支持意见,初步建成检验检疫监管体系,监管跨境零售商品6643.2万单、货值62.94亿元,建成运行质量安全风险国家监测中心,发布全国首份跨境电商产品质量安全报告;e-CIQ全面上线,"互联网+质检"模式正式启动,完善市场采购贸易监管模式,积极在海宁、鹿城复制推广,在2500多家企业推广出口农产品监管新模式,90%以上产品实现"即报即放"。

3. 守卫国门安全

浙江局深化口岸核心能力建设,持续建设安全防线,检出全国第4、第5例输入性寨卡病毒感染病例,检出各类传染病545例,截获核生化有害因子160起、病媒生物3798批,在全系统率先启用CT机,对进境邮包实施100%核生化监测;开展"全年度、全天候、全方位"国门生物安全查验,截获进境植物有害生物986种1.91万次,截获禁止进境物1.55万批次,检出不合格进口煤炭151.49万吨、货值1.25亿美元,不合格进口废物原料2804批;在全系统率先开展进口食品化妆品追溯体系建设,检出进口不合格商品1.47万批,其中食品化妆品2227批,在跨境电商领域实施全国首例缺陷进口消费品召回,销毁不合格跨境电商进口商品18万件,召回进口缺陷汽车近7万辆。

(三)上海

2016年,在全国进出口总值比2015年(下同)下降0.9%的背景下,上海市累计实现进出口总值2.87万亿元人民币,增长2.7%。其中,进口1.66万亿元,增长5.2%,比全国增幅(0.6%)高4.6个百分点;出口1.21万亿元,下降0.5%,比全国降幅(2%)低1.5个百分点。由于进出口形势明显好于全国,上海市外贸进出口占全国比重由2015年的11.4%上升至11.8%。2016年,上海市各季度外贸进出口增速分别为-3.2%、2.3%、0.7%、10.2%。第四季度进、出口年内首次实现双增,增速分别为13.8%、5.3%,比同期全国进出口总体增速分别高出5.1个和5个百分点。其中12月单月进出口值首次突破3000亿元,达3060.3亿元,当月进口1868.1亿元,进出口值、进口值均创历史新高。2016年上海局具体监管动态如下:

1. 持续推进改革创新

一是不断出台促进自贸区改革发展的举措。上海自贸区成立三年来,上海局贯彻国务院、上海市和质检总局部署要求,以贸易便利化为核心,以改革创新为手段,累计出台支持自贸试验区发展制度和举措77项,制定配套文件132个,其中15项制度为结合地方产业发展和企业需求推出的自主改革举措,10项制度为全国首创,24项新制度已率先在全市推广并作为全国复制推广备选制度,进一步彰显全面深化改革和扩大开放的试验田作用。

二是"三简三降三服务"。坚持服务外贸"十检十放"改革举措,2016 年上海局在重点领域和关键环节上进一步大胆放,运用现代技术手段实施科学监管,在智能便捷、公平可及上提升服务水平,系列改革举措共 5 次受到党和国家领导人批示。推进以"行政审批简化""监管项目简化"和"工作流程简化"为代表的"三简化"措施;提出了"是不是降低了查验比例""是不是缩短了通关时间""是不是降低了企业成本"的"三降"目标;同时,大力推广以"服务重点区域""服务重要产业"以及"服务重大项目"为代表的政策举措。

三是"一条线索两个市场",2016 年上海局对标国际规则,积极探索职能改革创新路径。对标《贸易便利化协定》,做高效监管先行者。严格依据协定内容先行先试,目前全面符合协定关于边境措施、通关程序、透明度和信息化四方面 14 项要求。对标新一轮国际经贸规则,做安全监管先行者。形成进出口动植物产品和食品分类监管体系,为我国未来参与国际经贸规则制定提供了支撑,为妥善应对 TTP、TTIP、TISA 等做出了探索。对标开放度最高的自贸园区建设要求,做科学监管先行者。如基本建立分线管理监管模式,在一线全面实行"进境免签",试点推行"先进区,后报检",基本形成国际贸易货物"先进后报"模式。

2. 加强服务水平和质量监管

一是自贸试验区进出口额持续增长。2016 年上半年,上海市进出口额下降 0.4%、全国下降 3.3%,而上海自贸试验区保税区域率先取得增长,达到 4.7%。二是保税区域贸易额比重持续增长。2016 年上半年,上海自贸试验区保税区域进出口贸易额占全市比重达到 27.7%,同比增长 1.3%,占全国特殊区域的比重提升到 20%。三是相关产业规模持续增长。两降则分别为通关时间不断减少和企业成本不断降低。一线进境货物入区通关时间平均缩短到 0.44 天,进口、出口平均通关时间分别缩短 41% 和 36%。二是企业成本不断降低。区内企业综合成本平均降低 10%,进境水果综合物流成本降低 30%。

2016 年,上海局努力推动构建地方政府负总责、企业负主体责任、质检部门监管、相关部门齐抓、行业协会协调、社会力量参与的质量安全管理新机制,探索建立市场主体自律、政府监管、社会监督、业界共治的进出口货物综合监管机制,构建商品全生命周期的质量安全溯源管理体系。协调推进国家认监委"云桥"认证认可信息共享公共服务平台与上海跨境电商公共服务平台对接,落实进口缺陷产品的质量追溯,强化进口汽车缺陷召回与三包监督,共对 12 起(14.2 万辆)进口缺陷汽车开展召回监督管理。牵头落实进口缺陷消费品召回追溯调查案例 11 起 160 余万件,召回调查成功案例数量系统第一。进境空箱的"少检多放"管理模式,获评"上海市信用典型案例——十大守信联合激励案例"。大力推行"双随机一公开","谁查""查谁"都随机产生,"怎么查""结果怎样"都随时可查。在出入境交通工具和货物卫生检疫查验等 4 项工作实现"双随机、一公开"基础上,针对质检总局随机抽查清单 12 个事项全面推行"双随机、一公开"。随着政策环境、监管环境和合作环境的转变积极推进简政放权,构建法治化的政策环境。发布权责清单,涉及七大类47项行政权力。深化行政审批事项减量化、场所集约化、流程扁平化、办理高效化的"四化"改革。

3. 推进国检建设

2016年来,上海局通过持续加大信息化应用,着力打造智慧国检。主动倡导并牵头推动区域间"单一窗口"互联互通,牵头制定全系统货物申报检验检疫标准数据集,覆盖全部主体业务及检验检疫流程,实现全口岸申报信息服务成本降低2.8亿元。瞄准"互联网＋国检",建成联动指挥中心、国检数据交换平台、进口食品信息化管理系统、进出口商品质量安全全程溯源平台等多个业务处理系统,实现网络全面覆盖、应用互联互通、数据高度聚合、风险即时管控、管理协同联动。全面上线e-CIQ,全年报检时间再降10%,继续保持全国最低。同时,上海局聚焦重要产业和科创中心建设,推出了以国检CQI指数为代表的多项创新型、突破型改革监管举措。全年共出台支持产业发展意见规范26个,为促进产业集聚、转型升级营造一流软环境。出台支持国际邮轮产业发展意见,提出符合中国特色的邮轮检疫监管模式:邮轮检疫指数（CQI）。对平行进口汽车实行"两宽一简"改革新政。出台支持国际会展产业发展意见。

（四）山东

2016年,山东省进出口总值15466.5亿元,同比增长3.5%,其中,出口9052.2亿元,增长1.2%,进口6414.3亿元,增长6.8%。全省进出口、出口、进口增速分别高于全国4.4个、3.2个和6.2个百分点。进出口增速位居全国前十大外贸省市首位,出口占全国份额6.5%,较去年提高0.2个百分点,连续两年提升。2016年,共检验检疫出入境货物87.19万批,1131.64亿美元,其中,出境68.47万批,315.48亿美元;入境18.72万批,816.16亿美元。检疫出入境船舶29999艘次、飞机40845架次、集装箱566.6万标箱。出入境人员查验706.28万人次。签发各类原产地证书53.97万份、238.23亿美元。

1. 推进监管模式改革

2016年山东检验检疫局坚持主动改革,"放管服"水平有效增强。在全国系统率先开发应用"双随机、一公开"监管信息化系统,率先在出口食品生产企业备案监管、口岸食品卫生监督领域实行"双随机"抽查机制。首创原产地备案检商"两证合一"改革并在全国复制推广,荣获2016年度质量之光年度质检创新奖。建立前期认证采信的进口食品注册监管新模式,各大类进出口工矿产品实现差异化、分类化监管。第四季度以来,各单位聚力"三最"口岸建设,口岸验放提速明显,全年进出境报检平均流程时长同比缩短超过20%。

坚持严把国门,质量安全监管能力有效增强。认真做好寨卡病毒病和黄热病疫情口岸防控工作,建立了"全方位、立体化、多部门、全天候"的联防联控机制,口岸核心能力建设指标纳入省政府质量工作考核办法。截获植物疫情 31886 批次,截获动物疫病和有毒有害物质 1282 批次,妥善处置走私牛肉、输韩蒜泥掺杂、出口蜂蜜疑似掺假等突发事件。出口食品国外不合格通报批次同比下降 27.4%,通报率同比降低 31.05%;进口食品农产品批次不合格检出率 24.15%,同比提高 0.87 个百分点;食品农产品出口连续 17 年稳居全国第一,建成国家级出口食品农产品质量安全示范区 49 家,占全国总数的 16.84%,总数位列全国第一。进口工业品检出重大不合格情况被质检总局采用数量连续 7 年位居全国系统首位;建成国家级出口工业产品质量安全示范区 3 个。

2. 提升便利通关服务水平

山东检验检疫局坚持创新举措,服务发展能力有效增强。2016 年出台促进外贸回稳向好、支持服务自贸区战略实施、支持山东地炼行业健康发展等帮扶举措;与省贸促会签署合作备忘录,实现对全省原产地签证工作的统一管理,企业累计享受国外关税优惠约 11.23 亿美元。积极开展"同线同标同质"帮扶行动,培训辖区出口企业 2397 家,232 家企业登陆认监委"三同"信息服务平台,培育 10 家出口食品"三同"示范企业,数量均居全国第一。完成 e-CIQ 主干系统全机构、全模块、全流程应用,在全国率先实现单一窗口、无纸化系统、实验室管理三大系统与 e-CIQ 主干系统成功对接。在全国系统率先实施进口铜废碎料口岸转检、进口废纸直通检验检疫,直接节省企业费用 4500 余万元,为企业带来经济效益超过 1 亿元。在全国系统率先实施对进出口货物的无纸化报检和无纸化通关,进出口货物无纸通关达到 100%。以黄岛前湾港北港查验场地整合为范本,实现"关、检、港"三方作业信息互换和共享,山东口岸共实施"一次查验"7948 批、"一次放行"41674 批,关检一次查验率达 100%。

3. 创新管理体系

持续改进内部管理体系,全年共完成体系改进措施 1100 余项。完善绩效管理日常考核和月度通报制度,连续 6 年实施社会第三方顾客满意度评价,其中服务对象评价满意度达到 98.70%,地方党委政府评价满意度达到 99.74%。探索推进风险管理,建立风险管理组织机构,针对 30 余个工作过程形成了风险评估报告和风险清单,为实施业务模式改革奠定了基础。同时,坚持科技兴检,科技和信息化支撑能力有效增强。获得质检总局"科技兴检"评奖 17 项,总数居全国系统第一;15 名专家入选质检总局第二届科技委专业技术委员会;多项技术标准获国家奖项;建立检测基地和质检实验室及复验机构。头研发 2016 年度 NQI 专项课题《重要贸易产品多靶标高通量筛查技术研究》,成为全国系统首批国家 NQI 专项课题主持单位之一。与质检总局标法中心签署合作备忘录,成立全国首个轮胎产品国外技术性贸易措施通报评议基地。不断完善"电子内务""电子业务""电子政务"三大平台,建成山东检验检疫绿色安全数据中心。

四、年度质量领域典型案例

(一)"质检利剑"典型案例

"十二五"期间,全国质检系统查办各类质量违法案件51.1万起,其中查办大案要案、移送公安机关涉刑案件数,比"十一五"期间分别增加121.1%、298.1%。2016年,质检总局为维护市场正常运行、保障消费者切身利益,围绕国务院供给侧结构性改革关于化解过剩产能、推进"互联网+"行动、加强事中事后监管等决策部署,针对制售假冒伪劣问题突出的消费品、建材、农资、汽配等重点产品,深入开展"质检利剑"打假专项行动,查处了包括湖北旺隆富肥业有限公司制售伪劣化肥案、广东假冒"海康威视""大华"等企业产品造假窝点案等一批货值大、影响大的案件。通过严查彻办大案要案,有效惩处一批制售假冒伪劣违法分子,打击质量违法行业潜规则。典型案例如下:

一是湖北省质监局查处湖北旺隆富肥业有限公司制售伪劣化肥案。在今年质检总局开展的农资打假"质检利剑"行动中,湖北省质监局根据质检总局执法司通报的案件线索,对湖北旺隆富肥业有限公司开展执法检查,对该企业生产的7个批次共计603.84吨复合肥进行了随机抽样,经检验,产品质量均不合格,涉案货值151万元。检查的7个批次中有6个批次共计563.84吨复合肥料涉嫌伪造厂名、厂址,伪造、冒用生产许可证标志及编号,湖北省质监局已将案件依法移送公安机关处理。

二是湖南省湘潭市质监局查处岳塘区荷塘乡荷塘村制售假冒伪劣燃气灶具窝点案。2016年5月23日,根据举报,湖南省湘潭市质监局执法人员会同公安部门冒雨连夜对湘潭市岳塘区荷塘乡荷塘村制售假冒燃气器具产品的窝点进行执法检查,现场查获大量涉嫌假冒燃气器具产品,假冒品牌涉及迅达、樱花、美的等10多种,数量达1600余台,涉案货值达300余万元,湘潭市质监局将案件依法移送公安机关。

三是广东省质监局组织查处深圳市锋达通通讯设备有限公司等2家企业生产不合格手机案。2016年3月22日,根据全国电子商务产品打假维权协作网和阿里巴巴提供的线索,国家质检总局执法司派员赴现场督办,广东省质监局组织深圳市市场监管委市场稽查局、东莞市质监局执法人员对深圳市锋达通通讯设备有限公司、深圳市京立通讯器材有限公司开展突击执法检查。经查,深圳市锋达通通讯设备有限公司生产不符合标准要求手机2731台,货值金额共计328691元。深圳市京立通讯器材有限公司生产质量不合格福中福品牌手机240台,冒用认证标志的手机1342台,同时还存在未经认证进行出厂、销售以及商标侵权等违法行为。深圳市市场稽查局依法对这两家企业予以行政处罚。

四是杭州市质监局协助广东质监部门查处假冒"海康威视"、"大华"等企业产品造假窝点案。2016 年 6 月 7 日,在杭州市质监局稽查支队和海康威视公司的配合下,广东省质监局组织深圳市市场监管局、东莞市质监局执法人员对一家涉嫌利用互联网销售假冒"海康威视"、"大华"等公司产品的造假窝点进行执法检查,现场查获待销售的成品、半成品 600 余台,以及各类尚未使用的知名品牌标签。执法人员当场查封了该窝点造假设备和场所,当地市场监管部门依据《广东省查处生产销售假冒伪劣商品违法行为条例》予以行政处罚。

五是南京市质监局查处南京建正建设工程质量检测中心出具虚假证明案。2016 年 5 月 12 日,南京市质监局稽查分局执法人员对南京建正建设工程质量检测中心开展执法检查。经查,2016 年 1 月 1 日至 2016 年 5 月 12 日,该中心对企业送检样品未经仪器检测共向社会出具检验结论为"合格"的《混凝土抗渗检测报告》805 份。违法所得共计403150.00 元。2016 年 8 月,南京市质量技术监督局依法对该检测中心作出行政处罚决定,没收违法所得 403150 元;同时对机构和主要责任人分别予以行政处罚。

六是青岛市质监局查处洋马发动机(山东)有限公司生产不合格柴油机案。青岛市质监局对洋马发动机(山东)有限公司进行执法检查,经对该公司生产的柴油机抽样检验,发现该公司 2014 年 9 月至 2015 年 4 月间调整烟度指标接受上限及篡改相关原始试车记录,致使不合格柴油机产品出厂销售,涉案产品共 1658 台,货值金额 5890191 元。该公司被查处后主动停止违法行为,制定召回方案并开展召回工作。青岛市质监局已依法没收该公司库存违法产品,并处罚款的行政处罚。该案已移送公安机关进一步处理。

七是新疆克孜勒苏柯尔克孜自治州质监局查处新疆葱岭钒钛有限公司非法生产建筑用钢筋案。根据质检总局关于开展建材产品"质检利剑"行动执法打假的工作部署,结合自治区党委政府去产能工作要求,新疆自治区质监局组织开展了对全区钢铁生产企业开展专项执法检查。2016 年 8 月 5 日,克孜勒苏柯尔克孜自治州质监局检查发现,新疆葱岭钒钛有限公司未取得全国工业产品生产许可证非法生产列入目录的钢筋混泥土用热轧钢筋。现场查获已生产好的钢筋 5600 吨,货值金额 1230 万元,执法人员依法对该批产品予以查封。

八是河南睢县质监局查处恒升冷轧有限公司非法生产热轧带肋钢筋案。2016 年 5 月 16 日,根据举报,河南睢县质监局执法人员依法对睢县恒升冷轧有限公司进行了执法检查。检查发现,该公司建有冷轧、热轧带肋钢筋生产线各一条,设计产能为年产 10 万吨高强度建筑钢。经调查,生产热轧带肋钢筋没有取得相关许可。该公司在未经环保部门依法办理环评手续,未经有关部门批准的情况下,非法增加生产工序,建设了 4 组中频感应电炉设备,生产热轧带肋钢筋。2016 年 7 月 25 日,睢县人民政府组织县发改、工信、交通、环保、公安、质监等部门依法依规对属落后产能设备的 4 组中频感应电炉进行了彻底拆除。

九是湖南长沙市质监局查处长沙天山水泥有限公司非法生产硅酸盐水泥案。2016

年3月7日,长沙市质监局行政执法人员根据群众举报,对湖南长沙天山水泥有限公司进行了执法检查。经查,该公司生产销售的"金屏牌"复合硅酸盐水泥是从中材、海螺等水泥生产企业采购熟料后,进行粉磨加工,然后包装成复合硅酸盐水泥对外出售。该公司在未取得许可的情况下非法生产复合硅酸盐水泥,2016年1月至2016年3月7日期间,共计生产销售32.5复合硅酸盐水泥4261.85吨,42.5复合硅酸盐水泥99.55吨,涉案货值金额111.6139万元。长沙市质监局已依法予以行政处罚。

十是浙江省质监稽查总队组织三级联动查处不合格电热锅案。2016年8月4日,根据杭州市质监稽查支队从阿里巴巴共享的抽检不合格信息,浙江省质监稽查总队组织杭州、金华、永康三级质监执法人员,对永康东和康工贸有限公司进行执法检查。在该公司成品仓库发现阿里巴巴平台抽检不合格产品同型号的电热锅产品,合计926只。经抽样检测,上述产品不符合国家标准要求。检查还发现该公司生产的功率为1100W的电热锅产品未经强制性产品认证证书扩展。永康质监局依法予以行政处罚。

（二）食品安全热点事件

2016年10月25日,中共中央、国务院印发了《"健康中国2030"规划纲要》(以下简称《纲要》)。《纲要》明确提出,完善食品安全标准体系,实现食品安全标准与国际标准基本接轨。提出加强食品安全风险监测评估,深入开展农产品质量安全风险评估,加强对食品原产地指导监管,完善农产品市场准入制度,建立食用农产品全程追溯协作机制,完善统一权威的食品安全监管体制等一些列措施,加强食品安全监管。2016年食品安全问题热度不减,公众的持续关注和相关部门的高度重视使食品安全监管体系日益完善。年度热点事件有:

1. 澳洲进口奶粉吊销许可证

2016年5月,国家认监委官网公布,奥地利生产企业Agrana(阿果安娜)集团旗下拥有Holle(泓乐)品牌奶粉被"暂停"。2016年11月,国家认监委官网更新了境外乳制品企业在华注册名单,澳洲乳品品牌——维爱佳、坎珀乳业两家企业的产品被暂停注册。除此之外,在2016年中,仍有多个进口品牌的奶粉被检出存在问题。截至2016年10月,共45批次的进口牛奶被销毁,来源包括德国、法国、丹麦、新西兰等多个国家,多为菌群与酸度超标、包装与添加剂不合格。近年来,我国乳品安全水平得到大幅度的提升,乳制品安全总体稳中向好。据国家食品药品监督管理总局数据显示,2016年前三季度国家食品药品监管总局抽检24581批次乳制品,合格率达99.75%。我国乳品安全与产品质量水平已显著提升,但风险依然不容忽视。国际乳品安全、原料乳安全和加工安全等因素将影响我国乳品质量安全。

2. 网络食品安全隐患

2016年3月,央视3·15晚会曝光黑心作坊入驻"饿了么",食品卫生状况令人堪忧。

近年来,随着网购的兴起,一方面给人们带来无穷的便利,另一方面由于网络购买带来的信息不对称问题,也令人们对产品质量和安全性也越来越担忧。网络购买食品主要存在生产经营者无证经营、进入网络服务平台过程中提供虚假信息,网络平台未尽到管理义务等问题。有关专家指出网络食品立法正在日臻完善,应当借助媒体的报道和披露,持续强化政府的监督管理,严格化对网络食品销售平台的归责,通过诸如信用信息的披露来发挥消费者的选择力,鼓励消费者用脚投票也能提高平台对于消费者保护的重视。

3. 抗生素与兽药残留

2016年2月,据媒体报道,复旦公共卫生学院的专家监测发现,79.6%的上海学龄儿童尿液中检出21种抗生素中的一种或几种。一系列研究结果表明苏浙沪地区儿童普遍暴露于低剂量抗生素。研究认为,这种广泛暴露状态可能加重细菌耐药,威胁临床治疗,也可能对儿童的生长发育与人群健康造成潜在的危害。研究人员还从儿童体内检测出临床已经停用多年、但在环境和食品中经常发现的抗生素含量,可见抗生素滥用不仅是临床治疗的问题,环境与食品也是儿童抗生素的重要暴露源。抗生素广泛应用于医疗卫生、农业养殖领域,我国养殖业存在兽药使用不合理或滥用的情况,严重影响食品安全前端,需要政府进一步加强监管和科学指导,强化源头管控。

4. "胶水牛排"引发关注

2016年,上海媒体报道称,市场中出售的牛排,其实是用碎牛肉和食品添加剂拼接而成。该节目的播出,迅速引发了媒体的广泛关注,并有多家媒体进行了跟进报道。上海市食品添加剂和配料行业协会声明指出,该节目报道影响了卡拉胶、TG酶甚至食品添加剂行业和食品工业产业链的发展。有关专家指出《食品安全国家标准 食品添加剂使用标准》(GB 2760 – 2014)规定,卡拉胶不得用于生鲜肉(包括牛排)中,但可用于重组类的肉制品中,且必须在产品包装的标签上明确标注,在规定的限量内使用卡拉胶不存在食品安全风险。政府应尽早出台相关配套法规,将对标签问题的追罚与对食品安全问题的惩戒性处罚合理区隔,减以牟利为目标的恶意炒作,以确保企业将精力放在食品产业链安全的防控与建设上。

5. 食品标签的是与非

我国《食品安全法》对食品标签有着严格的规定,包括预包装食品的包装上应当有标签、专供婴幼儿和其他特定人群的主辅食品,其标签还应当标明主要营养成分及其含量、生产经营转基因食品应当按照规定显著标示等。有关标签的食品安全国家标准制定的目的,是让消费者了解产品的信息,保护消费者权益,以合理选择预包装食品。但是近年来,食品行业存在食品标签不规范的乱象,由此引发了消费者对于产品质量的担忧。"食品标签"打假成为职业打假人关注的热点,但很多食品往往就是因为标签的不规范被抓住"把柄"。国家食品质量监督检验中心副主任元晓梅指出目前大部分产品标签上的瑕疵与产品本身质量问题并没有直接关系,但企业应加强对法律法规的细致研究,避免此类漏洞的产生,以切实维护消费者权益。政府应尽早出台相关配套法规,将对标签问题的追罚与对食品安全问题的惩戒性处罚合理区隔,减少部分人以牟利为目标的恶意炒作,以确保食品生产企业将精力放在确保食品产业链安全的防控与建设中。

6. 澳饮用水"氮气门"流言

2016 年 4 月 14 日,南京江宁区市场监督管理局举报称某品牌包装饮用水中添加了氮气且未标识,并怀疑为工业级氮气。后经江宁区市监局调查后证实工厂并未有违规问题且使用氮气均为食品级,相关主流媒体、行业组织及专家也纷纷就氮气使用的合规性进行公开说明和科普。不过,此事使得"加工助剂"成为人们关注的热词,它的安全性引发了消费者对于食品安全更深入的关注。相关专家指出氮气是空气的主要组成部分,对人体健康不产生影响,可在各类食品加工过程中作为加工助剂使用。食品添加剂是食品中作为一个成分而存在的,不需要在最终食品中被去除;加工助剂与食品本身不一定有关,它们一般应在食品中除去而不会成为最终食品的成分,或仅有残留。食品添加剂是食品工业的灵魂,没有食品添加剂就没有现代食品工业。

(本章执笔:华南理工大学法学院刑伟星、公共管理学院李嘉嘉 硕士生)

附录

2016 年顺德出口家电质量评价简报

顺德是中国最大的家电生产基地,家电及配件生产企业超过 3000 家,产业总量和密集度在中国首屈一指。顺德家电产业规模在广东省占比超过 45%,家电制造业的产值占全国家电产值的 15% 以上,是名副其实的"中国家电之都"。在发展过程中,顺德家电拥有了一大批享誉国内外的品牌,已成为中国家电品牌最集聚的地区。依托实力强大的家电产业集群,顺德家电产品出口竞争优势也逐步确立。据统计,2014 年至 2016 年分别出口 96.06 亿美元、92.6 亿美元、90.5 亿美元,均约占到全区总出口的 43% ~ 45%。主要出口产品空调、微波炉、冰箱、风扇、洗碗机等,远销全球六大洲近 200 个国家和地区。同时,出口家电产品不断延伸向多样性发展,由 OEM 代工出口到 ODM、OBM 出口多元化发展,国际市场开拓能力稳步提升。顺德区出口家电质量总体水平强于周边地区,但仍有较大提升空间。随着经济发展进入新常态以及区域经济增长进入新阶段,顺德出口家电的发展也面临新的机遇与挑战,产业亟待转型升级,寻找新的经济增长点。

一、评价说明

(一) 评价目的及依据

本项评价旨在通过构建顺德出口家电质量评价模型及技术体系,形成质量评价指数,进而更好地评估质量现状、分析结构性特点、发现问题及成因、提出改善对策。具体而言,依据科学、规范、系统的评价体系,对顺德出口家电行业及其质量现状进行评估,发现问题,分析行业发展中存在的障碍与症结,进一步针对顺德出口家电质量安全示范区的工作改进提出有针对性的建议,作为监管部门宏观质量分析预测及微观质量监控服务的参考依据,并为社会提供了解和监督顺德出口家电质量提供全景体系。

质量水平的评价有着不同质量层次的评价内容,或者说质量具有层次性。微观质量是宏观质量的基础,宏观质量与微观质量是整体与个体的关系。宏观质量用于衡量一个地区商品质量的总体情况,包括产业结构、行业结构对经济社会的影响、行业生存环境、行业发展潜力和前景等。相对而言,微观质量以企业收益为导向,针对产品生产领域,以顾客需要为目的,着重于符合规格和免于不良,关注的是产品、过程以及服务满足消费者的程度,宏观质量管理旨在设定社会所能容忍的最低质量要求底线。

从质量评价学的角度,微观质量针对生产领域,关注产品是否达到预期生产目的,是否符合行业技术标准及国家相关标准要求,获得市场准入许可并销售成功。具体而言,微观质量追求满足标准程度、产品合格率、顾客满意度及社会责任感,在充分竞争市场中,微观质量主要由消费者甄别。宏观质量针对国家或区域或行业,着眼于产业的结构水平、整体质量水平、行业综合竞争力及其对国家或社会的影响,目的在于实现政府对质量整体水平的有效监管,尤其是质量底线商品安全性监管,因为保证商品安全为政府责任。

(二)评价体系与企业抽样调查

本项评价以质量管理理论和评价理论为指导,结合顺德区出口家电质量评价的特殊需求,遵循系统性、层次性、导向性的原则,从企业(微观)和行业(宏观)两个维度对顺德出口家电质量进行全面评价。其中,微观质量评价以企业个体和具体产品为评价对象,宏观质量评价以全区出口家电产品整体为评价对象。

本项项评价指标体系以2015年度广东出口消费品质量评价指标体系为基础,根据顺德区出口家电企业和产品的实际情况进行个性指标设计和调整,将评价指标体系构建为三个层次(领域层、导向层、实现层)和两个维度(微观、宏观)的矩阵结构,微观质量评价以企业个体和产品为对象,设置满足标准、产品合格、顾客满意、社会责任四项一级指标(领域层或评价维度)。

数据收集是评价实施的关键环节,本项评价数据信息来源主要通过四种渠道收集和获取:一是选取出口家电企业进行入户调查;二是对全区出口家电企业进行问卷调查(共发放问卷152份,回收有效问卷151份。);三是充分利用顺德出入境检验检疫局现有检测报告等相关资料。企业调查主要目的在于获取行业与微观质量评价三级指标的评分数据,调查问卷应能体现三级指标的评分标准。一般而言,评分标准由三级指标、评价要素、满分、计分办法四部分构成,为了获得指标评分数据,将三级指标分解为一个或多个评价要素,每个评价要素对应一个问卷题目,之后对每个评价要素对应的问卷题目设计便于计分的备选项,在此基础上,设计满分标准和计分标准。问卷共设计63道问题,整体问卷已经过专家咨询调查的初步筛选与论证。问卷结构和问题设置大体与评价体系中的三级指标对应。问卷以封闭式问题为主,开放式问题为辅;题目形式主要包括选择题、填空题、选择和填空相结合题等。问卷结构及主要内容如下表。

表 1　顺德区出口家电企业调查问卷结构及主要内容

序	调查主题	问题数目	主要问题内容
第一部分	企业基本情况	13	注册资本、注册时间、出口时间、企业性质、企业销售收入及增长率、员工人数、主要出口市场构成及占有率、出口产品在发达市场占有率、主要生产设备情况、自以为在行内规模、工艺技术档次与地位、商品质量总体水平、在行业内影响力
第二部分	微观质量管理	27	标准了解程度、产品执行标准及其满意度、出口执行检验标准及其满意度、半成品及成品质量检测方式及有效性、产品认证情况及其满意度、质量控制成本所占比例及其合理性评分、原材料验收安全项目检测及效果评分、原材料质量管理手段及效果评分、半成品及成品抽查合格率理想状况、成品返工比例、成品检测频次及满意度、产品的品质档次、顾客服务实施情况及满意度、产品召回应对及质量奖、产品质量事件应对及表现评分、包装的循环及环保、能源及原材料消耗等方面的相对水平、应收账款情况、反腐败的制度与措施
第三部分	行业质量评价	20	企业生产类型、员工流失率、企业新增专利授权量及其满意度、企业产品设计方式、由客户提供配方、工艺或图纸的产品占出口产品比重、新产品研发上资金投入占比及合理性、关键原材料和主要零部件的配套能力、技术创新水平、利税率、相关企业合作发展情况、行业协会作用及评价、出口消费品总体质量水平评价、对其他行业的作用、企业诚信、本行业对就业市场贡献、本行业大型企业比重、本行业平均注册资本、本行业本科以上人员比重、本行业熟练工人流失率、大型企业出口集中度、企业成品合格率、企业市场占有率、关键材料配套能力、主要零部件配套能力、质量管理体系认证、质量事故投诉、出口市场占有率、出口自主品牌比例、企业专利量、技术创新水平、平均利税率、就业规模、关联效应、环保评级、行业协会、响应政府宏观政策、利税率
第四部分	公共服务评价	3	对检验检疫等监管部门的期望、顺德出口家电质量安全示范区的了解程度、示范区服务与企业需求的关联性、对广东出口家电与配套产业公共技术平台的了解程度、顺德区经济和科技促进局的工作重点、顺德家电商会的服务提供等方面
	合计		63(其中有 9 个问题共包含 36 子问题)

二、评价结果

(一)总体评价结果

企业层面(微观)质量指向企业及其产品的质量,关注家电是否达到预期生产目的,是否符合行业技术标准及相关国家相关标准要求,获得市场准入许可并销售成功。按照实证研究方案,依据既定的评价技术体系及数据信息源,计算 2015 年度顺德出口家电微观质量评价结果表明:微观质量指数均值是 0.817。行业层面(宏观)质量着眼于产业的结构水平、整体质量水平、行业综合竞争力及其对国家或社会的影响,目的在于实现政府对出口家电质量整体水平的有效监管,尤其是质量底线商品安全性监管。依据既定的评价技术体系及数据信息源,计算 2015 年度顺德出口家电行业质量指数,评价结果表明:行业质量指数均值为 0.821,略高于微观质量指数。

具体而言,2015 年度顺德区出口家电微观指标得分 81.74,宏观指标得分 82.1,均处于优秀水平。进一步,微观一级指标中,产品合格指标得分最高(84.59),满足标准次之,顾客满意指标得分最低,为 77.96。微观指标中二级指标得分区间在 68.98 ~ 86.98 之间,其中原材料质量得分最高,标准采用次之(86.43),顾客层次得分最低,仅为 68.98。宏观一级指标中,行业质量水平得分最高(89.65),行业市场竞争力最低(79.22),极差10.43,说明行业内得分差异较明显;宏观二级指标中,得分区间为 72.31 ~ 92.39,标准差为 6.84,指标间得分差距较显著。具体得分情况见图 2 - 1。

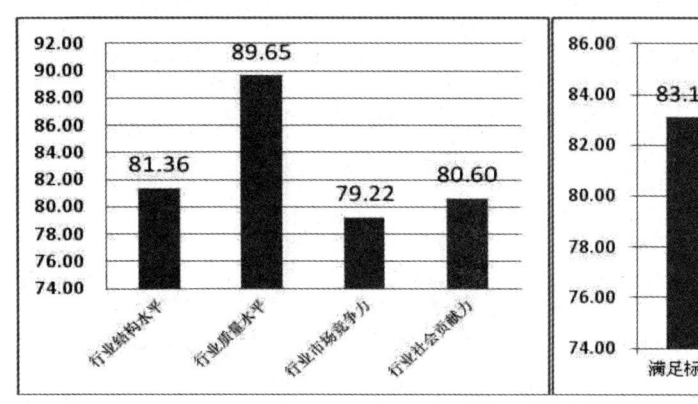

（a）宏观指标得分情况

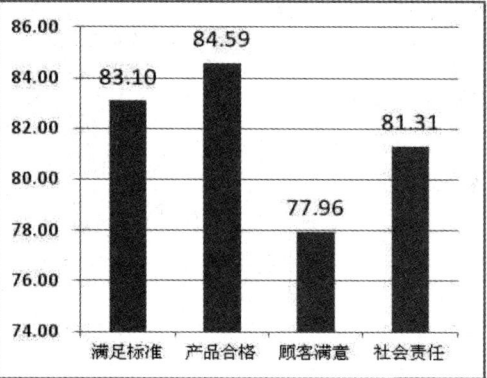

（b）微观指标得分情况

图 2 - 1　总体评分情况

1、宏观质量评价结果

评价结果表明:2015 年度,顺德区出口家电宏观质量指数为 0.821,处于优秀水平,略高于行业质量指数均值(0.817)。151 家出口家电企业的宏观质量指数介于 0.312 ~ 0.932 之间,具体分布情况见表 2 - 1。

表 1　宏观质量指数分布

区间	企业数量(家)	所占比例(%)	评级
指数≧0.9	5	3.31	特优
0.8≦指数 <0.9	42	27.81	优
0.7≦指数 <0.8	94	62.25	良
0.6≦指数 <0.7	6	3,97	中
指数 <0.6	4	2.65	差
合计	151	– –	

统计结果显示,质量指数在0.7~0.8之间,获得"良"的评级的企业最多,共有94家,占比62.3%;其次是获得"优"评级的企业,共42家,占比27.8%;接着是获得"特优"的企业5家(占比3.3%);"差"级企业有6家,占比3.97%;"极差"级企业4家,占比2.65%。由此可见,被调查的151家企业中,评级都在"良"以上的企业占大部分,质量指数分布集中,高低分明,整体质量水平仍需提升。

1. 指标得分率分布

得分率是指标的实际得分与该指标的满分之比率,它是衡量具体指标绩效高低的重要依据,反映出口家电质量在特定方面与理想状态的差距。根据评价结果,可将31项三级指标得分率分为三种情况:

一是高绩效指标(得分率为80%以上的指标)。其中,得分率在90%以上的指标有5项,占比16.13%,得分率在80%~90%之间的指标有11项,占比35.48%。高绩效指标共16项,占比50%,具体指标情况见表2-2:

表2　高绩效指标得分情况

y_3研发人员占比	y_8大中型企业成品合格率	y_{10}关键原材料配套能力	y_{13}出口退货总批次	y_{14}质量事故投诉	y_2平均注册资本	y_4熟练工人流失率	y_7大中型企业出口集中度
98.75	98.49	96.56	94.50	99.01	85.61	82.98	84.16
y_{11}主要零部件配套能力	y_{12}质量管理体系认证	y_{15}质量管理培训	y_{19}商品质量总体水平	y_{22}企业专利量	y_{26}销售利税率	y_{28}就业规模	y_{29}劳工标准
84.11	89.40	86.66	85.46	80.87	85.74	80.01	85.01

二是中绩效指标(得分率为70%-80%的指标)。共有14项指标,占比45.16%。包括:

表3　中绩效指标得分情况

y_1大中型企业比重	y_6生产产品类型	y_9大中型企业市场占有率	y_{16}出口市场占有率	y_{17}生产工艺技术档次	y_{18}生产设备先进程度	y_{20}行业内影响力
76.23	75.80	76.00	76.79	73.58	74.11	79.19
y_{21}管理信息化	y_{23}R&D投入占销售额的比重	y_{24}自有实验室	y_{25}技术创新水平	y_{27}销售收入增长率	y_{30}社会责任国际标准认证	y_{31}环保评级
73.97	78.01	73.79	75.12	75.23	74.37	79.42

三是低绩效指标(得分率为70%以下的指标)。共有1项指标,占比3.23%。该指标为y_5高端产品出口额比重,得分68.82。

图2显示总体指标得分情况。总体来看,得分率在80%以上的高绩效指标占51.61%,得分率在70-80%之间的中绩效指标占比45.16%,得分率低于70%的低绩效指标占比3.23%。所有指标中得分最高的为质量事故投诉和研发人员占比两项指标,而高端产品出口额指标得分率最低,其改善和提升空间较大。

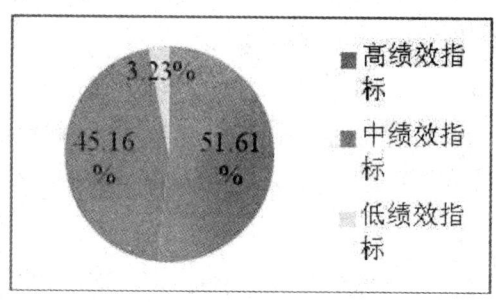

图2 指标得分率分布情况

2. 微观质量评价结果

按既定的评价指标体系逐层计算,得到顺德区出口家电微观质量总体得分(100分制,样本结果),并转换为微观质量总体指数(1分制)。结果表明,2015年顺德区出口家电微观质量指数为0.817。略低于行业质量指数均值(0.821),表明出口家电行业质量总体水平优于微观质量总体水平,但二者指数差距较小(0.004),相当于微观质量指数的0.49%,行业质量与微观质量的总体评价结果趋于一致。151家出口家电企业的微观质量指数介于0.191-0.958之间,具体分布情况见5。

表5 企业微观质量指数分布

区间	企业数量(家)	所占比例(%)	质量指数均值	极小值	极大值	评级
指数≥0.9	5	3.3	0.963	0.905	1	特优
0.8≤指数<0.9	94	62.3	0.843	0.815	0.893	优
0.7≤指数<0.8	46	30.4	0.766	0.716	0.799	良
0.6≤指数<0.7	5	3.3	0.679	0.647	0.698	中
指数<0.6	1	0.7	0.528	0.528	0.528	差
合计	151	\				

统计结果显示,质量指数在0.8-0.9之间,获得"优"的评级的企业最多,共有94家,占比62.3%;其次是获得"良"评级的企业,共46家,占比30.4%;接着是获得"中"和"特优"评级的企业,分别5家(占比3.3%);"差"级企业有1家,占比0.7%。最高指数为1,最低指数为0.528。由此可见,被调查的151家企业中,评级都在"优"以上的企

业占大部分,质量指数分布集中,高低分明。得分率是指标的实际得分与该指标的满分之比率,它是衡量具体指标绩效高低的重要依据,反映出口家电质量在特定方面与理想状态的差距。根据评价结果,可将25项三级指标得分率分为三种情况:

一是高绩效指标(得分率为80%以上的指标)。其中,得分率在90%以上的指标有7项,占比26.9%,得分率在80%~90%之间的指标有6项,占比23.1%。高绩效指标共13项,占比50%,具体指标情况见表6。

表6 高绩效指标得分情况

X_8原材料质量管理手段	X_1企业标准认知	X_{16}成品返工比例	X_{21}出口产品召回案例数	X_{11}零部件抽查合格率	X_{24}"三废"排放达标率	X_{15}成品抽查合格率
91.19	94.35	95.50	95.54	95.58	96.33	96.37
X_7原材料安全项目检测方式	X_{22}出口产品召回应对态度	X_{26}守法合规措施	X_9设备管理规章制度	X_4产品质量检测方式	X_2质量控制标准	
82.13	86.49	86.93	87.62	88.33	89.07	

二是中绩效指标(得分率为70%~80%的指标)。共有9项指标,占比59.6%。具体指标得分情况见下表。

表7 中绩效指标得分情况

X_{13}成品抽查比例	X_{25}员工流失率	X_{19}顾客群体特征	X_{12}零部件返工比例	X_3产品检验标准
70.23	70.45	72.67	74.77	75.87
X_{14}成品检验频次	X_{20}顾客服务机制	X_5产品认证情况	X_{10}零部件检验方式	\
76.44	78.08	78.33	78.54	\

三是低绩效指标(得分率为70%以下的指标)。共有4项指标,占比15.4%。具体指标得分情况见下表。

表8 低绩效指标得分情况

X_{17}获得质量奖	X_{18}出口发达市场比例	X_{23}能耗水平	X_6质量控制成本
62.13	63.29	69.13	69.60

图2-3显示总体指标得分情况。总体来看,得分率在80%以上得高绩效指标占50%,得分率在70-80%之间的中绩效指标占比34.6%,得分率低于70%的低绩效指标占比15.4%。所有指标中得分最高的为成品抽查合格率、"三废"排放达标率两项指标,而获得质量奖励、出口发达市场比例指标得分率最低,其改善和提升空间较大。

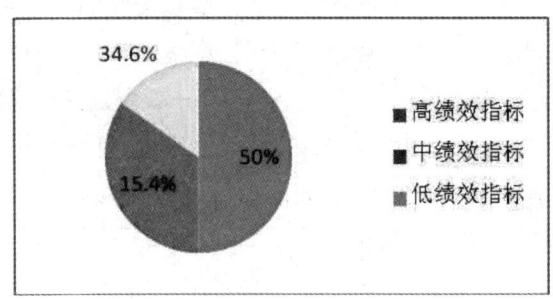

图 3　指标得分率分布情况

(二)顺德区与珠三角地区家电质量比较

利用广东检验检疫部门测度的 2015 年度广东省出口消费品质量指数,提取 2015 年度珠三角地区的出口家电质量指数,将之与顺德区出口家电质量指数进行横向比较。2015 年度,顺德区出口家电行业微观质量指数为 0.817,宏观质量指数为 0.821。而珠三角出口家电行业微观指数 0.776,低于顺德区 0.041;宏观质量指数 0.796,略低于顺德区 0.025。比较得出,顺德区出口家电质量水平明显高于珠三角出口家电行业整体质量水平。详见下图。

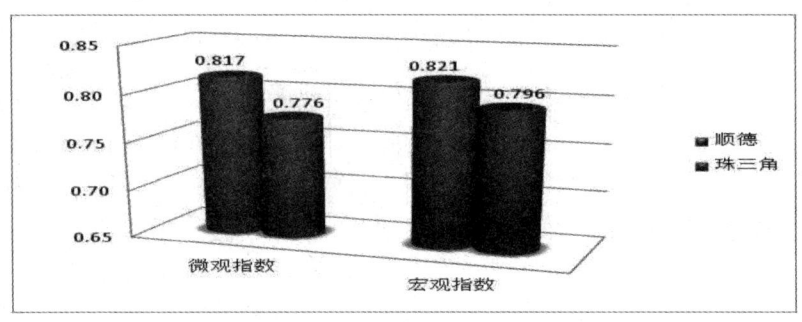

图 4　顺德与珠三角家电质量指数对比

1. 宏观质量比较

从宏观一级指标来看,顺德出口家电在行业结构水平、行业质量水平、行业市场竞争力和行业社会贡献力四项指标的得分均明显高于珠三角整体水平。其中,行业质量水平指标极差最大,为 5.17,行业社会贡献力指标极差最小(2.02)。

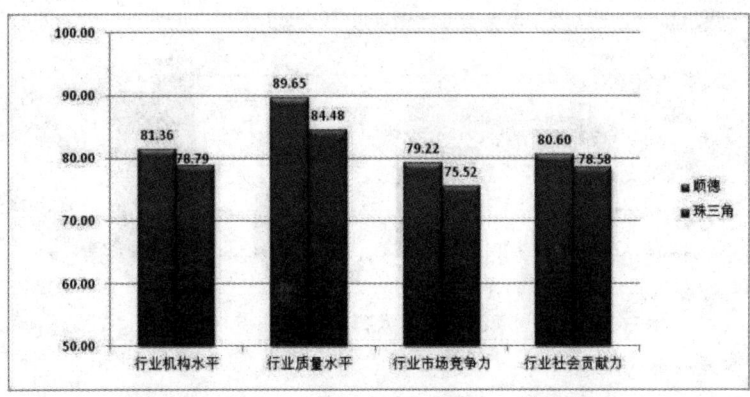

图 5　顺德与珠三角宏观一级指标对比

从宏观二级指标来看,顺德出口家电在规模结构、人才结构、配套能力、质量控制、现实竞争力、潜在竞争力、经济贡献和社会责任七项二级指标的得分高于珠三角整体水平。其中,人才结构极差最大,为 11. 47,配套能力极差最小(0. 26)。

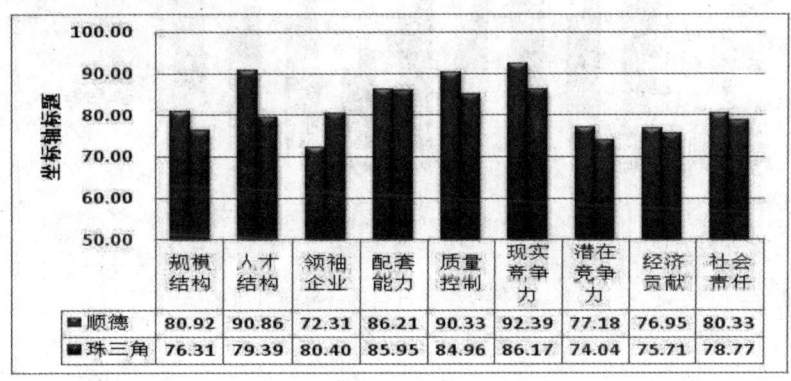

图 6　顺德与珠三角家宏观二级指标对比

2. 微观质量比较

从微观一级指标来看,顺德出口家电在满足标准(80. 13)、顾客满意(66. 09)和社会责任(90. 50)三项指标均高于珠三角整体水平,其中,社会责任极差最大,为 4. 05;产品合格(73. 95)指标略低于珠三角(74. 55)。

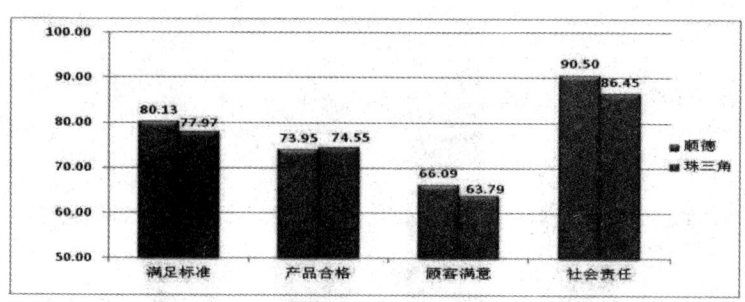

图7　顺德与珠三角微观一级指标对比

从微观二级指标来看,除社会职责指标外,顺德出口家电均高于珠三角整体质量水平。其中,顾客服务、环保责任、半成品质量三项指标极差最大,分别为 14.47、10.93、10.58。由此可看出,顺德出口家电质量水平在各方面均略高于珠三角整体水平。

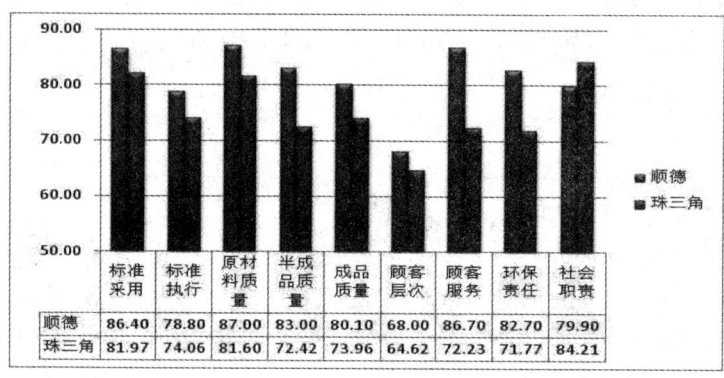

	标准采用	标准执行	原材料质量	半成品质量	成品质量	顾客层次	顾客服务	环保责任	社会职责
顺德	86.40	78.80	87.00	83.00	80.10	68.00	86.70	82.70	79.90
珠三角	81.97	74.06	81.60	72.42	73.96	64.62	72.23	71.77	84.21

图8　顺德与珠三角微观二级指标对比

（三）顺德出口家电示范区企业与非示范区企业比较

本次评价的 151 家顺德出口家电企业样本,示范区企业有 34 家,其余 117 家为非示范区企业。为了对顺德区出口家电质量水平进行更为全面的了解与评价,本部分将对示范区企业质量指数与非示范区企业质量评价结果进行横向比较,通过发现二者的差异,为监管部门引导全区出口家电质量水平的提高提供思路。

2015 年度,顺德出口家电示范区企业质量水平明显高于非示范区企业。顺德出口家电示范区宏观质量指数为 86.4,微观质量指数为 84.8;非示范区宏观质量指数为 78.1,微观质量指数为 78.7。示范区和非示范区质量水平差距明显。其中,宏观质量指数差距较大,区内外指标得分相差 8.3;微观质量指数相差相对较小,区内外指标得分相差 6.1。详见下图。

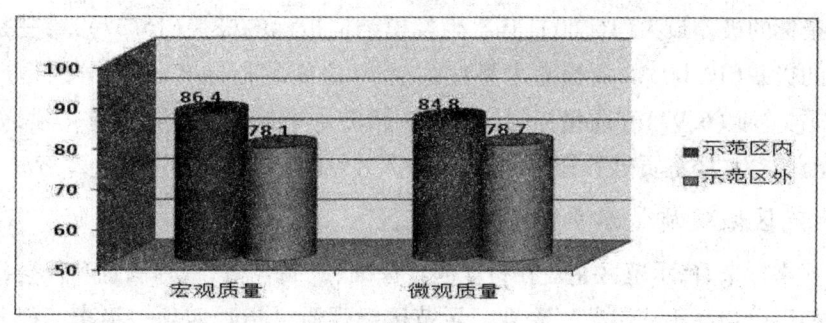

图 9　示范区内外家电行业指数对比

1. 示范区宏观质量水平高于非示范区

从宏观指标来看,示范区企业在行业结构水平、行业质量水平、行业市场竞争力和行业社会贡献力四项一级指标的得分均高于非示范区企业。示范区宏观质量指数四项一级指标得分均高于 80% ,其中行业质量水平指标得分超过 90% 的水平(93.1),其次为行业结构水平(86.0),第三是行业市场竞争力(83.5),行业社会贡献力得分最低(81.7)。而非示范区宏观质量指数仅有行业质量水平指标得分高于 80% ,其余三项指标均未达到 80% 的优秀水平。其中,行业市场竞争力指标得分最低,为 70.7% 。

对比示范区与非示范区的指标得分极差,可以发现,行业市场竞争力指标极差最大,为 12.8;其次为行业结构水平和行业质量水平,指标极差均为 9.2;行业社会贡献力指标极差最小(3.4)。

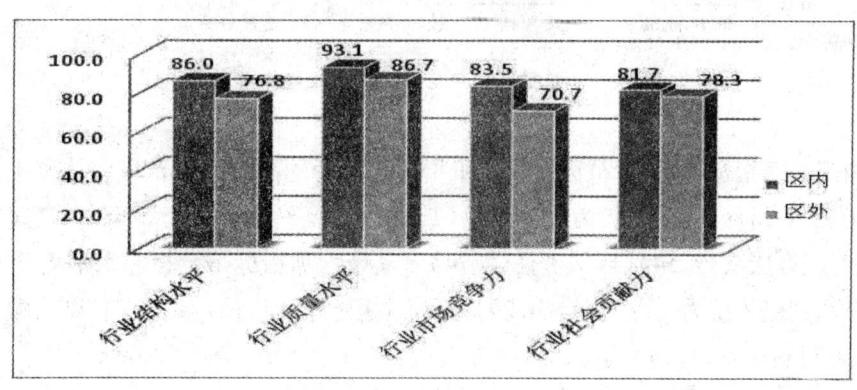

图 10　示范区与非示范区宏观一级指标对比

从宏观二级指标来看,示范区在规模结构、人才结构、配套能力、质量控制、现实竞争力、潜在竞争力、经济贡献和社会责任七项二级指标的得分高于非示范区整体水平。对示范区与非示范区的宏观质量二级指标进行了比较,并计算出两者二级指标对比的极差值。由图可见,示范区和非示范区企业二级指标极差高于或等于 10 的有三项:其中,潜在竞争力指标的极差最大（16.80），其次为规模结构指标的极差（15.37），第三是现实竞争力指标的极差（10.00）。而极差水平在 5 至 10 之间的指标有三项，分别是产品结构（9.78）、领袖企业（6.97）和质量控制（7.87）。极差水平低于 5 的指标有 4 项，分别是人才结构、配套能力、经济贡献和社会责任，其中人才结构指标的极差最小（2.37）。

2. 示范区微观质量水平高于非示范区

从微观指标来看，示范区企业在行业满足标准、产品合格、顾客满意和社会责任四项一级指标的得分均高于非示范区企业。示范区微观质量指数四项一级指标得分均高于 80%，其中产品合格得分最高（86.7），顾客满意得分最低（81.6）。而非示范区微观质量指数仅有满足标准指标得分高于 80%，其余三项指标均未达到 80% 的优秀水平。其中，顾客满意指标得分最低，为 76.8%。对比示范区和非示范区的微观一级指标极差发现，产品合格指标极差最大，为 7.9；其次为社会责任，指标极差为 5.6；第三是顾客满意，极差为 4.8；满足标准指标极差最小（4.0），如图 11 所示。

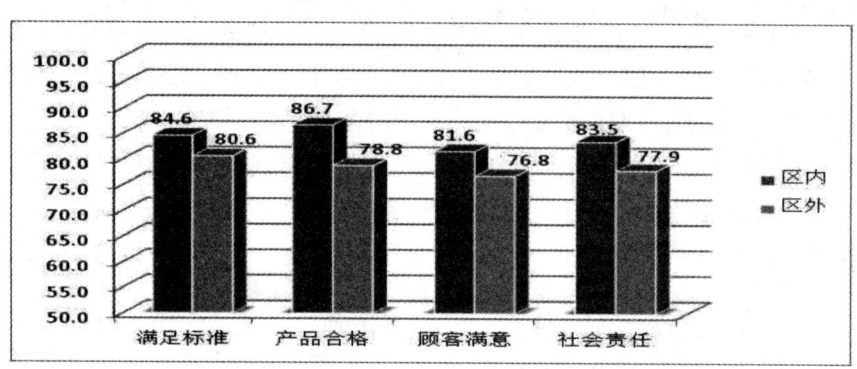

图 11　示范区与非示范区微观一级指标对比

从微观二级指标来看，示范区九项二级指标的得分均高于非示范区整体水平。极差水平高于 10 的指标只有一项，为成品质量（13.93）。极差水平位于 5 至 10 之间的有两项，分别是顾客层次（7.54）、环保责任（7.74）。其余六项指标得分极差水平均低于 5，极差水平从高到底依次为：标准执行（4.29）、标准采用（3.81）、社会责任（3.32）、顾客服务（2.86）、原材料质量（1.84）。

（三）示范区得分率较高（≥85%）的指标

指标得分率可以一定程度反映出口家电质量水平的情况。表 9 由高到低排列了 2015 年顺德出口家电示范区质量评价得分率较高的指标，从中可凸显顺德出口家电示范区的质量管理的亮点。

表9 示范区得分率较高(≧85%)的指标

二级指标	得分率
质量控制	96.3
人才结构	92.1
配套能力	91.7
规模结构	88.6
标准采用	88.3
顾客服务	88.1
原材料质量	87.9
成品质量	87.1
环保责任	86.6
潜在竞争力	85.4
半成品质量	85.0

从表中可见,顺德出口家电质量示范区共有 11 项二级指标达到 85% 以上的高分水平,其中有 5 项属于宏观质量指标,其余 6 项属于微观质量指标。具体而言,有 3 项二级指标得分率达到 90% 以上的特优水平,包括质量控制、人才结构和配套能力。其中,示范区在质量控制方面绩效最为显著,指标得分率高达 96.3%。另外,还有规模结构、标准采用、顾客服务、原材料质量等 8 项二级指标达到 85% 以上的优秀水平。

三、评价结果分析

质量评价的目的在于提供政府监管商品质量的决策依据。本章基于 2015 年顺德区出口家电质量评价结果,首先总结本年度顺德区出口家电质量管理的主要成绩和存在问题,结合国内外宏微观经济背景深挖问题产生的根源;接着根据上一章的评价结果,阐述质量对区域经济发展的影响;然后从企业质量管理的角度分析顺德区家电质量管理的特点。

(一)主要成绩与问题

顺德作为我国最大的家电制造基地和出口基地之一,已形成规模庞大、名牌云集、配套完善、种类齐全的家电产业,行业成熟度比国内其他地区相对较高。近年来,顺德区出口家电质量的管理取得了良好成效,本评价发现:顺德区出口家电整体质量水平良好,一些质量指标的得分率较高并达"特优"级别,企业对标准认知绩效显著。但同时也存在一些问题,微观质量问题主要包括中小企业质量成本控制不足,质量标准执行有待提高;大多企业顾客服务机制缺失,顾客层次多处低端;中小企业质量管理体系建设不足,质量意识有待提高。宏观质量问题主要包括家电产业结构不均衡,规模结构与产品结构有待改善;加工贸易比重过大,家电出口依存度过高;自主品牌家电产品不多,产业创新能力不强;家电行业市场竞争力较低,产业发展亟待转型升级;家电产业链欠完善,集群层次有待提高。

1. 主要成绩

一是整体质量水平良好。2015年度顺德区出口家电的微观质量指数与宏观质量指数均值分别为0.817和0.821,二者均达"优秀"等级。总体而言,顺德出口家电的宏观质量指数略高于微观质量指数,表明行业层面的宏观质量水平优于企业层面的微观质量水平,但二者指数差距微小(0.004),说明顺德出口家电的宏观质量与微观质量总体评价结果趋于一致。通过宏观质量和微观质量相关指标评价结果的互证,并查阅过去五年顺德出口家电质量分析报告、出口工业产品退货核查质量分析报告等,可以发现:近年来顺德区出口家电产品质量总体保持稳定,质量水平总体情况良好。从指标得分情况来看,微观质量评价的4个一级指标中,除了顾客满意指标处于"良好"水平(77.3分)外,其他3个指标(满足标准、产品合格与社会责任)得分均高于80分,属于优秀水平;微观质量评价的三级指标中,体现产品质量稳定性的4个指标(零部件抽查合格率、成品抽查合格率、成品返工比例以及出口产品召回案例数)得分率均高于95%,处于高绩效"特优"区间,仅零部件返工比例得分率较低(74.8%);这说明顺德出口家电微观质量总体较好。在宏观质量评价中,4个一级指标除行业市场竞争力以外,行业结构水平、行业质量水平、行业社会贡献力3个指标得分均高于80分,尤其是行业质量水平均值达89.7分,已十分接近"特优"等级;宏观质量评价三级指标中,出口退货总批次、质量事故投诉以及大型企业成品合格率指标得分率均高于90%;这意味着顺德区出口家电行业质量优势显著,行业整体质量水平较高。

二是出口家电质量得分率较高的指标。出口家电质量评价是关键指标的量化评价。从方法论的角度,指标得分率反映出口家电质量的高低。表10为2015年顺德区出口家电质量评价得分率较高的指标,从中可透析顺德出口家电质量管理绩效。

表10　顺德出口家电质量评价得分率较高(≥85%)的指标一览表

微观质量评价指标	指标得分率	宏观质量评价指标	指标得分率
出口产品召回应对态度	86.5	劳工标准	85.0
守法合规措施	86.9	商品质量总体水平	85.5
设备管理规章制度	87.6	平均注册资本	85.6
产品质量检测方式	88.3	销售利税率	85.7
质量控制标准	89.1	质量管理培训	86.7
原材料质量管理手段	91.2	质量管理体系认证	89.4
企业标准认知	94.4	出口退货总批次	94.5

微观质量评价指标	指标得分率	宏观质量评价指标	指标得分率
成品返工比例	95.5	关键原材料配套能力	96.6
出口产品召回案例数	95.5	大中型企业成品合格率	98.5
零部件抽查合格率	95.6	研发人员占比	98.7
"三废"排放达标率	96.3	质量事故投诉	99.0
成品合格率	96.4		

从表10中可以看出,微观质量指标中有原材料质量管理手段等7个三级指标得分高于90分,处于"特优"等级;出口产品召回应对态度等5个三级指标得分高于85,处于"优秀"等级,共12个指标在微观指标中占比近5成,优秀率达46.2%,微观质量优势突出。宏观质量指标中有出口退货总批次等5个三级指标得分高于90,获得"特优"等级,另有劳工标准等6个三级指标得分高于85,共计11个指标在宏观评价指标中占比35.5%,行业质量水平优势明显。

三是企业对标准认知绩效显著。评价发现,在微观质量三级指标中绩效较突出的是企业标准认知(94.4分),处于高绩效区间。可反映出在贸易壁垒不断加剧的背景下,虽然国外各类技术标准和贸易保护措施的内容不断强化和更新,顺德出口家电企业顶住压力,在跟踪和把握技术标准动态方面有了明显的提高,能够及时了解产品质量相关标准,包括客户标准、行业标准、企业标准、国家标准及输入国或地区标准。从调研情况来看,大部分家电企业包括中小企业都设置了专人负责了解和把握质量标准情况,且顺德检验检疫局、顺德区政府、广东检验检疫技术中心三方共建的公共服务平台对相关法规标准的及时收集和发布亦获得企业的好评。对于出口家电类产品,对标准的认知是保质保量生产出售满足出口国质量标准的产品的基本前提。评价结果表明,政府监管和相关公共服务的提供在协助出口家电企业加强对国外贸易壁垒的规避和反制上取得了明显效果。

2. 存在的主要问题

在宏观质量方面:

一是家电产业结构不够均衡,规模结构与产品结构有待改善。顺德是我国最大的空调器、电冰箱、热水器、消毒碗柜、空调压缩机等家电生产基地,也是全球最大的电风扇、电饭煲和微波炉供应基地,出口家电产品种类齐全,但结构不均衡现象比较严重,白电优于黑电,低端产品占多数。虽然拥有美的、格兰仕、海信科龙等一批龙头企业,但顺德区的家电企业以中小企业是主体,规模结构不够合理。

二是家电出口依存度过高,不利于行业竞争力的提升。顺德出口家电行业出口的主要是劳动密集型产品,以加工贸易为主,近年来由于外部需求趋紧以及传统优势弱化,加工贸易原有比较优势和政策红利逐渐弱化甚至消失,同时,受发达国家"再工业化"和发展中国家以及我国中西部地区凭借成本比较优势大规模承接加工贸易转移的"双重挤压"，包括顺德出口家电产业的加工贸易的外部竞争压力持续增大。

三是自主品牌家电产品不多，产业创新能力有待提高。顺德出口家电产品多以贴牌生产为主，以自主品牌出口的产品还不足30%。调顺德家电行业对专利的申请绝大多数集中在外观设计和使用新型，发明专利不及韩国与日本，而与欧美企业则存在更加巨大的差距。除了美芝压缩机以外，顺德的制冷和电热产品这两大强势家电产品的核心零部件产业在顺德的发展都严重滞后，生产工艺水平比较落后，自主创新能力弱。

四是家电行业市场竞争力较低，产业发展亟待转型升级。长期以来，顺德家电产业主要沿用传统粗放型生产模式，依靠要素驱动增长，属于低端制造，出口家电产品在价格、档次、营销及研发能力等方面都不具有与国际品牌竞争的优势。很多企业在国际市场竞争中主要以规模取胜而不是以质量取胜。

五是产业链不够完整，集聚效应尚未完全发挥。顺德家电产业集群是以美的等大企业为核心的产业集群，目前已经拥有家电及其上下游配套企业3000多家，形成了从简单的五金配件到复杂的微电脑家电控制芯片的完整的家电配套产业链，是国内三大家电产业集聚区之一。然而，尽管聚集了大量的企业，顺德家电产业集群在一定程度上还是一个家电制造基地，产业链不够完整，核心配件主要依靠进口，大量产品缺乏自主品牌，创新能力有待提高，产业集群效应尚未得到很好的发挥。

在微观质量方面：一是中小企业质量成本控制不足，质量标准执行有待提高。顺德出口家电企业在质量管理和控制上的重视程度需要进一步加强，控制方法和管理手段上没有得到实质改善，企业质量水平很难在短期内有质的飞跃，需要外部较好的引导和监管环境。顺德出口家电企业尚未强化对质量认证因素的认识，未及时提升自身质量管理和控制能力；二是较多企业顾客服务机制缺失，顾客层次多处低端。顺德区家电企业的海外市场服务机制尚未建立和完善，市场控制手段缺失。在当前国际市场大幅萎缩的情况下，驾驭海外市场更加困难。同时也反映出目前顺德出口家电企业在国际贸易分工中仍处于较低端地位，缺乏自主品牌，在海外市场没有发言权，市场竞争力低；三是中小企业质量管理体系建设不足，质量意识有待提高。顺德出口家电中小企业的质量管理体系建设不足，对质量安全管理仍处于被动应对状态，缺乏先进的质量管理安全意识。

（二）质量对区域经济发展的影响

通过以上分析发现：顺德家电质量评价指数高于珠三角地区的平均水平，说明近年来顺德所做的平台建设、示范区建设等质量管理和提升工作取得了良好成效，将对区域经济发展起着良好的促进作用。

1. 质量提升是拉动区域经济增长的重要动力

改革开放以来，顺德家电产业快速发展，成为中国最大的家电生产基地，产业总量和密集度在中国首屈一指,其中,家电出口总值占顺德外贸出口额的半壁江山,约占广东省同类出口产品总值的五分之一,全国同类出口产品总值的十分之一。近年来,随着经济步入新常态,资源和环境约束日益强化,劳动力等生产要素成本不断上升,投资和出口增速明显放缓,主要依靠资源要素投入、规模扩张的粗放式发展模式难以为继,顺德家电产业面临转型升级,需要找到新的增长动力,而出口贸易和商品质量则是顺德家电产业升级发展的重要元素。只有加快质量发展,提升质量水平,才能节约能源资源、减少环境污染,才能培育壮大新动能、改造提升传统动能,实现地区经济中高速增长、产业迈向中高端水平。

质量水平的提高将提升区域经济发展潜力。我国经济进入新常态,传统以劳动力、资本等要素为主的增长动力不断削减,如何找到经济增长新动力是未来区域经济发展面临的重大问题。家电作为顺德区的主导产业之一,出口家电质量决定了顺德家电出口规模和家电产业水平,提升出口家电质量水平是增长地区经济发展潜力的重要来源。在新常态下,家电产业发展方式从规模速度型粗放增长向质量效率型集约增长演化,经济增长的核心是要从规模速度型转变为质量效益型,实现这一转变的关键在于改善供给质量,实现质量升级。只有加强质量创新,才能促使产品和服务更新换代升级,催生新的消费热点,形成新的发展动能。从顺德与广东全省的质量指数比较来看,质量水平的提高对区域经济发展有正面影响,这从一个侧面反映了出口家电质量提升之路可以成为经济新常态下促进区域经济健康、持续发展的重要路径。顺德作为以外向型经济为主的地区,出口家电微观质量是区域经济增长质量的重要基础。

当前,大众消费逐渐进入"品牌消费"阶段,市场竞争越来越体现为品牌的竞争。品牌是高技术、高质量的代表,提升质量品牌是扩大需求的基本前提,是实现质量效益型增长的有效手段,是增强国际竞争力的根本出路。围绕示范区建设,扩大示范区群体,大力实施质量品牌提升战略,培育出一大批知名品牌,这应该是提升顺德出口家电总体质量水平的必由之路。今后要大力开展质量品牌提升行动,优化品牌发展环境、出台品牌扶持政策、增强品牌创建能力、完善品牌推广机制,鼓励和帮助企业增品种、提品质、创品牌,打造更多更响的顺德"金字招牌",推动供给侧结构性改革,实现经济质量效益型增长。

2. 质量管理是提高地区竞争力的有效途径

在经济全球化背景下,国家或区域之间的竞争,是市场、资源、人才、技术、标准的竞争,更是质量的竞争。从世界发展历程看,重视质量发展是发达国家提升竞争力、走向强盛的一条有效途径。发达国家在经济社会发展到一定程度、一定时期,往往把质量上升为国家战略来实施。譬如:20世纪50年代德国实施"以质量推动品牌建设,以品牌助推产品出口"的质量政策,60年代日本提出"质量救国战略",80年代美国制定"质量振兴法案",90年代韩国实施"21世纪质量赶超计划"等等,都是通过促进质量发展来推动经济实力和综合国力的增强。实践证明:通过质量管理,充分发挥质量的推动和支撑作用,促进区域经济发展,增强地区竞争力,并全面提升区域经济综合实力。

加强质量安全监管,确保质量安全,引导企业发展,拉动区域经济发展是顺德区的质量管理重点工作。顺德出入境检验检疫局一直坚持加强质量监管,以建设出口家电质量安全示范区为切入点,创新监管机制体制,结合政府规划促成质量共治,提升公共服务水平,推动出口家电宏观质量水平不断提升。顺德区出口家电质量总体水平稳步提升,家电质量监督抽查合格率不断上升,家电产品创新能不断进步,企业质量意识得到进一步增强,企业质量管理水平进一步提高。2015 年,国家质检总局正式认定顺德示范区为国家级出口工业产品质量安全示范区(全国共有 34 个),顺德成为省内家电业唯一的出口家电质量安全示范区。目前在顺德检验检疫推动和区政府的主导下,顺德区经济与科技促进局等 23 个行政部门和口岸执法单位积极参与到示范区建设,建设保障体系、质量安全监督体系、风险预警和应急处置体系、质量诚信体系、公共检测服务体系等 5 大体系日趋完善并有效运行,合力共促质量提升,必将带动区域经济新的增长与发展,进一步提升区域竞争力。

(三)企业质量管理分析

顺德出口家电质量总体水平强于周边地区,质量管理体系认证率较高,多数产品通过 ISO9001、GJB9001B 和 ISO/TS16949 等质量管理体系认证。近年来,顺德区的家电企业质量管理水平不断提高,出口家电产品的质量稳中有升。为了更好地分析顺德区出口家电质量管理的现状、问题及原因,评价组选择了海信科龙、美的厨电、怡达电器、新宝电器、雪特朗、惠尔家、汇能电器、世联电器等 8 家企业进行入户调查,以便比较深入地了解家电企业质量管理现状特征。

在入户调查的八家企业中,海信科龙、美的厨电、怡达电器、新宝电器、雪特朗等五家是出口家电质量安全示范区的企业;海信科龙主要生产白电,其他公司主要生产小家电。通过对入户企业的实地考察以及与相关主管的座谈,并通过对代表性企业的质量管理进行案例分析,本评价发现:顺德家电企业的质量管理具有一定的先进性,企业内部已经形成的自己的质量管理体系,一些企业已成为产品标准的制定者,一些企业已逐步将消费者终端需求与产业的研发与设计结合起来,将质量管理贯穿于产品生产全过程。然而,顺德大部分家电企业不具备自主品牌,发展空间受限;企业质量管理成熟度不高,质量经营模式尚未形成,员工质量素质训练不足,产品研发缺乏质量管理,质量管理的信息化水平较低;企业的原材料供应链也处于低端水平。

1. 顺德区出口家电质量管理的优势

一是企业质量管理流程较规范。顺德区家电企业基本按照国家和国际的相关质量安全标准制定了自身的质量管理体系,质量管理流程基本包括来料质量控制(IQC)、过程质量控制（IPQC）、成品质量控制（FQC）、出货质量控制（OQC）等四大部分。其中，来料质量控制指对采购进来的原材料、部件或产品做品质确认和查核，即在供应商送原材料或部件时通过抽样的方式对品质进行检验，并最后做出判断该批产品是接收还是退换；过程质量控制指产品从物料投入到产品最终包装过程的品质控制；成品质量控制是在产品完成所有制程或工序后，对于产品本身的品质状况，包括外观检验（颜色、光泽、粗糙度、毛边、是否有刮伤）、尺寸／孔径的量测、性能测试（材料的物理／化学特性、电气特性、机械特性、操作控制），进行全面且最后一次的检验与测试，目的在确保产品符合出货规格要求，甚至符合客户使用上的要求；出货质量控制是产品出货前的品质检验／品质稽核及管制，主要针对出货品的包装状态、防撞材料、产品识别／安全标示、配件、使用手册／保书、附加软体光碟、产品性能检测报告、外箱标签等，做一全面性的查核确认，以确保客户收货时和约定内容符合一致，以完全达标的方式出货。

二是示范区企业的质量管理水平明显较高。顺德出口家电质量安全示范区为国家级出口工业产品质量安全示范区，构建了完善的建设保障体系、质量安全监管体系、风险预警和应急处置体系、质量诚信体系、公共检测服务体系，取得了良好成效。示范企业可优先申请中国质量安全示范企业、中国政府质量奖、检验检疫 AA 诚信企业，优先享受包括无纸化报检、直报通放等通关便利化措施，优先得到公共技术服务平台在信息、技术和培训等方面的免费服务，还能得到各类减免收费和"一企一策"的扶持措施。

入户调查发现，示范区企业的质量管理体系比较完整，质量管理制度相对完善，质量管理流程与方法比较先进，参与修订国际、国内标准制能力较强，积累了比较丰富的质量管理经验。示范区家电企业多数为大企业，实力较强，效益较高，拥有比较完善的质量测试认证体系，大都采用 5S 管理、6σ 等先进的质量管理方法，采用 QC 小组活动等落实全面质量管理理念。示范企业自主创新能力较强，一些企业的拥有自主品牌与核心技术专利，有资格与条件参与产品质量标准的制定与修订。比较而言，示范区外的家电企业规模比较小，实力比较弱，企业质量管理意识比较薄弱，质量管理方法比较落后，往往着重于应付产品质量标准认证，企业质量管理比较被动。

2. 顺德区出口家电质量管理的弱点

一是企业质量管理信息化程度有待增强。入户调查发现，顺德多数家电企业的质量管理信息化程度较低，多数企业的质量管理采用以传统检验把关为主，辅助简单的统计分析，较少有真正意义上的数据处理。质量管理信息化滞后在很大程度上导致企业主要质量管理过程和工具的缺失和质量信息孤岛，质量管理部门无法在信息化的平台上与其他部门对话。顺德家电企业应充分利用计算机网络资源，建立一个顺畅而强健的质量信息系统，对质量体系文件进行系统化管理，使供应商、企业各个部门以及客户像一个有机的整体来运作。

二是全员质量管理意识有待进一步提高。入户调查发现，顺德大部分家电企业的质量管理都只是 QC 部门与人员的职责,企业的全员质量管理意识比较薄弱。企业内部员工质量管理培训比较缺乏,而没有建立起全员参与质量管理的制度或文化。一些企业的质量教育只是在领导层、管理层做宣传教育,且流于形式,质量教育往往停留在质量意识教育上,质量管理教育的针对性不强。不少企业在全员质量管理教育中没有教学计划,更没有长远的总体安排,往往是想起来就学一阵子,或遇到什么就学什么。

四、若干建议

质量评价的目的在于为政府及相关部门提供质量监管的决策依据。政府监管是市场经济有效运行所必需的制度条件,必须随着技术进步和市场变化及时调整。对于顺德出口家电的质量管理而言,推动现代监管体系的建设、理清政府与市场的关系、明确政府监管职能、改进政府监管行为发挥着十分重要的作用。针对顺德出口家电质量的存在问题及原因,我们从政府、检验检疫部门、示范区及企业等几个角度提出以下建议。

(一)地方政府落实《质量发展纲要》,促进家电产业转型升级

一是充分发挥财政引导功能,建立区域创新体系。首先,财政引导家电企业自主创新。包括财政资金通过直接投入、补贴、贴息贷款等多种形式,引导家电企业加大科技投入,同时鼓励民间资本和风险投资机构参与孵化器的建设和运营,促进家电高新技术项目的孵化和产业化,不断提升自主创新能力;其次,组织构建区域创新体系。加强产学研合作,促进科技、产业与金融紧密融合,适当增加研发经费支出,组织开展家电行业关键技术、共性技术产学研项目的选题与攻关,推广国内外新技术在家电的应用,实现家电的升级换代,培育新的经济增长点。培育一批为家电创新服务的科技中介服务组织,对经认定的自主创新型企业、研发机构、实验室和开发中心等给予财政经费支持,积极构建以企业为主体的区域创新体系,形成研发、设计、制造、试验检测和认证体系,促进家电产业朝智能自动化、自主创新型发展。

二是发挥集聚经济效应,促进产业集群升级。首先,鼓励家电行业开发终端市场,努力向产业链两端延伸。制定鼓励零部件企业创新主动性的一系列政策,变被动为主动,改变本地核心零部件制造企业普遍弱小的局面,提高零部件企业对产品制造企业的支持力度,提升集群竞争力。其次,既要向产业链上游发展,提高技术研发和产品设计能力;也要向产业链下游延伸,积极发展国际物流和配送业务;同时向产业链配套拓展,加大关注电子元件(控制芯片)等零部件企业的力度,培育大型核心零部件企业集团提高零部件企业的技术创新能力,更大程度地支持产品企业的产品和技术创新。

三是加快家电产业升级,推动区域质量提升。首先,优化产业存量,增加优质供给。设置"技术门槛"、清理"僵尸企业",去掉落后产能;增强出口家电企业长期的创新活力,

实现微观产品服务质量和宏观经济发展质量的"双提高";其次,引导企业进行质量技术创新。推动顺德具有优势的家电产品领域建立家电专利联盟;成立顺德知识产权(专利)专家顾问团;加快成立区知识产权服务中心;加大专利行政执法力度,维护权利人的合法权益;设置知识产权专项资金,积极推进顺德区工业设计大赛项目;最后,鼓励企业发展自主品牌。顺应"互联网+"的发展趋势,创新家电企业管理模式与营销模式,在进一步拓展国际市场的同时,积极利用国内产业梯度转移的契机,发掘国内需求,深入开拓国内市场。

(二)检验检疫推动"放、管、服"改革,促进出口家电质量提升

一是发挥企业质量主体作用,落实"放"。在转变政府职能的大背景下,检验检疫部门需要高度重视和推动企业发挥质量主体的作用。一要将简政放权向纵深推进,为质量提升松绑解缚,让优质产品畅行无阻,激发企业质量创新内生动力。二要监督企业严格落实主体责任,全面推广质量安全主体负责制,切实履行质量担保责任及缺陷产品召回等法定义务。三要提高企业质量创新能力,积极应用新技术、新工艺、新材料,推广先进质量管理技术和方法,开展个性化定制、柔性化生产、增品种、提品质、创品牌。四要鼓励优势企业发挥引领作用,推动优势企业参与国家标准、行业标准和地方标准的制修订工作,提升顺德家电企业的行业话语权。五要推动企业履行社会责任,在产品设计、生产、流通、销售和工程建设的全过程,哪个环节发生质量问题,就由哪个环节的生产经营者负第一责任。

二是创新政府质量监管,调整"管"。调整出口质量监管重点,从微观监管转为宏观管理为主。一要加强和改进质量安全监管。实施质量安全风险管理,充分运用"大数据"等现代科学技术,加强对重点产品的监督抽查和伤害监测。全面落实"双随机、一公开"监管,建立商品惩罚性赔偿制度。二要推进质量诚信体系建设。建立信息共享和联合奖惩机制,实施质量信誉分类监管,建立健全质量"黑名单"制度,加大对质量失信的惩戒力度;完善企业质量信用评价标准体系,发挥社会第三方评价机构作用,组织开展企业质量信用评价,动态发布失信企业名单,落实重点监管;实施行政许可和行政处罚信息"双公示";建立跨部门、跨区域、跨行业质量失信联合惩戒机制。三要依法严厉打击质量违法行为。严肃查办制假售假大案要案,营造公平竞争的市场环境。

三是出台便企利民的有效举措,优化"服务"。优化服务就要上水平,在质量技术基础服务、技术性贸易措施应对、国际贸易"单一窗口"建设等方面出台便企利民的有效举措,促进顺德区产业转型升级和家电外贸有效增长。一是加快检验检测技术保障体系建设,充分发挥检验检测中心技术平台作用,全面提高检验检测服务质量和检验水平。二是根据企业需求建立周期性、常态化的服务机制。三是组织编写相关国内外技术法规、标准及检验检测结果判定方面的书籍,形成宣传专册,使出口企业在掌握国外的技术规

范要求基础上，改进质量管理措施。同时，从企业得到最新产品的有关信息，尽早研究国外的技术壁垒，有针对性地指导企业调整生产经营策略，提前做好相关防护措施，建立预警机制。

（三）检地合作做大做强家电示范区，服务顺德社会经济新发展

一是将示范区建设作为重要抓手，培育家电质量新优势。结合顺德家电产业发展的实际，坚持以拓宽市场为导向，以提升质量为核心，以提高企业效益为重点，在家电示范区建设工作中做足文章，扶持一批达到一定规模、行业排序靠前、科技含量较高、市场发展前景良好的产品和企业，争创名优，倾力形成顺德家电名牌群体。推动实施重大质量改进和技术改造项目，培育形成以技术、标准、品牌、服务为核心的质量新优势。利用质量的杠杆作用，靠质量创品牌、优结构、强经济。积极引导示范区企业参与国家标准、行业标准和地方标准的制修订工作，不断抢占标准制高点，提升顺德家电企业的行业话语权。同时，通过收购兼并跨国重组等方式，利用好全球人、财、物等资源，共享世界家电产业发展红利，在技术标准和贸易壁垒动态信息上强化对大中型企业的支持，并在政策上对示范区中的企业给予必要的扶持，在示范区内加快形成一批具有一定规模和市场竞争力的行业龙头，发展具有国际竞争力的大企业大集团，促进中小企业向"专、精、特、新"发展，培育产业联盟，带动出口家电产业的发展和升级。

二是积极引导中小企业加入示范区，推动家电整体质量水平的提升。长期以来，顺德出口家电企业有明显的"二八效应"特征，即20%的企业贡献了全区80%的出口销售收入。目前进入顺德出口家电质量示范区的36家企业以大中型企业为主体，示范区企业与非示范区企业质量差别显著。但是，全区出口家电企业的结构组成却以中小型企业占比最多，中小企业的出口家电质量水平提升空间最大，其质量水平是全区质量安全风险控制的关键节点，亦是区域整体质量提升的重要落脚点。事实上，示范区的支持性政策对大、优企业更多起到锦上添花的作用，但是对中、小、微企业却可以发挥出雪中送炭的做大化作用。因此，在现有示范区建设的基础上，做大做强示范区可以重点从中小企业入手。一是通过示范区的支持性鼓励和吸引更多的中小企业加入示范区，充分发挥示范区的品牌效应、示范效应和学习效应，带动中小企业主动进行质量水平提升和质量技术创新。二是通过大力宣传示范区的建设，促进中小企业质量管理意识的提高，借助示范区建设给中小企业灌输先进的质量管理理念，从而推动顺德家电产品整体质量水平的提升。

（四）企业落实质量安全主体责任，提升出口家电国际竞争力

一是践行工匠精神，树立品牌意识。首先，出口家电企业需要大力提高企业质量管理信息化水平，将工匠精神融入到家用电器的研发、设计、生产、质量等经营管理的各个

环节,把工匠精神变成实际行动,积极开展个性化定制、柔性化生产,精益求精,增品种,提品质,创品牌,提高产品附加值和市场竞争力。其次,出口家电企业要完善顾客服务机制。以"客户导向、职责明晰、精确管控、系统保障"为基本导向,以海内外顾客服务职责体系、规范制度、考核办法等为基本内容的过程管理制度体系,建立"以客户为中心"的客户服务支持系统和以顾客需求传递机制、服务协同机制、投诉建议机制三位一体的顾客服务体系。把客户满意度评价纳入质量管理体系,定期测评和发布顾客满意度结果,有针对性地加强质量管理工作,持续改进产品服务质量。

二是落实质量安全主体责任,以创新驱动制造升级。树立讲诚信、重品质的理念,增强危机意识和全员质量管理意识,严格依法依标组织生产,建立高效运行的内部质量管理体系,建立完善的产品标准体系、科学的计量检测体系和质量诚信体系,建立完善产品质量安全岗位责任制,建立完善科学的检验检测体系,严格落实原料进厂查验制度、生产过程质量控制制度、成品出厂检验制度、产品质量追溯制度、售后服务制度和行业自律机制,合理配置检测设备,规范企业质量管理流程,保证质量管理工作有效运行,实现质量管理水平提升。坚持培养与引进并重原则,加强质量人才队伍建设,建立和完善企业技术中心,加大科技研发和技术改造力度,注重科技成果产业化,提高科技成果向生产转化的效率,将科技进步和自主创新作为企业发展和扩大市场占有率的原动力,增强出口家电产品的生命力和国际竞争力。